Stephen Knight

Jack el Destripador

La solución definitiva

OMNIA VERITAS

Stephen Knight

Jack the Ripper: the final solution

Publicado por primera vez en Gran Bretaña
por George G. Harrap & Co. LTD,
182-184 High Holborn,
Londres - 1976

Jack el Destripador
La solución definitiva

Traducido y publicado por
OMNIA VERITAS LTD

www.omnia-veritas.com

© Omnia Veritas Limited - 2023

Todos los derechos reservados. Prohibida la reproducción total o parcial de esta publicación por cualquier medio sin autorización previa del editor. El Código de la Propiedad Intelectual prohíbe las copias o reproducciones para uso colectivo. Toda representación o reproducción total o parcial por cualquier medio sin el consentimiento del editor, del autor o de sus derechohabientes es ilícita y constituye una infracción sancionada por los artículos del Código de la Propiedad Intelectual.

- **PRÓLOGO** 11
- **PREFACIO** 13
- **CAPÍTULO 1** 17
  - Nueva luz sobre un viejo misterio 17
- **CAPÍTULO II** 35
  - La historia de Sickert 35
- **CAPÍTULO III** 45
  - ¿Toda la verdad y nada más que la verdad? 45
- **CAPÍTULO IV** 52
  - Los asesinatos 52
- **CAPÍTULO V** 77
  - El carnicero loco infernal 77
- **CAPÍTULO VI** 85
  - El móvil 85
- **CAPÍTULO VII** 98
  - Calle Cleveland 98
- **CAPÍTULO VIII** 111
  - Enterrar el caso 111
- **CAPÍTULO IX** 148
  - Todos los caminos llevan a Dorset Street 148
- **CAPÍTULO X** 156
  - Los asesinos masones 156
- **CAPÍTULO XI** 187
  - Sir William Gull 187
- **CAPÍTULO XII** 219
  - El abominable cochero 219
- **CAPÍTULO XIII** 225
  - Atentamente, Jack el Destripador 225

CAPÍTULO XIV **231**
   Loco y misógino 231

CAPÍTULO XV **242**
   Los secretos de los archivos 242

CAPÍTULO XVI **254**
   El tercer hombre 254

EPÍLOGO DE JOSEPH SICKERT **276**

POSDATA **281**

BIBLIOGRAFÍA **283**
      Libros *283*
      Directorios y guías *285*
      Periódicos *285*
      Folletos *286*
      Documentos *287*

YA PUBLICADO **289**

Para Margot, mi bella Marguerite

"Aquí viene mi noble creadora de sueños."
William SHAKESPEARE, *Noche de Reyes*

PRÓLOGO

Jack el Destripador... Un nombre de antología que brilla en el panteón negro de los criminales legendarios: probablemente, el asesino anónimo más conocido del planeta. Su fama imperecedera descansa en su bien guardado anonimato. Se ha vertido más tinta sobre él que la que él ha vertido en todos sus asesinatos; millones y millones de palabras que, si las juntáramos, nos llevarían... a ninguna parte. Sí, a ninguna *parte*, porque cuando todo se ha dicho, las pistas acumuladas y probadas, las teorías contadas y sopesadas, los argumentos a favor de tal o cual sospechoso puestos a prueba, siempre llegamos al punto exacto del que partimos: la espesa niebla de la incertidumbre.

Siempre... hasta ahora.

Ahora Stephen Knight nos da la solución más completa, plausible e incluso brillante en este profundo e importante libro. Hablo con emoción, pues yo mismo he perseguido ardientemente esta sombra rojiza a través de sinuosos callejones y sombríos callejones sin salida durante 35 años. Para entonces ya había leído toda la documentación disponible y estudiado el caso sin cesar. Tuve la suerte de poder examinar de primera mano los escenarios del asesinato cuando aún permanecían prácticamente inalterados, y tuve la oportunidad de hablar con muchos ancianos que habían vivido en el East End durante la década de 1880 y podían proporcionarme recuerdos sencillos y contemporáneos de los sucesos de aquel terror otoñal. Incorporé los resultados de esta interminable búsqueda a mi análisis crítico del conjunto de hechos e hipótesis conocidos hasta ese momento: *Un libro de casos sobre Jack el Destripador*. Llegué hasta lo que consideraba los límites extremos de la conjetura. En mi opinión, no podía hacer nada más. Además, parecía que el misterio estaba destinado a permanecer como yo lo había encontrado: irresoluble.

Pero, ¿es realmente así? Stephen Knight no lo cree. Está seguro de haber encontrado la solución. Y está llevando a cabo una búsqueda muy fructífera para descubrir a su impía trinidad, ya que, en su opinión, Jack el Destripador no fue un asesino solitario que golpeaba al azar con sus impulsos sanguinarios e incontrolables, sino una conspiración de tres individuos que lo hicieron, no irreflexivamente, sino según un plan meticuloso, y por razones muy concretas.

Su investigación ha sido exhaustiva y meticulosa, y ha compuesto un libro que -incluso para mí, que estoy empapado de minucias y desilusionado por leer y releer el tedioso corpus de literatura disponible sobre el tema- nunca deja de interesar, nunca aburre, y constantemente se las arregla para causar nuevas sorpresas.

Este éxito no habría podido lograrse sin el ingenio y la perseverancia del autor a la hora de reunir y analizar numerosos hechos inéditos y dar interpretaciones originales y fructíferas a datos más antiguos. En el curso de su investigación, disfrutó del privilegio de asomarse a los archivos secretos de Scotland Yard, oficialmente cerrados hasta 1992, y, gracias a un arduo trabajo de rastreo de fuentes hasta entonces insospechadas, pudo extraer muchos elementos nuevos.

Su rechazo de todos los sospechosos canónicos me parece absolutamente irrefutable - pero entonces nunca he sido un *pedachenkist*, un *druittist*, un *calenritist* o un *stephenist* ... Después de seguir la acusación poderosamente argumentada del Sr. Knight de los que él pone en el banquillo de los acusados, es difícil resistirse a la tentación de convertirse en un *gullista* convencido.

Gran parte de la fascinación por el caso de Jack el Destripador ha residido siempre en su perdurable misterio; ha surgido un juego de rompecabezas de la seductora posibilidad -e imposibilidad- de interminables conjeturas, que prometen terribles dolores de cabeza. La regla del juego, después de tanto tiempo, es quizá ésta, inconscientemente al menos: *no quiero que se encuentre la solución*. Porque, ¿qué hay más muerto que un rompecabezas resuelto, un crucigrama terminado? Si es así, reconozco que soy todo menos imparcial. Pero al menos soy lo bastante flexible en mis prejuicios, lo bastante sabio, como para admitir que tiene usted en sus manos un libro de la mayor importancia, que cualquiera con un ápice de curiosidad por los asesinatos de Jack el Destripador no debería dejar de leer y considerar con atención infatigable.

Promete ser una lectura apasionante. Y ofrece una *solución final* alarmantemente convincente.

Richard WHITTINGTON-EGAN

PREFACIO

Investigar este libro ha sido una de las tareas más duras de mi carrera, pero al mismo tiempo una de las más gratificantes. Este proyecto me ha llevado a conocer a personas que probablemente no habría conocido de otro modo, personas que empezaron siendo meros conocidos y a las que ahora tengo el honor de contar como amigos. Este tradicional homenaje a aquellos "sin los cuales este libro nunca habría existido" se aplica en este caso a tantas personas que me resulta difícil saber por dónde empezar mi agradecimiento.

Paul Bonner e Ian Sharp encabezan la lista de personas con las que estoy profundamente en deuda. Sin sus primeras investigaciones, y las de Karen de Groot y Wendy Sturgess, habría comenzado mi investigación sobre Jack el Destripador con una gran desventaja. Les estoy muy agradecido por haber puesto a mi disposición su valiosa documentación y por haberme dedicado tan generosamente su tiempo y sus consejos, a pesar de las exigencias de su vida cotidiana y de sus obligaciones como estadistas.

Me gustaría dar las gracias a Joe Glaute, no sólo por sus ánimos y sus consejos de experto, sino también por su franqueza a la hora de escuchar a un neófito que cree tener algo importante que compartir. Me gustaría dar las gracias a Ken Thomson de muchas maneras, sobre todo por su disponibilidad, sus inestimables consejos y sus numerosas sugerencias, siempre pertinentes, sobre el texto y las ilustraciones. Es mérito de Ken que el título adoptado sea más apropiado y fácil de recordar que mi original *The Real Jack the Ripper...*

Por leer y hacer comentarios esenciales sobre mi manuscrito y su presentación, debo dar las gracias a Robin Odell, cuyo *Jack the Ripper In Fact and Fiction* es uno de los pocos libros verdaderamente buenos sobre Jack el Destripador.

Richard Whittington-Egan, el más audaz e implacable de los detectives literarios contemporáneos, ha contribuido con un prólogo a esta obra. Por el encanto y la amistad de Richard, por su perspicacia a lo Sherlock Holmes y por su espíritu crítico más esclarecedor -siempre ofrecido con el deseo de ayudar- sólo puedo decir, sinceramente: ¡gracias!

Para casi todos los autores llega un momento en que se preguntan si el libro en el que han estado trabajando duro se publicará o no, pues muchos obstáculos parecen insuperables. Agradezco las amables palabras de ánimo de Donald Rumbelow cuando atravesaba este periodo de incertidumbre, que afortunadamente fue bastante breve en mi caso. Muchas de las ideas de Donald, su consideración y su constante interés han contribuido en no poca medida a la forma actual del libro.

Hay que dar las gracias a mi gran amigo Bernard Taylor por detectar los sutiles y no tan sutiles errores gramaticales de los que nadie más se había percatado.

Otras personas que leyeron partes de mi obra inacabada, o se ofrecieron a leerla por mí, y cuyas impresiones fueron inestimables, fueron Harry Jackson, mis hermanos Leonard, Richard y Adrian, Dr Anthony Storr, John Wilding, mis nueras Natasha y Nicole, y mi madre. De especial importancia fue la inspiración que me proporcionó mi amiga Joan Moisey. Sin ella, es poco probable que este libro se hubiera escrito.

Karen de Groot, Wendy Sturgess, Michael Parkin, Alan Neate, Robert Mackworth-Young, Harry Jonas, Elwyn Jones, William Ifland, Anthony Storr, Terese Stevens, Emily Porter y, por supuesto, Joseph Sickert. Pasé horas y horas con Marjorie Lilly, y sus recuerdos me proporcionaron un importante material de referencia. Sin embargo, es importante señalar aquí que todas las conclusiones a las que he llegado en este ensayo son de mi propia cosecha.

Muchas personas me han ayudado tomándose la molestia de escribirme cartas, a veces larguísimas y llenas de información, otras más bien breves, pero siempre corteses. Puedo mencionar a Michael Harrison, Timothy d'Arch Smith, H. Montgomery Hyde, Frederick Bratton, Alan Neate, el Marqués de Salisbury, Donald McCormick, Wendy Baron, Sir John Gielgud, Mrs Peggy Ashcroft, Donald Rumbelow, Dr J. Mason, G. Lüdemann, Nigel Morland, Michael Thomas, Algernon Greaves, T. Tindal-Robertson, John Symonds, Dr Alan Barham Carter, Martin Cresswell, Lady Muriel Dowding, Thomas Orde, Sir Philip Magnus-Allcroft, Mavis Pindard, la Law Society, la Honourable Society of the Inner Temple, el Director of Public Prosecutions, H. G. Pearson del Ministerio del Interior, Nellie J. Kerling y Constance-Anne Parker.

Agradezco a la Dra. Edwina Browning y al numeroso personal de los Archivos de Scotland Yard su amable hospitalidad, y al Sr. T. H.

East, del Ministerio del Interior, su ayuda. Mi agradecimiento también al Sr. Eric Harvey, Jefe de los Archivos de New Scotland Yard, por su permiso para estudiar los expedientes del Ministerio del Interior sobre este caso, y a Su Majestad la Reina por su permiso para consultar parte de la correspondencia privada inédita de la Reina Victoria.

Estoy muy agradecido al Real Colegio de Médicos por el permiso para reproducir extractos de una carta de Sir William Gull; a Michael Joseph Ltd. por el permiso para citar *Jack el Destripador* de Daniel Farson; a Joseph Sickert por el permiso para incluir varias fotografías familiares en mi libro; y a Faber and Faber por el permiso para reproducir el retrato de Walter Sickert de joven de *The Life and Opinions of Walter Richard Sickert* de Robert Emmons. Las fotografías y copias de documentos del Public Record Office, cuyos derechos pertenecen a la Corona, se publican con el permiso del Head of Her Majesty's Stationery Office.

Quisiera expresar mi sincero agradecimiento a mi amigo Harry Jackson por su ayuda siempre que fue necesaria. En este libro se incluyen dos de sus extraordinarias fotografías. No he conocido a nadie que haya mostrado más entusiasmo por mi tema que Harry, y me lo he pasado estupendamente hablando del Destripador con él y con Belinda, su encantadora esposa.

Agradezco a mis amigos en general que aceptaran mi actitud sociópata durante la composición de este libro... Descuidé a la mayoría de ellos durante casi dieciocho meses. En particular, debo dar las gracias a Terry y Janice Sweeney que, como siempre, estuvieron ahí cuando se les necesitó, sobre todo cuando se acabó el papel. Varias personas me prestaron libros que resultaron muy útiles. Pienso en Dave Bootle, Brenda Lyons, Richard y Leonard Knight, Harry Jackson y Joe Gaute.

Dos antiguos masones han aportado información y comentarios. Les estoy agradecido y respeto su deseo de permanecer en el anonimato.

También han contribuido a este libro Ron Rothery, Rod Southwood, Margaret Adey, Jack Hammond, Pauline Silver, Christopher Falkus, David Newnham y el ingenioso equipo de las salas de lectura del Museo Británico y las bibliotecas de Tower Hamlets, en particular la Biblioteca de Historia Local y la Biblioteca de Música y Arte de Whitechapel.

El Sr. R. F. Armitage y Joyce Hatwell han sido más útiles de lo que creen. Roy Minton me hizo muchas recomendaciones, tanto prácticas como especulativas. Estoy en deuda con su experiencia.

Las dos vidas del autor, con su trabajo a tiempo completo, no siempre son compatibles. Debo agradecer a Chris Coates su ayuda y comprensión al darme tiempo para llevar a cabo mi investigación. No podría haber pedido un editor mejor.

Por último, sólo puedo expresar mi profunda gratitud a mi esposa Margot y a nuestras hijas Natasha y Nicole. Han escuchado pacientemente y dado ánimos a largos y a veces complicados monólogos sobre los asesinatos de Whitechapel. Estoy en deuda con su afecto, que les hizo aceptar a Jack el Destripador como invitado durante casi dos años. Sobre todo, estoy agradecido a Margot por su confianza en mí, inquebrantable incluso en momentos en que yo ya no creía en mi proyecto. Sin ella, este libro nunca se habría planteado.

Stephen KNIGHT, 31 de agosto de 1975

CAPÍTULO I

Nueva luz sobre un viejo misterio

Jack el Destripador es un término equivocado. Su nombre evoca imágenes de un asesino solitario que acecha a sus víctimas bajo las brumosas luces de gas de Whitechapel. Fue precisamente esta idea errónea, inspirada casi en su totalidad por el aterrador apodo, la que hizo imposible resolver el asesinato de cinco prostitutas del East End en 1888. Porque Jack el Destripador no es un hombre, sino *tres*: dos asesinos y un cómplice. Los hechos de sus hazañas nunca han podido aislarse de la enmarañada red de verdades, medias verdades y mentiras que se ha tejido en torno al caso. Imposturas deliberadas y accidentales han oscurecido por completo la verdad. La tesis de un asesino solitario ha sido reproducida por autor tras autor, cada uno de ellos tratando de demostrar que *su* sospechoso era sin duda el criminal más famoso de la historia. Esto explica el abismo de incoherencia en el que ha acabado cayendo toda demostración "lógica" de estos teóricos. Esta es la raíz de todos los desacuerdos sobre el tema, incluso sobre un punto tan fundamental como el número de asesinatos cometidos. Unos dicen que sólo fueron cuatro; otros, que fueron más de veinte. Sin embargo, la mayoría de los expertos coinciden con Sir Melville Macnaghten, que se incorporó a Scotland Yard como Subjefe del Departamento de Investigación Criminal en 1889, el año siguiente a los asesinatos. En notas confidenciales escribió:

El asesino de Whitechapel mató a *5 personas* y sólo a 5 personas.

Las notas oficiales de Macnaghten enumeran las cinco víctimas:

I. 31 de agosto de 1888. Mary Ann Nichols - en Bucks Row - que fue encontrada degollada - y con una (leve) mutilación abdominal.

II. 8 de septiembre de 1888. Annie Chapman, Hanbury Street: degollada - estómago y genitales gravemente mutilados y parte de los intestinos colocados alrededor del cuello.

III. 30 de septiembre de 1888. Elizabeth Stride, Berner Street: degollada, pero nada en forma de mutilación; y, en la misma *fecha*, Catherine Eddowes, Mitre Square: degollada, y una mutilación muy violenta, tanto en la cara como en el abdomen.

IV. 9 de noviembre. Mary Jane Kelly, Miller's Court: degollada, y todo el cuerpo mutilado de la forma más horrible.

Macnaghten tenía razón al identificar a estas cinco mujeres como víctimas de Jack el Destripador, pero no por las razones que han mantenido escritores anteriores. Elizabeth Stride, por ejemplo, fue considerada una víctima del Destripador basándose en las pruebas más endebles: fue asesinada la misma noche que una víctima real y su garganta había sido cortada. Según este razonamiento superficial, no hay nada que vincule a Stride con esta serie de asesinatos: no fue mutilada al modo habitual del Destripador y -como han afirmado muchos autores- su garganta no fue cortada de izquierda a derecha como en las otras víctimas, sino en sentido contrario. El hecho de que el asesinato de Stride fuera realmente obra de Jack el Destripador queda de manifiesto por pruebas inéditas halladas en archivos secretos del gobierno y la policía y en un relato *post mortem* que fue suprimido, incluso en la investigación. Este último muestra que la garganta de Long Liz Stride fue cortada exactamente con el mismo movimiento de izquierda a derecha que las demás víctimas.

Hay otra prueba inédita y más concreta que implica a Stride en el caso y da la vuelta a los lugares comunes sobre estos crímenes: cuatro de las cinco víctimas se conocían entre sí. No se trataba de asesinatos aleatorios cometidos por un maníaco sexual, sino de la eliminación sistemática de objetivos predefinidos. Lo que Mary Kelly tenía en común con las otras cuatro mujeres era que no era una prostituta desafortunada que simplemente se topó con Jack el Destripador. Estaba *destinada* a ser la última víctima. Y es en su hasta ahora oscura historia donde reside nuestra solución.

Entre los muchos detalles aparentemente inexplicables que rodean el asesinato de Stride está la muerte de Catherine Eddowes poco después. De todas las teorías propuestas, ninguna ha explicado hasta ahora cómo Eddowes pudo ser encontrada a menos de ochocientos metros de Stride menos de tres cuartos de hora después, y sin embargo fue asesinada y mutilada expertamente por la misma mano. Por fin se ha encontrado la respuesta.

Es de dominio público que existe un archivo secreto sobre los asesinatos de Whitechapel en algún rincón de Scotland Yard. Los rumorólogos han repetido que la solución del enigma, hasta el nombre del asesino, se encuentra allí. He tenido acceso a documentos de Scotland Yard, que deberían haber permanecido confidenciales hasta 1992, y a los archivos secretos del Ministerio del Interior sobre el caso, que no se abrirán al público hasta 1993. No hay documentos que identifiquen a Jack el Destripador, pero estas dos colecciones proporcionan pruebas esenciales para apoyar el caso en nuestra investigación. La fascinante información contenida en estos documentos secretos se publica aquí en exclusiva.

La verdad sobre Jack el Destripador es espantosa. Muchos preferirían no conocerla; otros la vilipendiarán.

Pero es la verdad.

El escenario de este libro no es la fantasiosa imaginación de un desconocido desesperado por ganar notoriedad, ya que la fuente del material presentado no es otra que New Scotland Yard. No se compartió en forma de declaración oficial, sino mediante sigilosas e inteligentes filtraciones de quienes durante años habían repetido que no tenían nada que informar. La información inédita obtenida de la policía conduce finalmente a un artista poco conocido que vive en feliz anonimato con su familia y sus animales domésticos en una casa grande pero anodina del norte de Londres. Cuenta una historia increíble y desagradable que le contó su padre, un famoso pintor y narrador. Este artista no tiene pruebas de que la historia sea cierta, sólo una convicción inquebrantable de que su padre no mentía.

Los primeros pasos de esta investigación se dieron a principios de enero de 1973. El renacimiento del interés por Jack el Destripador, que había comenzado más de dos años antes y no mostraba signos de remitir, llevó a la BBC a considerar la posibilidad de realizar una serie de programas sobre los asesinatos. Desde el principio, Jack atormentó la febril imaginación del público como ningún otro asesino. Ha sido protagonista de más de cien libros, numerosas películas y obras de teatro, e innumerables revistas y artículos periodísticos. En noviembre de 1970, cuando parecía que no había nada más que decir, se reavivó el interés por el tema con la publicación de un artículo sensacionalista y sin fundamento en el que se denunciaba al nieto de la reina Victoria, el príncipe Alberto-Víctor, duque de Clarence. Esta nota fue reimpresa y comentada por tres mil periódicos de todo el mundo, y entre finales de 1970 y el momento en que la BBC centró su atención en los asesinatos de Whitechapel, hubo nuevas publicaciones en las gacetas y periódicos británicos casi todas las semanas. Dos importantes teorías -una de ellas completamente nueva- se publicaron en forma de libro.

Tras muchas discusiones, la BBC acordó no tanto seguir el ejemplo como cuestionar las razones del continuo resurgimiento de la *moda de Jack el Destripador* y, por tanto, tratar de producir un tratamiento exhaustivo del caso. Es probable que los productores pensaran, en los momentos más emocionantes, que incluso podrían resolver el enigma. Iba a ser una gran conmemoración del 85 aniversario de los asesinatos.

Por primera vez en su historia, la BBC decidió combinar en esta empresa sus departamentos de largometrajes y series. Estos últimos debían ser completamente auténticos, pero el material presentado y discutido por personajes de ficción -los detectives Barlow y Watt- para ofrecer un documental serio con el atractivo y la audiencia de un thriller.

Por lo que respecta al largometraje, Paul Bonner -que había supervisado varios proyectos importantes, incluida una controvertida investigación sobre la tragedia *del* Lusitania- fue designado para dirigir la serie. Se le encomendó la tarea de recopilar todos los datos para la serie y dirigir un equipo de investigadores que compartían su entusiasmo por el tema. Las fuentes de información habituales -periódicos, bibliotecas, archivos públicos, el Museo Británico, artículos y escritos contemporáneos- debían ser examinadas a fondo. Pero ésta iba a ser la última palabra sobre la historia de Jack el Destripador, no una amalgama de estudios anteriores hábilmente disfrazados.

85 años antes, el centro de operaciones había sido Scotland Yard, sede de la Policía Metropolitana. Parecía el lugar obvio para poner en marcha nuevas investigaciones. Scotland Yard, que se había trasladado de sus instalaciones victorianas (Whitehall) a un imponente edificio nuevo (Victoria Street, Westminster), había guardado silencio durante años sobre el caso, salvo para hacer algún tipo de comentario a los investigadores profesionales, a los que invariablemente se les decía: "El caso está cerrado. No sabemos nada que no se haya publicado ya". Pero Bonner dedujo que esta estrategia de evasión ocultaba algo. Debían saber algo, aunque sólo fueran los detalles de una investigación infructuosa. Bonner acudió a New Scotland Yard -junto con Elwyn Jones, creador de Barlow y guionista de las secuencias- para ver si la policía estaba dispuesta a ayudarle de alguna manera.

Almorzaron con un alto cargo de Scotland Yard, a quien Jones ya conocía. Aunque no se podía revelar su nombre, se le consideraba una fuente fiable. Rápidamente expusieron sus planes. Siguió una hora tensa en la que se les interrogó largo y tendido sobre las intenciones del documental previsto. Su contacto insistió en que su tratamiento del tema debía ser extremadamente exhaustivo y que esperaban sinceramente producir un relato completo de los asesinatos del Destripador. Cuando estuvo convencido de que así era -aunque no fue fácil convencerle-, sacó un trozo de papel de su bolsillo. Estaba cubierto con algunas notas manuscritas. No especificó la fuente de la información que iba a entregar, sino que se limitó a atribuirla a "uno de nosotros". También exigió que lo que les dijera fuera confidencial.

Les preguntó si tenían algún contacto con "un hombre llamado Sickert, relacionado con el artista". Dijo que este hombre tenía conocimiento de un matrimonio entre el duque de Clarence, hijo de Eduardo VII y heredero al trono antes de su muerte en 1892, y Alice Mary Cook. La ceremonia se celebró en secreto en St Saviour's[1] y los dos testigos que asistieron fueron posteriormente víctimas de Jack el Destripador. Alice Mary murió en 1920. No se publicaron más pruebas. Ian Sharp, asistente de investigación que trabajó en la serie, cuenta lo siguiente:

> Pensando que esto podría ser una prueba de lo serios que éramos con nuestra investigación, estábamos decididos a averiguar, a partir de la poca información que teníamos, si había algún registro matrimonial que pudiera apoyar esta historia. El mayor problema fue encontrar el lugar donde se suponía que se había celebrado el matrimonio. En aquella época, ¡hasta los hospitales y dispensarios tenían sus propias capillas! Pero como tanto Elwyn como Paul ya no estaban seguros de si su informante había mencionado un "dispensario" o una "iglesia", parecía que merecía la pena probar primero por el lado de *la iglesia*. Había una parroquia de San Salvador, en aquel momento al sur del Támesis. Fui entonces a la catedral de Southwark, cuyo antiguo nombre es St Saviour's, y conocí al sacristán Philip Chancellor. Me mostró amablemente los registros de los años 1880 a 1889, pero no había ni un solo registro de ninguno de los nombres mencionados.

La British Medical Association fue más eficiente: al cabo de unos días, respondieron a mi llamada telefónica y mencionaron una clínica de San Salvador en Osnaburgh Street, no lejos de Euston Road. Por desgracia, ya no existía y su solar había sido cubierto con oficinas y pisos. La Oficina de Registros de Marylebone no tenía constancia de la capilla

---

1 Iglesia de San-Salvador (N.D.T.).

dispensario, que estaba en su zona, y nos aseguraron que debía de estar en alguna parte.

Mientras tanto, otros dos investigadores y yo personalmente pusimos Somerset House patas arriba para intentar encontrar algo sobre este matrimonio, y la existencia de una Alice Mary Cook. Había papeleo por todas partes. Al cabo de quince días salimos de allí sabiendo únicamente que había un dispensario de St Saviour que, en cualquier caso, estaba muy lejos de donde pensábamos que estaría: los alrededores de Whitechapel o, al menos, en un lugar por el que habría sido probable que deambularan tres prostitutas del East End.

Así que se acordó que debíamos intentar obtener más información de nuestro informador de Scotland Yard, incluido el paradero de Sickert, si es que seguía vivo. Recuerdo perfectamente que Paul Bonner telefoneó a nuestro informador y le comunicó de forma cortés y diplomática que no habíamos encontrado nada, pero sin llegar a decirlo. Luego preguntó si Sickert seguía vivo. Entonces, para asombro de Paul, ¡le dio el número de teléfono de Sickert en cuestión de segundos! Como habían pasado dos semanas desde su encuentro y no había habido contacto en todo ese tiempo, parecía muy extraño que hubiera podido conseguir ese número de teléfono al instante. Seguramente lo tenía en un papel, pero ¿por qué no se lo había dado enseguida? La emoción había llegado a su punto álgido y el equipo se tomó un saludable descanso.

Esa noche llamé a Sickert y le conté lo que había averiguado, sin revelar mis fuentes, salvo que la BBC estaba interesada, ya que estaban realizando una serie de documentales sobre el tema. Parecía muy sorprendido y me pidió que repitiera lo que le había dicho a otro hombre que hablaba bien y parecía mucho mayor y un poco sordo. El anciano le devolvió el teléfono a Sickert y concertamos una cita para la mañana siguiente.

La dirección acordada era el estudio de un artista en Myddelton Square, Islington, propiedad del Sr. Harry Jonas, el viejo amigo. El estudio era de otro mundo: un lugar fabuloso, anticuado y desordenado. Había lienzos, pinturas, pinceles, macetas, botellas vacías, cartones de leche desechados, botes de pintura y cosas por el estilo; y en el centro había una notable estufa antigua con un conducto de humos que atravesaba el techo. No había ventanas y la única fuente de luz natural eran dos grandes claraboyas. Harry Jonas y Sickert estaban presentes.

Durante tres horas me sometieron a un minucioso interrogatorio sobre cómo había obtenido la información, qué me habían dicho exactamente y quién me lo había dicho. No me revelaron absolutamente nada, pero me di cuenta de por qué las semanas anteriores se habían malgastado en búsquedas infructuosas. Los nombres, lugares y acontecimientos descritos por nuestro informante de Scotland Yard eran ligeramente erróneos. Jonas y Sickert perdieron mucho tiempo intentando averiguar si Scotland Yard nos había dado deliberadamente información falsa, así que pensamos que lo mejor era prescindir de la policía y ponernos en contacto directamente con Sickert. Me aseguraron que no tenían correspondencia con Scotland Yard.

Habían creado una extraordinaria atmósfera de conspiración, y tengo que admitir que parecían preocupados y se mostraban extremadamente cautelosos". Sickert insistió en que se trataba de una historia personal y que su participación en ella no era más que "un breve capítulo de un libro muy grande". Acordaron que si nos contaban la historia, la BBC no podría hacerla pública.

Al final, nos separamos con este acuerdo: yo debía facilitar información más detallada sobre nuestra fuente de información. En cuanto lo hiciera, me pondría en contacto con ellos y volveríamos a vernos. Me fui pensando que estaba trabajando en un juego de puzzle de verdad.

Unos días más tarde volví al mismo lugar. Esta vez el ambiente era más relajado. Fuimos a un café local y Sickert pidió, a pesar de que yo había hecho señas al camarero con mi pañuelo de bolsillo.

Poco a poco la historia fue tomando forma: la saga del Destripador había echado raíces en Cleveland Street, que en aquella época era el corazón artístico de Londres, donde el padre de Sickert, Walter Richard Sickert, tenía su estudio. En el número 22 estaba el estanco y confitería donde trabajaba Annie Elizabeth Crook. Su ayudante, o la chica que trabajaba en la tienda con ella, era Mary Kelly, la misma que iba a ser la última víctima de Jack. Fue aquí donde el príncipe Eddy, duque de Clarence, había conocido a Annie Elizabeth durante una de sus visitas secretas al barrio.

Se había celebrado una boda en la capilla de San Salvador, pero sólo hubo un testigo oficial: Mary Kelly. En 1888 hubo una redada policial en Cleveland Street y fueron capturadas dos personas, el duque de Clarence y Annie Elizabeth, esta última se volvió loca y estuvo recluida en varias instituciones hasta su muerte en 1920. Mary Kelly había visto lo ocurrido y también se había hecho cargo de una niña: Alice Margaret. Huyó al East End, donde se escondió en un convento. Se volvió a saber de ella el 9 de noviembre.

Todos estos datos no venían en un orden claro, preciso o cronológico, sino que tuve que espigarlos de divagaciones y discursos a veces confusos en los que los nombres y los lugares venían por docenas. Venían de todas partes y, francamente, estaba desorientado. Pero con todo esto, la historia empezaba a tomar forma. Apenas se mencionaba el episodio del Destripador en sí y no se revelaba ningún nombre sobre su identidad, pero me dio la impresión de que había más de una persona implicada en el caso.

Y así sucesivamente. Sharp, Bonner y compañía continuaron pacientemente su búsqueda y visitaron varias veces a Sickert y Jonas con la intención de obtener más información de sus tímidas confidencias. Jonas no dijo nada sin el permiso de Sickert y, a pesar de su confianza original en los hombres de la BBC, Sickert parecía ahora inclinado a guardar silencio. Pero el equipo parecía tan profesional en su enfoque del caso que, tras una discusión más larga de lo habitual, la paciencia tuvo su recompensa. Sickert, un hombre reservado y ansioso, acabó dándose cuenta de que podía confiar plenamente en sus nuevos amigos, y sintió que podía mencionar, en confianza, algunos nombres. Pero incluso entonces la historia no fue contada en su totalidad, si acaso de forma resumida. Continuaron las mismas conversaciones farragosas, sin ningún deseo de *convencer*, sino simplemente de *hablar*. Al final, parecía encontrar cierto alivio en contar su historia. Y, por fin, la increíble trama que le había transmitido su padre empezó a cobrar sentido.

Príncipe Eddy

Pero Sickert se mantuvo firme en que su historia no debía hacerse pública. No veía ninguna ventaja, sólo desventajas, en revelar la verdad tanto tiempo después de los hechos. Era mejor dejar que los curiosos discutieran y se pelearan por ellos. ¿Y por qué? Dijo que incluso empezaba a pensar que había sido un error hablar. Si se hubiera callado, su historia habría muerto con él, y "los pecados de los padres se habrían ocultado a sus hijos", por utilizar su enigmática frase. El equipo de la BBC y los amigos íntimos de Sickert, Jonas en particular, se esforzaron por demostrar que si sabía la verdad, era su deber hablar. Su iglesia, la católica romana, se oponía rigurosamente a ocultar cualquier fechoría. Proclamar la verdad sólo podía tener efectos positivos. Después de muchas semanas de engatusar, mimar, razonar y persuadir, llegó a regañadientes a la conclusión de que sería mejor que se revelara su historia largamente guardada. Así, el viernes 17 de agosto de 1973, Joseph Sickert fue testigo sorpresa en el último episodio de la serie Jack el Destripador.

Conocí a Sickert al mes siguiente, cuando visité su casa en Kentish Town para entrevistarle por encargo del *East London Advertiser*. Se había mostrado cauteloso por teléfono, pero accedió a verme después de que le indicara que el *Advertiser* era uno de los últimos periódicos supervivientes que cubrían la zona donde habían tenido lugar los asesinatos de Whitechapel, por lo que tenía un interés especial en ellos. Estuvo de acuerdo en que, tras su aparición en televisión, no tenía nada que perder por presentar su historia más extensamente a la gente del East End. Lo encontré bajito y tenso, encantador pero introvertido. Su pelo engominado y su elegante barba eran gris plateado, y su rostro severo y aristocrático. Parecía -pensé- un delicioso corsario. Su voz era en sí misma una contradicción, a la vez distinguida y áspera. Pronunciaba mal algunas palabras, pero las utilizaba con elegancia. Decía "*arsh*" en lugar de "*harsh*[2]": era demasiado indiferente o inculto para marcar la *h*, pero fingía que "*arsh*" era la pronunciación correcta. Utilizaba estos atajos con una elocución impecable. Sus amigos le llamaban cariñosamente 'Hobo[3]'. No parecía querer ser más famoso.

Después de varios cafés y un largo debate sobre la conveniencia de revelar la verdad a toda costa, pareció calentarme y me dijo: "Quizá he

---

2 Este adjetivo puede traducirse como "riguroso", "duro", "severo" o un equivalente. Recuerde que la *h* inicial en inglés es aspirada (N.D.T.).

3 En algunos países de habla inglesa, esta palabra se utiliza para designar a una persona sin hogar, un trabajador vagabundo o una persona sin techo.

estado callado demasiado tiempo, no lo sé. Pero cuanto más tiempo pasa, más me convenzo de que nada bueno saldrá de estas revelaciones. Confieso que no me siento aliviado ahora que he compartido lo que sé.

Entonces me contó toda la historia. Su madre era una mujer ansiosa cuyos miedos y tristeza nacían en la temida separación provocada por una infancia pasada en un hospicio. Sorda congénita, había empezado la vida con una grave discapacidad. Los malos tratos a los que había sido sometida durante gran parte de sus años más tiernos se habían combinado con su discapacidad física para hacerla anormalmente reservada con los extraños. Era sobreprotectora con Joseph, y desde su más tierna infancia el niño sintió que terribles recuerdos rondaban la vida de su madre. Palabras extrañas pronunciadas, fragmentos de conversaciones oídas accidentalmente, la visible tensión de su madre cuando había un policía a la vista: todo ello convenció al perspicaz joven Joseph de que había algo en su pasado que proyectaba una oscura sombra sobre el presente.

Años más tarde, cuando tenía unos 14 años, su padre -el famoso pintor impresionista Walter Sickert- le llevó un día aparte y, en tono de confidencia, le contó una historia que al muchacho le resultó al principio imposible de creer. Su historia comenzó, dijo mientras se acomodaba en su silla, en la corte de la reina Victoria a principios de la década de 1880.

El nieto de la Reina, el Príncipe Eddy, que pronto sería Duque de Clarence y Avondale, fue un niño complicado. En 1884, cuando tenía 20 años, su madre - la Princesa Alexandra - mostró preocupación por su desarrollo. Su padre, el príncipe Eduardo, que se convertiría en el rey Eduardo VII, le rechazó. No le gustaba y no le importaba ocultarlo. Pensaba que su hijo era tonto y que cualquiera de sus compañeros de colegio podría haber sido mejor monarca. Para una madre devota, los estrechos círculos de la corte parecían un ambiente demasiado asfixiante en el que ver crecer a su hijo. Si Eddy iba a ser rey, tenía que aprender las realidades a las que se enfrentaban los súbditos a los que un día gobernaría. Como era más artístico que intelectual, Alexandra buscó en el mundo del arte una salida para Eddy. Allí podría ser él mismo; su personalidad se forjaría; podría sacar algo del noble carisma sajón-coburgués que ella tanto había amado en su marido, pero que en él se había visto desbordado por la inmoralidad, mientras que en Eddy nunca se había manifestado. Sobre todo, Eddy podría escapar del estrecho círculo de la corte y de la antipatía destructiva de su padre.

Al volverse hacia el mundo del arte, los ojos de Alexandra no podían dejar de posarse en el joven y elegante pintor Walter Sickert.

Cuatro años mayor que Eddy, era pintor de tercera generación: su padre y su abuelo habían sido artistas en la corte real de Dinamarca, de donde la propia Alexandra había llegado 20 años antes. Alexandra escribió a Sickert y le pidió que acogiera a Eddy bajo su tutela. La princesa estaba acostumbrada a hacer lo que le daba la gana, y el pintor siempre estaba deseoso de favorecer sus propios intereses ganando influencia. Se sometió de buen grado a la exigencia de que las pruebas de Eddy en el mundo real no fueran conocidas por su padre y su abuela.

"Mamá sería un coñazo", confió la revoltosa Alexandra a Sickert, que sabía que las rabietas de Victoria no eran para tomárselas a la ligera.

En aquella época, en las primeras etapas de su carrera tras su precoz graduación en la Slade School of Art y su aprendizaje con el gran pintor estadounidense Whistler, Sickert alquiló un local en una imponente casa de ladrillo rojo del número 15 de Cleveland Street, en el corazón de lo que se había convertido en el Montmartre londinense. Cleveland Street corría paralela a Tottenham Court Road. Sus tortuosos caminos formaban una pequeña aldea para la vida bohemia, una sociedad cerrada de artistas, escritores y comerciantes apiñados en un olvido voluntario entre dos de las vías más transitadas de la metrópoli. El barrio atraía a los jóvenes, los creativos y los revolucionarios. La mezcla de sus personalidades, cuyo único denominador común era el rechazo a las convenciones, había creado una colonia de beatniks de clase alta, entre ellos William Morris y el joven Bernard Shaw.

Se dice que durante sus largas vacaciones en Cambridge y durante sus ausencias ilícitas en el curso del año académico, el joven príncipe visitaba en secreto a Sickert. Salía del palacio en un carruaje con las armas reales, cambiaba de vehículo en un punto predeterminado y continuaba su viaje hasta la casa de Sickert en un carruaje ordinario, adelantándose así 50 años a la estratagema que Eduardo VIII empleó para burlar a los perros de su guardia de palacio y cortejar al Sr. Simpson. El cochero de Eddy durante la segunda mitad del viaje era un joven mujeriego simpático pero despiadado llamado John Netley, un individuo ansioso por encontrar una buena posición al servicio de los poderosos.

Eddy prosperaba en el ambiente relajado de la comunidad, e instó a Sickert a que le presentara a muchas de las personalidades que el pintor conocía. El talento innato de Sickert para percibir la calidad de sus interlocutores trascendía los límites de la clase social. Era bienvenido allá donde iba, tanto en la alta sociedad como en la más mediocre. Se sentía tan cómodo con un pescador como con un monarca.

Eddy llegó a quererle como maestro y amigo, y estaba deseando identificarse con el seudónimo que utilizaba en sus visitas. Llamándose "Albert" y haciéndose pasar por el hermano pequeño de Sickert, tenía más libertad de la que había tenido nunca, y disfrutaba con el romanticismo con que le llamaban sus nuevos parientes "pequeño Sr. S.".

En el sofocante verano de 1884, Sickert presentó a Eddy a una joven dependienta que posaba a menudo para él. Se llamaba Annie Elizabeth Crook, también conocida como "Cook". Trabajaba en un estanco en el número 22 de Cleveland Street, claramente visible desde los escaparates. Aunque analfabeta, la joven tenía un gran encanto. Era de origen escocés y había llegado a Londres desde su aldea rural en las Midlands, con su imaginación desbordante por el sueño de hacer fortuna en la gran ciudad. La miseria de la capital la había desilusionado al principio, pero era lo bastante lista como para rehacerse. No era ni mucho menos guapa, pero Eddy se sintió inmediatamente atraído por ella por el parecido que tenía con su querida madre. Decir que Eddy sufría complejo de Edipo sería una exageración, pero su relación con Alexandra siempre había sido muy íntima. La cercanía natural de cualquier madre hacia su hijo se veía acentuada tanto por el aislamiento que sufría a causa de su padre como por la falta de contacto con el mundo exterior, inevitable para cualquier miembro de una casa real. Su malsana dependencia de su madre se vio exacerbada por el afecto posesivo de ésta.

Annie se sintió halagada por la atención que recibió del hermano de su amiga pintora. Su aire melancólico, que Annie -según Sickert- debió de encontrar romántico, y su evidente atracción por sus encantos suscitaron una respuesta inmediata. Eddy confesó más tarde a Sickert que, cuando se conocieron, una parte de él la deseaba mientras que la otra, más reservada y cauta, lo retenía. Annie no podía hacerse una idea de las punzadas y los deseos que acechaban constantemente a Eddy durante sus alegres visitas a Cleveland Street y que enturbiaban su reciente felicidad con ataques de depresión. Detrás de todas las aspiraciones de libertad del adolescente, veía la sombra del trono que lo perseguiría implacablemente hasta la tumba. La corona debía ser su única preocupación. Todas las demás ambiciones debían subordinarse al cumplimiento de su destino real.

Pero con Annie podía engañarse a sí mismo y, en sus brazos, dejarse convencer por el reconfortante lema de la priora de Chaucer: "*Amor vincit omnia*". Pronto se entregó por completo a sus pasiones juveniles, y sólo tuvo en cuenta a medias sus deberes, para dejarse consumir por el surgimiento de un amor que lo consumía todo. Sus sentimientos se desbordaron y cada uno trató de convencer al otro de que estaban profundamente enamorados. Y sin duda lo estaban.

Annie se quedó embarazada casi de inmediato y en abril dio a luz a una niña, Alice Margaret, en el hospicio de Marylebone. La niña fue bautizada dos veces, primero por el rito anglicano y luego por el católico. El asunto seguía siendo un secreto celosamente guardado por ambos y por Sickert. Annie siguió viviendo en un sótano del número 6 de Cleveland Street y prestando sus servicios en la tienda. Sickert pagó a una joven que había trabajado allí con ella, una católica irlandesa llamada Mary Kelly, para que dejara su trabajo y se fuera a vivir con Annie para hacer de niñera del recién nacido. Kelly estaba dispuesta a aceptar, ya que había sido Sickert quien le había encontrado su primer empleo. El dueño de la tienda necesitaba ayuda y Sickert se puso en contacto con uno de sus muchos amigos, un abogado que dirigía un centro de acogida para mujeres trabajadoras pobres en el East End. En pocos días, el abogado llevó a Kelly a Cleveland Street y ella empezó a trabajar en la tienda.

La necesidad de mantener en secreto el romance de Eddy y Annie fue impuesta a todos por Sickert, a quien Alexandra advirtió que no permitiera que su hijo "se metiera en problemas". Después se unieron en el sacramento católico del matrimonio en una capilla privada, la de San Salvador. Sickert y Kelly fueron sus testigos. Sickert se había casado con Ellen Cobden en 1885 y desde entonces visitaba con regularidad Dieppe, el puerto normando donde realizó muchos de sus mejores cuadros. Cuando Eddy estaba fuera -lo que ocurría a menudo-, Sickert vagaba entre Francia e Inglaterra con Annie y su bebé. Kelly se reunió con ellos al menos dos veces en el verano de 1886. Durante su estancia se aficionó a los sonidos eminentemente románticos de la lengua francesa e incluso después insistió entre risas en que la llamaran "Marie Jeanette".

La unión de Annie y Eddy estaba condenada desde el principio. Demasiada gente había llegado a conocer la verdadera identidad de Eddy, e incluso las lenguas más íntimas empezaron a agitarse. Cuando los insidiosos rumores y los sonidos distorsionados del teléfono árabe llegaron por fin a las altas autoridades de Whitehall, la reacción fue primero de incredulidad, luego de asombro y, finalmente, de horror. El marqués de Salisbury, a la sazón Primer Ministro, recibió la rápida nota con instrucciones de ocuparse del asunto escrita por la Reina en cuanto se enteró de la noticia, en un arrebato de cólera. Pero los intereses de

Salisbury eran distintos de los de la Reina, que simplemente quería que se cerrara el caso y se suprimiera el papel de Eddy en él.

Para Salisbury, las noticias de Cleveland Street eran mucho más que un escándalo familiar. Victoria estaba furiosa, no porque esperara que el comportamiento de Eddy desencadenara cohortes infernales en el trono, sino porque un miembro de su casa se había rebajado a los sentimientos privados y a la independencia, y que habían ocurrido cosas graves sin el permiso de Su Majestad Imperial. Tras su primer ataque de ira, consideró el episodio como poco más que los pecadillos de un hijo pródigo, dignos de reprimenda, pero nada más. Sin embargo, el perspicaz Salisbury supo ver que Eddy no sólo había sembrado la paja, sino las semillas de la revolución.

Muchos críticos ya pensaban que la monarquía moriría con Victoria. El socialismo estaba ganando adeptos a un ritmo alarmante, y en la mentalidad intensamente patriótica de los británicos siempre había existido una velada desconfianza hacia su dinastía real germánica. Este resentimiento latente fue avivado descaradamente por los republicanos y, a medida que la década de 1870 daba paso a la de 1880, parecía claro que Inglaterra estaba viviendo sus últimos años como nación monárquica. La miseria y la enfermedad hacían mella en las clases trabajadoras, no más que en el pasado, pero ahora, bajo el gobierno republicano, los pobres tenían a alguien a quien culpar: los ricos perezosos. Había poco lugar para el amor a la Reina en los corazones de los desdichados; los irlandeses hablaban de ella con desprecio como la "Reina de la Hambruna". Finalmente, hubo intentos de asesinato. La implicación de su hijo Eduardo en el adulterio y su insaciable apetito sexual hicieron la situación infinitamente más peligrosa.

Eddy parecía ser la única esperanza que quedaba para conservar algún afecto por la familia real entre el hombre común. Joven y apuesto, era considerado comúnmente como un futuro rey que podría hacer que el trono volviera a ser seguro. Si él también se deslizaba por la pendiente de la inmoralidad y la disipación, Salisbury temía que el fin de la realeza estuviera cerca.

Con sus aventuras en Cleveland Street, Eddy había creado un peligro aún mayor que si hubiera seguido los siniestros pasos de su padre, ya que había cortejado y se había casado con una mujer católica, e incluso había tenido un hijo con ella. Este siglo estaba envenenado por un sentimiento anticatólico tan intenso que, incluso sin la persistente amenaza del socialismo, el matrimonio de Eddy por sí solo podría haber precipitado una revolución. El primer gobierno de Salisbury, salpicado de disturbios, se había formado en 1885. Poco después, hubo violencia en Londres, y en Trafalgar Square los alborotadores se enfrentaron violentamente con la policía y el ejército durante el Domingo Sangriento[4]. Irlanda había estallado con mayor fervor. Salisbury se encontró en la situación más desesperada a la que se había enfrentado desde su llegada al poder. Pero poco le importaba la cuestión del régimen: era superflua en un momento en que la monarquía y el propio edificio de la política británica parecían a punto de derrumbarse. Cualquier chisme o ruido era aprovechado por socialistas y republicanos para avergonzar y mancillar a la Corona o desacreditar al gobierno. Salisbury podía comprender fácilmente que el comportamiento de Eddy era suficiente para incendiar la revolución en este momento incierto de la historia.

Para poner fin rápidamente al asunto, organizó una redada en la calle Cleveland en 1888. Sickert describió más tarde la redada a su hijo. Era tarde. Mientras caminaba calle abajo desde Maple Street, vio a un grupo de canallas cerca de Howland Street. Eran todos extranjeros y su aspecto resultaba chocante en un barrio británico. Supo por su presencia que algo iba mal, pero estaba demasiado sumido en sus pensamientos como para dar contenido a sus sospechas. Más tarde, pero demasiado tarde, se dio cuenta de los hechos. Probablemente se habían disfrazado de canallas, pero en realidad eran un equipo de profesionales que *imitaban a* miserables.

---

4 "Domingo sangriento" de 1887 (N.D.T.).

Disturbios del "Domingo Sangriento" en Trafalgar Square, noviembre de 1887

De repente se oyó un grito y comenzó una pelea callejera. Inmediatamente, al final de la calle, había un revoltijo de hombres peleándose. Gritaban y maldecían. Este lamentable espectáculo sacó a la gente de sus casas y tiendas. Sickert aún no podía poner nombre a sus temores, pero sintió una vaga sensación de fatalidad inminente cuando levantó la vista y vio que el final de la calle, frente a su tienda, estaba por fin desierto. Caminó a paso ligero hacia el taller para asegurarse de que todo iba bien con Eddy, que se alojaba allí en ese momento. Antes de llegar a la mitad del camino, dos coches entraron en la calle desde Tottenham Street. Uno se detuvo frente al taller, el otro se dirigió directamente al sótano de Annie, en el número 6. Dos hombres con trajes de tweed marrones entraron en el taller, mientras que un hombre gordo y una mujer entraron en el sótano. Sickert comprendió ahora el significado de la comedia que se estaba representando delante de él, y supo que era demasiado tarde para hacer nada sin meterse en serios problemas. Los dos hombres salieron del taller, escoltando a Eddy.

"Sabía de qué se trataba", dice Sickert, "podía leer el miedo en su cara. Me quedé entre las sombras cerca de la tienda y le observé con pleno conocimiento de la inevitabilidad de esta tragedia absurda, que es idéntica en la vida real a lo que es en el escenario. Nada puede impedir lo inevitable.

El hombre y la mujer salieron casi inmediatamente del sótano. Condujeron a Annie, que forcejeaba, hasta la acera. Los amantes intercambiaron una última mirada abatida y sus captores los colocaron a cada uno en un carruaje. Eddy fue consciente del abismo que se había abierto entre ellos y gritó. Annie permaneció en silencio, pero los prolongados sollozos de Eddy, pronto amortiguados por los carruajes, expresaron la terrible pena que los afligía a ambos. Luego los carruajes se alejaron en dirección a Oxford Street, uno girando a la izquierda; el otro a la derecha. Sickert no volvió a ver a Eddy, sino una vez -quizá dos- a Annie. Pero nunca volvió a ver a la Annie despreocupada de Cleveland Street: una vieja bruja la había sustituido. La operación se había completado en un minuto. Cuando el último coche hubo girado, la reyerta terminó a sus espaldas con la misma rapidez con que había empezado. Los charlatanes se dispersaron. Siguió adelante y fue a tomar una copa para ahogar sus penas.

Eddy fue devuelto al tribunal y puesto bajo estrecha vigilancia. Annie estuvo recluida 156 días en el Guy's Hospital, y después en varios hospicios y hospitales. Murió 32 años después, loca de remate. Pero Mary Kelly se había escapado, aunque Sickert no sabía cómo, y regresó al East End, llevándose a la niña. De algún modo, por medios tortuosos, el niño fue devuelto a Sickert, quien lo confió a parientes menos afortunados. Sin embargo, la desgracia no tardó en llevar a la niña a un hospicio. Siguió un largo periplo por diversas instituciones. Más tarde, hacia 1895, Sickert la llevó a Dieppe, donde pasó el resto de su infancia. Ese fue el final de la historia de Sickert, según su sobrio comentario, pero había oído detalles del resto de la aventura de Kelly.

De hecho, el hecho de haber hecho desaparecer a Annie agravó el dilema de Salisbury, ya que Mary Kelly se reunió con un grupo de prostitutas bebedoras de ginebra del East End y les contó lo que no debía saber. Sickert seguía insistiendo en que nunca había conocido realmente los detalles del asunto, pero parecía que, con el apoyo de su entorno, Kelly había urdido un ambicioso plan de chantaje que condujo a su eliminación. Salisbury se enfrentaba ahora no sólo a la urgente necesidad de encubrir el mal comportamiento de Eddy, sino, lo que era mucho peor, de ocultar las desafortunadas consecuencias que su matrimonio había acarreado. Las pocas bolitas de nieve que Eddy había lanzado habían provocado una avalancha. Salisbury estaba seguro de ello, según Sickert. Kelly y sus cómplices tenían que ser silenciados.

Esta misión fue confiada a sir William Gull, médico de la reina Victoria, noble y leal servidor que en varias ocasiones había practicado abortos clandestinos en los suntuosos dormitorios de Windsor. Más de una vez se había desarmado a personas molestas gracias a que Gull las había declarado dementes. Acababa de firmar un certificado falso de ese tipo para Annie. Tenía un extraño sentido del humor y el deseo de ser alabado. También era masón, y de alto rango. Sickert hizo la sorprendente afirmación de que ni la Familia Real ni el Gobierno estaban detrás del plan para silenciar a Kelly: la operación se llevó a cabo a instigación de Salisbury -uno de los masones más influyentes del país- por y en nombre de esa sociedad secreta. Porque la masonería era el verdadero poder detrás del trono y del gobierno. Si el trono era derrocado y Gran Bretaña se convertía en una república, los francmasones también serían derrocados. Kelly y sus compinches debían ser neutralizados si se quería que las riendas del poder permanecieran firmemente en manos de la masonería, pero al viejo Sickert le parecía poco probable que lord Salisbury hubiera querido asesinar a nadie o imaginar por un momento que sir William Gull inventaría a Jack el Destripador. Era más verosímil que hablara con la misma temeridad que Enrique II sobre Becket, y soltara palabras airadas como: "¿No habrá nadie que me libre de estas insolentes rameras?".

Todo parecía muy improbable.

CAPÍTULO II

Historia de Sickert

Me senté y miré a Joseph Sickert en silencio. Mi mente estaba atascada con una multitud de preguntas tan espesas que enunciar una de ellas oscurecería inevitablemente las demás. Había estado hablando confusamente y sin orden, como de costumbre, durante casi cuatro horas. Estaba saturado de nombres y fechas, y tenía dificultades para comprender dónde terminaban los hechos y empezaban las conjeturas. Necesitaba tiempo para asimilar estos elementos y comprender el verdadero significado de su historia. Pero a pesar de mi confusión y de la creciente convicción de que su historia no era -ni podía ser- cierta, me fascinó lo suficiente como para querer una entrevista más profunda. Estaba seguro de una cosa: Joseph Sickert podía estar muy equivocado, pero creía sinceramente en cada detalle de su historia. Si ésta era realmente la resolución definitiva del caso, le dije, no eran los programas de televisión ni los artículos de prensa como el que me proponía escribir los que harían justicia a la historia. Hacía falta un libro. La expresión animada que habían ido adquiriendo sus toscos rasgos a medida que se iba implicando en la narración de su historia pareció desvanecerse tras una máscara de hierro. Me recordó que sólo había accedido a reunirse conmigo como parte de mis obligaciones como reportero del *East London Advertiser*. No buscaba notoriedad y ya había rechazado ofertas de grandes autores para publicar su historia.

Sin embargo, accedió a volver a verme para retomar cualquier punto que yo no hubiera entendido bien. Conocía esta historia desde hacía tanto tiempo que no podía imaginar que yo me perdiera más que uno o dos detalles sin importancia. Por lo que a mí respecta, si su historia era una especie de rompecabezas, a mí me faltaban la mayoría de las piezas, mientras que las demás apenas estaban encajadas. Mi mente estaba literalmente revuelta.

Volví a verle el domingo siguiente y fuimos a Cleveland Street. Cuando hubimos paseado por la zona donde se suponía que había tenido lugar la mayor parte de la primera saga de Jack el Destripador, me dio más detalles. Luego, entre ducha y ducha, fuimos al East End y recorrimos los sucios callejones y carreteras secundarias para acercarnos a cada uno de los lugares de los asesinatos. Escuché sus recuerdos mientras caminábamos y parecía sentirse lo bastante cómodo en mi compañía como para hablar conmigo con total libertad. A medida que avanzábamos por las húmedas calles, atestadas de gente del East End que caminaba penosamente hacia y desde Petticoat Lane Market, y luego en un pequeño café de Commercial Street con la taza de té más fuerte que jamás había bebido, poco a poco se me fue haciendo la luz.

Tras el secuestro de Annie Elizabeth y el ablandamiento de la ingenua Eddy por un sermón severo pero paternal de Lord Salisbury, la situación se calmó un poco. Para la Reina, el problema estaba resuelto. Lo único que le quedaba era hablar con su hijo el Príncipe de Gales de la forma más enérgica posible. Las diatribas de Victoria rara vez dejaban de producir el efecto deseado en un Bertie fanfarrón pero poco resistente. Reticencia, pero obediencia total: tal era la tradición familiar. Así había ocurrido con el bautizo del hijo mayor de Bertie y Alexandra: fue Victoria quien había elegido Albert, Victor, Christian, Edward para bautizar al infante. La ira que dirigió a su hijo por el asunto de Cleveland Street garantizó que se impusiera la disciplina más estricta a la recalcitrante Eddy, al menos durante algunos meses.

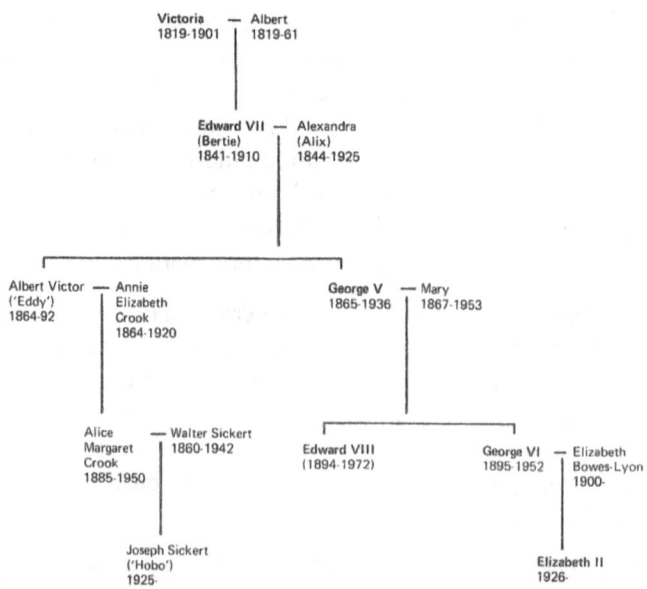

El árbol genealógico de Joseph Sickert descrito por su padre

Pero Salisbury era muy consciente de la amenaza que suponía la niñera, Mary Kelly. En un clima político normal, la vergüenza que podría haber causado habría sido insignificante. En 1888, sin embargo, sus revelaciones sobre los sucesos de Cleveland Street podían ser fácilmente explotadas por los chismosos de los movimientos socialista y republicano. El agitado contexto político reclutaba formidables enemigos del gobierno y de la corona. Si los términos del escándalo llegaban a conocimiento de estos opositores gracias a Kelly, su rastro se seguiría hasta Annie Elizabeth. Su cruel trato, unido al desafortunado comportamiento de Eddy, tenía el potencial de impulsar la causa revolucionaria. La repugnante sombra de una sociedad sin clases se cernía lentamente en el horizonte...

La idea era extrema, y había tomado forma en la mente de un hombre que creía que su amada madre patria estaba entre la espada y la pared. En tiempos más tranquilos, Salisbury era tan humanista como le permitía su cargo, pero eran tiempos difíciles y la tensión de la época se reflejaba en su política. El tipo de democracia favorecida por los liberales bajo Gladstone y los conservadores bajo su mandato era la única base, en su opinión, para una sociedad sana. No era su lugar como Primer Ministro, ni siquiera el papel predominante de los conservadores, lo que Salisbury sentía que tenía el deber de proteger. Quién dirigiera el gobierno o quién estuviera en la oposición en un momento dado tenía poca importancia cuando todo el sistema político de Gran Bretaña parecía amenazado. Lo que había que proteger era el sacrosanto dúo liberal-conservador: el *Establishment*. La monarquía era la base del *Establishment*, que, según Sickert, debía ser siempre lo primero en la lista de prioridades de Salisbury, por delante de cualquier consideración sobre las personas. De ahí el secuestro de Annie Elizabeth y las inminentes medidas contra Mary Kelly.

Durante varios meses no se supo nada de Kelly, y Walter Sickert pensó que había regresado a Limerick, donde había nacido. Había abandonado Irlanda de niña cuando su padre, John Kelly, ante la desesperación del desempleo al otro lado del mar de Irlanda, recogió a su familia de seis hijos y dos hijas y se embarcó rumbo al norte de Gales. Allí encontró trabajo en la industria metalúrgica y llegó a ser capataz. Mary se casó con un minero, Davies, cuando tenía 16 años, pero la felicidad que encontró en la vida dura y acechada por la muerte de la esposa de un minero duró poco: tres años después su marido murió en una explosión. Pasó ocho o nueve meses en una clínica de Cardiff recuperándose de una dolencia no identificada y luego se trasladó allí con un primo de la zona. Su vida siempre había sido sencilla y a menudo pobre, pero la pobreza y la miseria de aquellos primeros días de viudedad eran infinitamente peores que todo lo que había conocido antes. Como tantos jóvenes desheredados habían hecho durante dos siglos y medio, la fábula de *Dick Whittington y su gato* había engañado una vez a los pobres, ella volvió sus ojos, todavía inocente de espíritu, a Londres, esa feliz reunión de individuos al final del arco iris... Llegó allí en 1884 y nunca se fue. En pocos meses ya se codeaba con la escoria de la humanidad en el East End, aunque todavía estaba muy por encima de la degradación que más tarde provocarían la ginebra, el miedo y el anonimato vital. Poco después de su llegada a Londres, encontró un convento en el East End que le daba alojamiento y comida por el escaso dinero que ganaba con pequeños trabajos en la casa. En 1885 encontró un puesto fijo en un estanco de Cleveland Street. Abandonó el East End decidida a no volver jamás. Sólo tres años más tarde, a raíz de la redada policial mencionada *anteriormente*, las circunstancias exigieron su regreso a Whitechapel, donde se escondió.

Las investigaciones de Salisbury determinaron que no había regresado a Irlanda, donde se suponía que uno de sus hermanos estaba sirviendo en un batallón de *Guardias Escoceses*. Se hicieron averiguaciones discretas allí y en Gales, y en todos los lugares de su estancia en Londres por los que se pensaba que podría haber pasado. Pero nadie conocía realmente su historia, excepto Sickert, cuyas demostraciones de ignorancia hacían que la búsqueda fuera cada vez más inútil. A falta de nueva información, parecía que no había esperanza. El pececillo se había escapado de entre los dientes del tiburón, y no iba a ser capturado fácilmente. A la peculiar y paradójica manera de los políticos, Salisbury consideró este fracaso como un éxito. Porque Kelly había evadido con tanto éxito sus redes que se había quedado callada. En cuanto rompiera su silencio, fueran cuales fueran las consecuencias, sería fácil descubrir su posición y podría ser neutralizada. Y si no se volvía a saber de ella, sería sólo porque se había callado. Si elegía este camino, seguiría siendo inofensiva. Y fuera de peligro.

A finales de julio o principios de agosto, se produjeron señales, ineludibles y largamente esperadas. Había comenzado un mezquino e ingenuo intento de chantaje. El viejo pintor nunca reveló quién había sido el objetivo de la demanda, pero sólo estaba en juego una mísera suma; en otras circunstancias habría sido posible reírse. El chantaje procedía del East End. Parecía practicarse sólo para pagar la protección de un grupo de chantajistas mejor organizado. Sickert sabía poco de los detalles, pero se descubrió que Kelly se había asociado con tres prostitutas, en cuyo mundo había caído a causa del hambre, y acudió al chantaje instigada por ellas. Fue un acto desesperado. Había visto lo suficiente de la redada de Cleveland Street como para ser capaz de predecir su propio destino si era descubierta. Pero el miedo es relativo. Era fácil correr el riesgo de un peligro lejano si la apuesta podía librarla de otro peligro más cercano. Los peligros a disipar eran el hambre y las siniestras amenazas de la camarilla mafiosa que la había acorralado. Probablemente se trataba de la *banda del Viejo Nicolás*, que exigía dinero y prometía violencia e incluso la muerte a quien no pagara. La vida nunca fue más barata que en Whitechapel en la década de 1880. Se descubrió que tres mujeres -Nichols, Chapman y Stride- formaban parte del patético círculo de Kelly y tenían que ser inofensivas. La operación comenzó el 31 de agosto.

Sir William Gull recibió el encargo. Un candidato poco probable en muchos aspectos, era -en opinión de Salisbury- el más cualificado para llevar a cabo la tarea por varias razones. La más importante era que era uno de los masones más importantes del país y había desempeñado un papel destacado en las reuniones masónicas de alto nivel convocadas por Salisbury para discutir la mejor manera de manejar el asunto de Cleveland Street. Como Sickert le había recordado a su hijo, la masonería era el verdadero poder detrás del gobierno, y era la influencia oculta de los principales masones -y ciertamente no la fachada amistosa del debate parlamentario- la que dictaba las principales direcciones políticas. Como Gull ya se había comprometido firmemente, no había necesidad de buscar a nadie más. Un leal servidor de la masonería capaz de comprender la importancia de la corona para esa sociedad secreta era idóneo para la tarea. Gull resumía estas cualidades en sí mismo. Gracias a su ascenso a las más altas esferas de la masonería, en 1871 había sido presentado a la princesa Alexandra cuando su marido, el príncipe de Gales, cayó enfermo de fiebre tifoidea. Esto ocurría sólo diez años después de la muerte del padre del Príncipe, el Príncipe Alberto, a causa de la misma enfermedad. Por lo tanto, fue sorprendente en su momento, y nunca se ha explicado satisfactoriamente desde entonces, que este desconocido Gull, hijo del propietario de una barcaza rural, pudiera haber sido llamado para atender al Príncipe, y que el médico real - Sir William Jenner - sólo fuera llamado para dar una *segunda* opinión. La superioridad de Gull entre los masones explica su repentino ascenso a expensas del mejor médico de Inglaterra. Con la ayuda de Jenner, consiguió la recuperación de Bertie, pero sólo él se llevó los honores, convirtiéndose en baronet al año siguiente. En 1888 se le recordó repetidamente la deuda que tenía con la masonería y su sutil manipulación de los poderosos. Ya había engañado a Annie Elizabeth

Crook para que ingresara en los manicomios con un falso certificado de locura, y no cabe duda de que Salisbury realmente esperaba que hiciera lo mismo con Kelly y sus asociados.

Lo que no se había tenido en cuenta era el fuerte gusto de Sir William por lo misterioso y su inquebrantable determinación de seguir adelante con un plan de acción enteramente suyo. Siempre había estado convencido de que su parecido con Napoleón iba más allá del aspecto físico. Desde que sufrió un pequeño derrame cerebral en 1887, su firmeza a la hora de atenerse a cualquier decisión que tomaba, por absurda que fuera, era casi obsesiva. Decidió que detener a prostitutas y encarcelarlas como a Annie Elizabeth podía ser casi tan imprudente como dejarlas en libertad. A una pobre mujer que gritaba por lo que sabía y rogaba a detectives, médicos y visitantes que creyeran que era la esposa de un príncipe se la podía hacer pasar fácilmente por loca. Pero cuatro supuestos lunáticos contando la misma historia, aunque fueran vagabundos del East End, dibujarían un lienzo que más de uno podría desentrañar e interpretar fácilmente. Si internarlos en un manicomio o encarcelarlos era impensable, y dejarlos en libertad obviamente impensable, suprimirlos seguía siendo la única opción para el alma despiadada de Gull.

Se dispuso, según relató Sickert, a eliminar a estas mujeres siguiendo estrictamente un ritual masónico, y aunque Salisbury se sintió molesto por la vergüenza que los asesinatos causaron a su gobierno, al mismo tiempo se sintió complacido por la bulliciosa demostración de supremacía masónica que encarnaban. Gull respetaba una tradición masónica anticuada, y nada podía hacerse para desviarle de su curso.

Fue al East End en varios viajes de reconocimiento en el coche de John Netley, que también fue elegido porque ya estaba profundamente involucrado en el caso, habiendo llevado y traído a Eddy a Cleveland Street. Las indagaciones posteriores de Netley permitieron localizar a las víctimas, y la propia Kelly fue localizada por medio de un retrato. El tercer miembro del equipo -y éste parece ser el aspecto más asombroso de la increíble historia de Sickert- no era otro que el comisario adjunto de la Oficina de Investigación Criminal y otro masón de alto rango de la misma logia que Gull y Salisbury: Sir Robert Anderson. Gull se había reservado un mes entero para completar la operación. Mientras tanto, se proponía matar a las cuatro mujeres que estorbaban: Nichols, Chapman, Stride y Kelly. En el espíritu de algún extraño principio masónico, encontró la manera de sembrar el pánico y el terror que alcanzaría un espantoso clímax con el asesinato final. Pero algo iba mal, y en este sentido Sickert nunca supo cómo Catherine Eddowes había sido confundida con Kelly y había muerto en su lugar.

Debido al pánico deliberadamente inducido que se apoderó del East End tras el asesinato de Eddowes, no hubo forma de seguir el rastro de Kelly de inmediato. Así que Jack el Destripador acechó en las sombras durante 39 días, y muchos pensaron que sus crímenes habían terminado. Pero el 9 de noviembre, la mañana del *Lord Mayor's Show*[5], cuando la mayor parte del cuerpo de policía estaba absorbido por las secuelas de este notable acontecimiento, Mary Kelly fue silenciada a su vez. Y Jack el Destripador se desvaneció en la nada de la que tan violentamente había emergido sólo diez semanas antes.

Durante la tregua que siguió al último asesinato, Annie Elizabeth fue sacada del Hospital Guy, continuó Sickert. Una vez más, lo que sabía no estaba claro, pero estaba seguro de que había sido para alguna operación nefasta; sospechaba que Gull también estaba allí. Sólo podía suponer que había sido un intento de borrar de su mente recuerdos peligrosos; pero, en cualquier caso, cuando pudo verla una o dos veces después de aquello, su personalidad había cambiado. Parecía estar sólo medio consciente y ya no le reconocía. Inexplicablemente, también se había vuelto propensa a sufrir violentos ataques epilépticos. Pasó la mayor parte del resto de su vida encerrada en manicomios, prisiones y hospitales. Sea cual fuere la experiencia que le tocó vivir, no olvidó del todo su pasado. En una ocasión logró escapar de una institución y, con gran determinación, encontró a los amigos de Sickert que cuidaban de Alice Margaret cerca de Cleveland Street. Pronto fue detenida y devuelta al manicomio.

"*Audaces fortuna juvat* - la fortuna favorece a los audaces", dijo Walter Sickert, sucumbiendo a su costumbre de hablar en otros idiomas. "Los crímenes del Destripador tuvieron un éxito espantoso por la audacia con que fueron cometidos.

Dijo que los asesinos vieron a sus víctimas y, en los casos de Nichols, Chapman, Stride y Eddowes, les ofrecieron llevarles. Todos ellos -excepto Stride- fueron asesinados en el interior del vehículo, mientras Netley sacudía a su banda por las concurridas calles principales. Después, los asesinos dejaron que Netley se deshiciera de los cadáveres donde los encontraron. Stride estaba demasiado borracha

---

5 Cada año, el segundo sábado de noviembre, el Lord Mayor de Londres desfila con gran fanfarria (Nota del editor).

para razonar y se tambaleaba por la acera cuando el carruaje se detuvo a su lado. Netley escondió el coche en un callejón oscuro al sur de Commercial Road, y Gull se quedó dentro. Anderson y Netley siguieron a Stride hasta Berner Street y allí fue abordada por Netley mientras Anderson vigilaba, según la descripción de Sickert. El cochero la dominó, la tiró al suelo y la degolló. Rápidamente volvieron sobre sus pasos hasta el coche donde les esperaba Gull, y galoparon hasta Aldgate para asesinar a la indefensa puta que creían que era Kelly. Uno de los dos hombres -Sickert no dijo si era Netley o Anderson- había oído que Kelly estaba detenida en la comisaría de Bishopsgate por embriaguez pública. Sabían que podía ser puesta en libertad en cualquier momento después de medianoche, de acuerdo con la política realista y humana de la policía municipal, cuyas celdas no eran lo bastante grandes para albergar a todos los borrachos detenidos en una noche. Sin embargo, Kelly seguía en libertad, ya que la víctima de Aldgate resultaría ser Eddowes. Cuando finalmente fue encontrada, Kelly -la única de las víctimas que tenía piso propio- fue asesinada en su casa.

"Sólo el hecho elemental, pero nunca considerado, de que los asesinatos de Nichols, Chapman y Eddowes no se llevaran a cabo donde se encontraron los cadáveres explica la increíble rapidez con la que se ejecutaron meticulosamente estos crueles asesinatos, y la extraña falta de sangre cerca de los cuerpos", explicó Sickert.

El pintor se vio obligado a guardar silencio sobre todo el asunto, como confesó francamente a su hijo, por miedo a su propia seguridad. Sabía más que nadie sobre Jack el Destripador, aparte de los participantes en la conspiración. Se sintió aliviado de poder quedarse en Inglaterra, aunque pasó todo el tiempo posible en el continente para estar lejos de la confusión. Incluso se compró una casa en Dieppe, seducido por la idea de abandonar permanentemente Gran Bretaña. No recibió amenazas reales, pero sí extrañas y confusas advertencias, que nunca llegó a describir.

Su silencio se hizo aún más patente un día que trabajaba en su estudio de Dieppe. Estaba retocando una vista fluvial pintada con demasiada rapidez: una barca de pesca flotando sobre un oleaje tranquilo. De repente, sin ningún preámbulo, se abrió la puerta y entró lord Salisbury. Sin examinar el cuadro en el caballete, ni siquiera echar un vistazo a los demás cuadros esparcidos por la sala, ofreció inmediatamente a Sickert 500 libras por un cuadro. Este episodio sorprendió a Sickert, pero no tardó en comprender por qué. No se había hecho ninguna referencia a Cleveland Street ni a los asesinatos de Whitechapel, pero habría sido tonto si no se hubiera dado cuenta de que

Jack el Destripador, la solución definitiva

aquella propina desorbitada pretendía comprar su silencio. En una época en la que tenía que resistirse a una complacencia dañina si recibía tres libras por un cuadro, la advertencia era casi bienvenida. Por mucho que hubiera deseado rechazarlo, aceptó el soborno y guardó silencio hasta que se sintió obligado a contarle a Joseph todo lo que sabía.

Hubo prolongaciones brutales e inesperadas con el repugnante Netley, que creyó erróneamente que encontraría el favor de los poderosos continuando la operación con una cacería solitaria de Alice Margaret. Si la mataba, imaginaba, eliminaría la última mancha en el futuro de sus amos. Alice Margaret había sido primero arrebatada a Sickert y relegada a Windsor, donde debió encontrar un lugar donde vivir y ser cuidada como una niña real, aunque no deseada. A la larga, la vergüenza de su presencia se hizo demasiado grande y, sobre todo a causa de las maquinaciones de quienes estaban detrás de los asesinatos del Destripador, fue devuelta a Sickert. Éste la confió a conocidos menos afortunados y más tarde la retuvo en Dieppe. Netley intentó dos veces asesinar a la niña del pecado arrojándole su coche: una vez en 1888, en pleno reinado del terror del Destripador, y otra en febrero de 1892. En la primera ocasión, atropelló a Alice Margaret cuando cruzaba Fleet Street o el Strand con un pariente anciano. Cuando el carruaje la atropelló, pasó justo por encima de su cuerpo. El pariente testigo describió entonces a Sickert al conductor, y éste supo que sólo podía tratarse de Netley. Sickert dijo que en la confusión producida por el segundo "accidente", en Drury Lane, Netley se abrió paso entre la multitud y huyó hacia el puente de Westminster, perseguido por varios espectadores de la escena. Se arrojó al Támesis y murió ahogado. Cuando Alice Margaret creció, se casó con un hombre, Gorman, que resultó ser impotente. La relación de la joven con Sickert siempre había sido íntima, y la desesperada soledad que la afligía a causa de una sordera que empeoraba y de un matrimonio privado de amor físico bastó para que la pupila de Sickert se convirtiera en su amante de la forma más natural. Fue su amante durante más de 12 años, le dio un hijo -Joseph- y falleció en 1950. Sickert murió en 1942.

A medida que pasaban los años y los sucesos de 1888 no conseguían -como otros recuerdos de Sickert- fundirse en un vacío de vaguedad sólo matizado por una avalancha de detalles claramente recordados, ocurrían cosas extrañas. Sickert se encontró a sí mismo, de forma medio espontánea y medio inconsciente, pintando en sus lienzos indicios subliminales de la realidad que se escondía tras los asesinatos de Jack el Destripador. Durante años, dijo, ésta fue su forma de vivir con este conocimiento aterrador y, de forma indirecta, de intentar aclarar las cosas.

Walter Sickert en 1884

Joseph Sickert en 1973

CAPÍTULO III

¿Toda la verdad y nada más que la verdad?

En un artículo sobre Jack el Destripador en la *Pall Mall Gazette* en diciembre de 1888, el Conde de Crawford y Blacarres dijo:

> Al intentar desentrañar un misterio como éste, uno no puede permitirse dejar de lado ninguna teoría, aunque sea extravagante, porque, después de todo, la verdad podría estar en la más inverosímil de todas.

Por improbable que fuera la historia de Sickert, habría sido una tontería descartarla simplemente porque parecía absurda: exigía ser investigada. Sin embargo, para ser justos, *absurda* es quedarse corto. Parecía la mayor, aunque divertida, patraña jamás inventada sobre Jack el Destripador, exceptuando quizá la hipótesis de que el asesino fuera un gorila...

Si los detalles de la pista que había que seguir eran confusos, sus tendencias generales estaban muy claras: había que comprobar cada punto de la historia de Walter Sickert para ver si todo o parte de ella era auténtico. Podía muy bien tratarse de una gran novela. Parecía significativo que Walter no hubiera aportado ninguna prueba que respaldara sus afirmaciones. Había implorado ansiosamente a Joseph que no repitiera ni una palabra, por lo que no había esperado que su historia llegara al gran público. Quizá por eso no había aportado ninguna prueba. O tal vez toda la historia era una sarta de mentiras, y no *podía haber ninguna* prueba.

Ciertamente, varios hechos resultaron evidentes de inmediato y ayudaron a establecer la credibilidad de Sickert. Una sordera hereditaria afectaba tanto a los Sickert como a la familia real. La princesa Alexandra transmitió su discapacidad a su hijo Eddy. Si Eddy hubiera tenido una hija, como afirmaba Sickert, es casi seguro que habría heredado la discapacidad. Alice Margaret Crook, la hija que según Sickert tuvo Eddy, era sorda. Los registros de la Junta de Guardianes de

St Pancras, bajo cuya supervisión fue puesta en 1902, hacen esta escueta observación: "sorda como una tapia". Que se trataba de una discapacidad permanente queda confirmado por un relato realizado por el funcionario en funciones del Westminster Union Hospice el 11 de octubre de 1905, cuando Alice Margaret solicitó su ingreso en esa institución porque una lesión en el pie le impedía ganarse la vida. Bajo el epígrafe "Causa de aflicción, temporal o permanente", se anotó de nuevo su sordera. Su hijo Joseph está casi completamente sordo de un oído y su hija menor no oye nada. No hay pruebas de que Annie, la madre de Alice Margaret, padeciera algún tipo de sordera: es casi seguro que esta discapacidad la heredó de su padre. Las fotografías de las tres hijas de Joseph Sickert cuando eran niñas también muestran un parecido físico con un retrato de las tres hermanas Eddy pintado en 1883 por S. P. Hall y ahora expuesto en la National Gallery. Joseph es la viva imagen de Walter Sickert, y no parece tener ningún parecido físico con ningún miembro de la Familia Real. Sin embargo, una fotografía de Alicia Margarita muestra un notable parecido entre sus rasgos y los de la princesa Alexandra. Lo más notable son los ojos muy separados, una boca pequeña y una barbilla fuerte y redondeada. La referencia al temor de Walter Sickert por su propia seguridad en los años siguientes a los asesinatos da sentido a una fase desconcertante de su vida, que incluso a sus amigos les resultaba difícil de entender, con repentinas y frecuentes visitas al continente. Una de sus mejores amigas, Marjorie Lilly, hablaba de su inusual nerviosismo, sus imprevisibles salidas hacia Dieppe y sus igualmente inesperados regresos. Todas estas desapariciones eran difíciles de explicar porque perjudicaban su influencia en la formación de nuevas tendencias en la pintura. Podría y debería haber provocado cambios considerables en las opciones artísticas de Inglaterra. En lugar de ello, tras largas ausencias, regresó a una Gran Bretaña donde se le rehuía y se le consideraba "anticuado".

¿Es familiar el parecido entre la Princesa Alexandra (izquierda) y Alicia Margarita Crook (derecha)?

Estos hechos dispersos que surgieron de la complicada saga de Sickert no eran, sin embargo, una prueba. Lo primero que había que hacer era investigar al propio Walter Sickert y averiguar si, por ejemplo, era en absoluto probable que pudiera haber sido elegido por Alexandra para darle a su hijo su amistad. Esto parecía inconcebible.

Pero Sickert no era -como siempre he creído- un artista de segunda fila cuyas penetrantes representaciones de la vida de la gente más humilde reflejaban su propio medio de vida. Tenía conexiones con la corona. Nació en Múnich el 31 de mayo de 1860. Era el hijo mayor de Oswald Adalbert Sickert. La pintura corría por sus venas. Un notable talento artístico nació en esta familia con Johann Jürgen Sickert, el abuelo danés de Walter, nacido en 1803 en Flensburg, Schleswig-Holstein. Walter escribió sobre él:

> Fue a la vez pintor y jefe de una compañía de decoradores que el rey Cristián VIII de Dinamarca empleó en sus palacios. Vivió y trabajó en Altona.

Johann Jürgen fue uno de los primeros litógrafos y envió a su hijo Oswald -padre de Walter- a estudiar a París. Oswald, que nació en Altona en 1828, llamó la atención del rey Christian VIII a través de su padre, que entró en estrecho contacto con la familia real durante su trabajo en palacio. Christian quedó tan impresionado por el talento del joven Oswald -un talento que se manifestó por primera vez (según Walter) en "un autorretrato a los 16 años que es sencillamente alucinante"- que le concedió una pensión para ir a Copenhague, donde se supone que se convirtió en pintor real. Probablemente fue allí donde conoció personalmente a la familia real, lazos que se romperían en 1848 con la muerte de Christian y la ascensión del inestable Federico VII. Durante sus visitas a palacio, Sickert debió de conocer todas las ramas de la dinastía y probablemente pasó temporadas en el Palacio Amarillo, una residencia de verano en los hayedos de Bernstorff, hogar del heredero al trono, el príncipe Christian de Schleswig-Holstein-Sonderburg-Glücksburg, que se convirtió en el rey Christian IX, y su esposa Luisa de Hesse. Su hija Alexandra, apodada "Alix", nació en 1844.

Alexandra llegó a Inglaterra para casarse con Eduardo, Príncipe de Gales - "Bertie"- en 1863, cuando tenía 19 años. Cinco años más tarde, Oswald Sickert llegó a Londres con su familia y se instaló definitivamente en Gran Bretaña, exponiendo con frecuencia sus obras en la Royal Academy. Siguió pintando hasta su muerte en 1885, y no hay razón para creer que la relación amistosa que pudo existir en Dinamarca entre el artista y Alexandra se olvidara de algún modo cuando ésta se convirtió en Princesa de Gales, a un paso del trono. Al contrario, Alexandra, aunque muy popular entre sus súbditos, siempre fue una extraña dentro de la familia real británica, pues nunca superó del todo su profunda nostalgia por su querida madre patria. Hizo todo lo posible por ser aceptada como miembro de la formidable dinastía de Victoria, pero al mismo tiempo se aferró con fuerza a los pocos viejos amigos con los que aún podía estar en compañía. Es probable que Oswald Sickert y Walter, su talentoso hijo, formaran parte de este grupo privilegiado.

De hecho, hay razones para sospechar, basándose en los cotilleos de la corte de la época, que existía un estrecho vínculo entre Walter y la encantadora Alexandra. Un escritor describió su afición por una joven pintora que llevaba perfume y el pelo a la inglesa. Aunque no se mencionaran nombres, cualquiera que conociera a Sickert habría comprendido que el objeto de su afecto sólo podía ser Walter. A finales de la década de 1870 pasó cuatro años formándose en el teatro, y acabó uniéndose a la compañía de Henry Irving en el Lyceum. Era tan hábil en el arte del maquillaje que desafió a su propia madre a reconocerle entre una multitud de actores en el escenario. Su falsa apariencia de anciano arrugado y desdentado la engañaba fácilmente. Esta atracción por la actuación nunca abandonó a Sickert, e incluso después de dejar de actuar, vivió una vida más de showman que de pintor. Cambiaba de aspecto casi con la misma frecuencia con la que sus buenos amigos le habían visto en el escenario del Liceo cada noche en un papel diferente. Un día su pelo castaño caía sobre sus hombros en una cascada de rizos y se paseaba con ropa informal y extravagante. Al día siguiente se había cortado el pelo y peinado con un cepillo, y durante varias semanas aparecía con ropas negras o grises más que convencionales.

En sus últimos años, Sickert estaba tan bien introducido en los círculos reales que su segunda esposa, Christine Drummond-Angus, tuvo el privilegio de bordar una prenda ceremonial diseñada por Sickert para ser usada en ocasiones oficiales. La prenda, conocida como la "túnica azul", se conserva en la Abadía de Westminster y se ha utilizado en todas las coronaciones reales, funerales y bodas desde que fue donada en 1920.

Además, uno de los cuadros de Sickert que contiene una referencia velada a la verdad de los crímenes del Destripador (que es lo que le contó a su hijo) estuvo en su día en posesión de la Reina Madre Isabel.

Sickert fue acusado de difundir varias versiones contradictorias sobre la identidad del asesino de Whitechapel, y aunque esta acusación es falsa, es fácil ver cómo tomó forma. Con su historia sobre Eddy y Annie Elizabeth, que no compartió con nadie más que con su hijo, Sickert sólo contó una historia sobre el Destripador. Pero la repitió tantas veces y a tanta gente que, después de dos o tres intermediarios, sufrió inevitables distorsiones. Sickert se convirtió así en la fuente de una maraña de tesis incompatibles, a pesar de que sólo apoyaba una.

Marjorie Lilly, fallecida en 1976, recordaba a Sickert como "un hombre misterioso, imperioso y complicado".

Ella dijo: "Era un gran conversador y naturalmente ocupaba el centro del escenario en cualquier grupo, sin siquiera darse cuenta. Su fascinación por el caso de Jack el Destripador era muy fuerte y yo era de la opinión de que podría saber la verdad".

La historia con la que la obsequió repetidamente durante sus 25 años de amistad fue invariablemente la misma. Y ella sostenía que él siempre había dado la misma versión a cualquier otra persona. El propio Sickert le había dicho a su hijo que se había inventado la historia deliberadamente. Lo que sabía del Destripador le quemaba como una antorcha, y no podía evitar que su conversación derivara hacia la cuestión de los asesinatos. Sentía que revelar la verdad le habría puesto en peligro. Su "solución" inventada le servía para dos cosas: satisfacía su inextricable necesidad de hablar del Destripador y, con los años, le proporcionaba una entretenida historia de sobremesa que le convertía automáticamente en la persona más atractiva de cualquier grupo, una posición que le encantaba ocupar.

Afortunadamente, Osbert Sitwell quedó lo bastante impresionado por la evidente obsesión de Sickert con el Destripador como para tomar nota de la falsa versión. Lo recordó en su introducción a *¡Una casa libre!* Sitwell escribe:

> Varios años después de los asesinatos había alquilado una habitación en un suburbio de Londres. Una pareja de ancianos cuidaba de la casa, y cuando llevaba varios meses instalado, la mujer, con la que hablaba a menudo, le preguntó un día, mientras limpiaba el polvo del piso, si sabía quién lo había ocupado antes que él. Cuando él dijo "no", ella esperó un momento y luego contestó: "Jack el Destripador"...
>
> Según su relato, su predecesor era estudiante de veterinaria. Al cabo de uno o dos meses de mudarse a Londres, este joven aparentemente delicado -tenía fístosis- tomó el hábito de quedarse despierto toda la noche de vez en cuando. Sus dueños le oían volver a eso de las seis de la mañana, luego se paseaba por la habitación durante una o dos horas hasta que salían los primeros periódicos del día en los quioscos, y entonces bajaba corriendo las escaleras y compraba uno en la calle. Volvía tranquilamente y se acostaba. Pero una hora más tarde, cuando el viejo le despertaba, se daba cuenta, por las marcas en la chimenea, de que su inquilino había quemado la ropa que había llevado el día anterior. Durante el resto del día, los millones de londinenses hablarían del nuevo y terrible asesinato, obviamente parte de una serie, que se había cometido de madrugada. Sólo este estudiante parecía no mencionarlo nunca: no conocía a nadie y no hablaba con nadie, aunque no parecía particularmente solitario [...] la pareja de ancianos no sabía qué pensar de la historia: cada día su salud empeoraba más y más, y parecía improbable que este joven taciturno, achacoso y apacible pudiera haber sido responsable de tales crímenes. Apenas podían dar crédito a sus sospechas, y antes de que pudieran plantearse si avisar o no a la policía, su inquilino empeoró repentinamente, y su devota madre viuda vino a buscarlo a Bournemouth, donde vivía. [...] A partir de entonces, los asesinatos cesaron. Murió tres meses después.

La historia tuvo un efecto notable: en primer lugar, inspiró a Marie Belloc Lowndes para escribir su bestseller *Un extraño inquilino*. A través de Mrs Lowndes, Sickert inspiró dos obras de teatro, al menos cinco películas -entre ellas *The Strange Mr. Slade* y Murders- y una ópera en dos actos de Phyllis Tate titulada *The Lodger*.

Se ha sugerido que otra teoría seria sobre la identidad del Destripador, considerada por muchos como la más plausiblemente cercana a la verdad, también puede atribuirse a Sickert. Esta afirmación, que desgraciadamente no está respaldada por ninguna prueba documental, la hace Donald McCormick en su libro *The Identity of Jack the Ripper (La identidad de Jack el Destripador)*. Se trata de la tesis relativa a Montague John Druitt, que se ha convertido en el principal sospechoso del caso desde la publicación en 1965 de *Autumn of Terror*, de Tom Cullen, y de *Jack the Ripper*, de Daniel Farson, en 1972. El punto de partida de sus investigaciones fue un pasaje de las notas privadas de Sir Melville Macnaghten, un borrador rápido de sus actas oficiales conservado en los archivos de Scotland Yard. Este material inédito fue puesto a disposición de los dos autores por Lady Christabel Aberconway, hija de Sir Melville, fallecido en agosto de 1974.

La investigación combinada de Cullen y Farson produjo lo que parecen ser argumentos válidos contra Druitt, un abogado fracasado que se recicló como profesor. En realidad, los cargos contra Druitt son inexistentes, como veremos en el capítulo VIII.

McCormick afirmó haber encontrado a un médico londinense que conocía a Sickert y cuyo padre había estudiado en Oxford con Druitt. Este médico afirmó que Sickert había repetido una vez su historia del "inquilino" a Sir Melville Macnaghten en el Garrick Club. Sir Melville escuchó la historia porque, al igual que el estudiante de veterinaria, Druitt también tenía una madre viuda que vivía en Bournemouth. El argumento es que la adición del nombre de Druitt a la lista de sospechosos de Macnaghten fue un resultado directo de la historia de Sickert y la identificación de este estudiante obviamente legendario con el individuo cuyo cuerpo fue recuperado del Támesis el 31 de diciembre de 1888.

Sin embargo, hasta que McCormick no pueda dar el nombre del médico londinense, su hipótesis no será más que otra posibilidad.

Nunca sabremos si Sickert fue o no el responsable de añadir a Druitt a la lista de sospechosos, pero Druitt desempeñó un papel en la farragosa novela que el pintor dejó a su hijo. Sickert dijo que Druitt había sido un chivo expiatorio desde el principio, aunque no tenía ni idea de cómo había sido elegido ni de los dudosos arreglos que se habían hecho.

La respuesta a esta pregunta habría desconcertado incluso al propio Sickert.

CAPÍTULO IV

Los asesinatos

Una historia de asesinatos rara vez pierde algo cuando se cuenta. Cuando la historia es tan truculenta como pueden serlo los asesinatos de Whitechapel, no puede dejar de ser bordada y alterada sin medida. Jack el Destripador fue rápidamente asimilado en el folclore del East London, y nadie culparía a la tradición viva que ha tomado el relevo por añadir un poco de picante a una vieja historia. Al abuelo del East End, sentado frente a la chimenea con sus nietos pendientes de cada una de sus palabras, se le puede perdonar que añada un toque romántico, o algo de su propia invención, a la historia real. La misma inclinación de sus antepasados había hecho de Robin Hood el más grande de los héroes populares de Inglaterra, cuando sólo era un criminal.

Una de las tareas del historiador es rechazar las interpolaciones añadidas a lo largo de los años, separar los hechos de las leyendas -sin denigrar estas últimas, pues ambas tienen su valor razonablemente tomadas en su contexto. Es triste que, en el caso de Jack el Destripador, muchos historiadores supuestamente serios hayan traicionado su deber al rebajarse a publicar detalles inventados y conjeturas sin fundamento como si fueran hechos reales. Sus falsificaciones, perpetuadas por la imprenta, no tienen nada que ver con la efímera historia nocturna de la gente corriente, el cuento de hadas contado por la noche en voz baja junto al fuego y luego olvidado para siempre. Su deshonestidad ha hecho más por impedir la búsqueda de la verdad que los cientos de fábulas que se han extendido por casi todos los bares y locales sociales del East End. Incluso los agentes de policía de la época, Sir Robert Anderson en particular, inventaron hechos sobre el Destripador para insuflar algo de vida, sin veracidad, a sus recuerdos. Muchos autores, en periódicos y en libros formales, han seguido su ejemplo al revestir de lógica argumentos que a menudo son completamente falsos. Parece que el más dañino de estos alborotadores es un fabulador llamado Leonard Matters. Su libro *The Mystery of Jack the Ripper (El misterio de Jack el Destripador)*, publicado en 1929, no se basa más que en afirmaciones sin fundamento y patentemente falsas: consiste en divagaciones en forma de especulaciones descabelladas que se disfrazan de hechos. El más mínimo acto deshonesto por parte de un autor es censurable, pues mientras aparenta querer arrojar luz oscurece las onzas de verdad recibidas hasta el momento.

¿Es posible, además, después de casi 90 años de suposiciones y engaños, volver a las fuentes? Los únicos documentos que probablemente estén libres de exageraciones o fantasías parecen ser las observaciones de los policías directamente implicados en la investigación del caso en aquella época. En su *Jack the Ripper in Fact and Fiction (Jack el Destripador en la realidad y la ficción)*, publicado en 1965, Robin Odell se quejaba de que:

> Es lamentable [...] que el inspector Abberline, encargado de encontrar al asesino, nunca tomara la pluma. De todas las personas implicadas en la búsqueda del asesino, ninguna estuvo más activamente en contacto con los hechos que este inspector.

Pero aunque nunca escribió un libro, el inspector Frederick George Abberline sí tomó la pluma. Las notas de Abberline sobre Jack el Destripador, y las de sus colegas en la investigación, no eran peroratas sensacionalistas para rellenar autobiografías que de otro modo serían aburridas, sino meticulosos informes manuscritos escritos sobre el terreno en el momento de los asesinatos. No contienen detalles superfluos y pretenden ser inequívocos: van directos a los hechos, aunque se tomen su tiempo. Son el registro escrito más preciso y valioso de los asesinatos de Whitechapel y nunca se han publicado antes porque se conservan en los archivos secretos de Scotland Yard y el Ministerio del Interior.

Aunque estos archivos confidenciales de Scotland Yard no deberían haberse hecho públicos hasta 1992, obtuve permiso para consultarlos y en julio de 1974 pasé cuatro días copiando su contenido palabra por palabra. Están guardados en una polvorienta caja de cartón y consisten en tres carpetas arrugadas de papel grueso, cada una de ellas sellada con un número y las palabras "Confidencial hasta 1992". Por comodidad, llamamos a estos legajos "Víctimas", "Sospechosos" y "Cartas"; estas últimas contienen cientos de misivas enviadas por excéntricos de todo el mundo, la mayoría escritas con tinta roja (algunas con sangre), la mayoría con la firma "Jack el Destripador".

Entre 1888 y 1891, todos los papeles e informes de asesinatos en la zona de Whitechapel se registraron en el archivo de "Víctimas". En

1892 se cerró el archivo y dos años más tarde Sir Melville Macnaghten insertó sus propias notas con la vana esperanza de aclarar todo lo demás. El archivo de "Víctimas", cuidadosamente encintado con cinta rosa, contiene subcarpetas individuales encabezadas de la siguiente manera:

EMMA ELIZABETH SMITH, de 45 años, fallecida el 3 de abril de 1888.

MARTHA TABRAM alias TURNER, entre 35 y 40 años, asesinada el 7 de agosto de 1888.

MARY ANN NICHOLLS [*sic*] **asesinada el 31 de agosto de 1888.**

ANNIE SIFFEY alias CHAPMAN, asesinada el 8 de septiembre de 1888.

ELIZABETH STRIDE, muerta el 29 de septiembre de 1888.

CATHERINE BEDDOWES [*sic*]**, asesinada el 29 de septiembre de 1888.**

MARIE JEANETTE KELLY, muerta el 9 de noviembre de 1888.

ROSE MYLETT alias LIZZIE DAVIS, asesinada el 26 de diciembre de 1888.

ALICE McKENZIE, muerta el 17 de julio de 1889.

TORSE DE MUJER, encontrado el 10 de septiembre de 1889.

FRANCES COLES, muerta el 13 de febrero de 1891.

Sólo las que he destacado fueron víctimas de Jack el Destripador, como pronto demostraremos. Los informes de los expedientes individuales cuentan gran parte de la historia. Mary Ann Nichols, la primera víctima, fue encontrada en Bucks Row -actual Durward Street-, una calle oscura paralela y cercana a la Whitechapel Road de nuestros días, donde no escasean las agitaciones ni de día ni de noche. El inspector J. Spratling, de la División J, describe los hechos en su informe especial escrito pocas horas después del asesinato:

El agente 97J Neil declara que a las 3.45 de la madrugada del 31 [de agosto] encontró el cuerpo sin vida de una mujer tendida de espaldas, con la ropa ligeramente por encima de las rodillas y degollada de oreja a oreja en un patio de Bucks Row, Whitechapel. El policía pidió ayuda a Mizen (55H) y Thain (96J). Este último llamó a Dr Llewellyn al 152 de Whitechapel Road. Llegó rápidamente y encontró al fallecido, que al parecer había muerto unos minutos antes. Ordenó que trasladaran el cuerpo al depósito de cadáveres, indicando que realizaría un examen más detenido, que se llevó a cabo con la ayuda de una ambulancia.

Cuando llegué allí, me describieron el cadáver y comprobé que había sido destripado, por lo que inmediatamente informé al médico. Llegó enseguida y, al examinarla más detenidamente, especificó que le habían cortado la garganta de izquierda a derecha, con dos cortes distintos en el lado izquierdo. La tráquea, el esófago y la médula espinal habían sido seccionados, y en la mandíbula inferior derecha se apreciaba un hematoma, probablemente producido por un pulgar, así como otro en la mejilla izquierda. El abdomen estaba lacerado desde el centro de las costillas inferiores en el flanco derecho, por debajo de la pelvis hasta la izquierda del estómago; allí la herida era irregular. El epiplón o revestimiento del estómago también estaba cortado en varios lugares, y dos pequeñas puñaladas parecían haber sido hechas con un cuchillo grande, que se supone fue utilizado por una persona zurda, habiendo sido la muerte casi instantánea.

Descripción... Edad: unos 45 años; estatura: 1,70 m; tez morena; pelo castaño canoso; ojos marrones; hematoma en la mandíbula inferior derecha y en la mejilla izquierda, ligera laceración en la lengua; le falta un diente en la parte superior delantera, dos en la mandíbula inferior izquierda.

Vestimenta: abrigo marrón, 7 grandes botones metálicos (representa a una mujer a caballo con un hombre a su lado), vestido marrón, enagua de lana gris, calzones de franela, corpiño de franela blanca, corsé marrón, medias caladas de lana negra, botas de hombre con la parte superior y el tacón deteriorados, gorro de paja negro con adornos de terciopelo negro.

Realicé entrevistas y supe por el señor Emma Green, viuda y vecina que vive en New Cottage, y por el señor Walter Purkis, de Eagle Wharf, enfrente, y también por William Louis, vigilante nocturno de *Messrs Brown & Eagle* en un muelle cercano, que ninguno de ellos había oído gritos durante la noche, ni nada que les hiciera pensar que el asesinato se había cometido allí.

Se registraron estaciones de ferrocarril y lugares públicos del este de Londres y de la zona, así como muelles y parques cercanos, pero no se encontraron armas.

El agente afirma que cruzó Bucks Row a las 3.15 de la madrugada y el agente Kirley casi al mismo tiempo, pero la mujer no estaba allí en ese momento y es desconocida para ellos.

Un relato más completo, escrito con la pluma precisa y jocosa del propio Abberline una vez que la investigación estaba en marcha, afirma:

> El 31 de agosto, hacia las 3.40 de la madrugada, Charles Cross, aparcacoches del 22 de Doveton Street, Cambridge Road, Bethnal Green, pasaba por Bucks Row, en Whitechapel, de camino al trabajo, cuando vio a una mujer tendida de espaldas en la acera (delante de la verja de un establo). Se detuvo para ver cómo estaba la mujer cuando apareció otro aparcacoches (también de camino al trabajo) llamado Robert Paul, del 30 de Forsters Street, Bethnal Green: Cross le llamó la atención sobre la mujer pero, como estaba oscuro, no vieron sangre y siguieron su camino con la intención de informar al primer policía con el que se cruzaran. Al llegar a la esquina de Hanbury Street con Old Montague Street se encontraron con el agente 55H Mizen y le informaron de lo que habían visto, y el policía se dirigió inmediatamente al lugar indicado donde comprobó que el agente 97J Neil (que estaba de ronda) había encontrado a la mujer y estaba pidiendo ayuda.
>
> Neil había encendido su linterna y descubrió que la mujer estaba gravemente degollada. También llamaron al agente 96J Thain, que se dirigió inmediatamente a Dr Llewellyn, en el número 152 de Whitechapel Road. Rápidamente llegó al lugar, declaró muerta a la mujer y ordenó que trasladaran el cuerpo al depósito de cadáveres. Mientras tanto, Mizen había sido enviado a la estación de Bethnal Green para pedir una ambulancia y asistencia, y el cuerpo fue enviado al depósito de cadáveres cuando llegaron el inspector Spratling y otros agentes. A su llegada, el inspector realizó un segundo examen y descubrió que el abdomen también había sufrido graves daños en varios lugares, dejando al descubierto los intestinos. El inspector informó a Dr Llewellyn, quien posteriormente realizó un examen más minucioso y determinó que las heridas del abdomen eran en sí mismas suficientes para causar la muerte instantánea, y expresó su opinión de que se habían producido antes de que le cortaran el cuello.
>
> El cadáver aún no había sido identificado. En un minucioso registro de las ropas de la víctima, el inspector Helson encontró varias prendas de ropa interior con la marca del Lambeth Hospice, lo que permitió atribuir el cadáver a una antigua residente llamada Mary Ann Nichols, y gracias a ello pudimos localizar a sus familiares y confirmar su identidad. Se estableció que era la esposa de William Nichols, 37 Coburg Street, Old Kent Road, empleado de la imprenta de *Messrs Perkins, Bacon and Co.* en Whitefriars Street en la City, de quien se había separado hacía casi

nueve años debido a su adicción al alcohol, y que durante varios años había sido residente ocasional de varios hospicios. En mayo de este año había abandonado el hospicio de Lambeth y había entrado al servicio del Sr. Cowdry, inglés, de Rose Hill Road, Wandsworth. Permaneció allí hasta el 12 de julio, cuando se escapó tras robar varias prendas de ropa. Uno o dos días más tarde encontró un alojamiento en el 18 de Thrawl Street, Spitalfields, en una pensión normal, y después en otro edificio similar en el 56 de Flower & Dean Street hasta la noche del asesinato.

Esa mañana, hacia la 1.40 horas, fue vista en la cocina del número 18 de la calle Thrawl, donde informó a la encargada de la pensión de que no tenía dinero para pagar su habitación. Pidió que le guardaran la cama y se marchó diciendo que pronto tendría dinero. En ese momento estaba borracha. A las dos y media de la madrugada fue vista en el cruce de Osborn Street y Whitechapel Road por Ellen Holland, una pensionista de la misma casa, quien, al ver que estaba completamente borracha, le rogó que volviera con ella a la pensión. Pero ella se negó, señalando que volvería pronto, y se dirigió por Whitechapel Road hacia el lugar donde se encontró su cuerpo. No cabe duda de la hora, ya que el reloj de la iglesia de Whitechapel marcaba las 2.30 a.m. y Holland llamó la atención de la fallecida sobre la hora.

No pudimos encontrar a nadie que la viera con vida después de salir de Holanda. Hay casi media milla desde Osborn Street hasta Bucks Row. Se iniciaron investigaciones en todos los lugares donde parecían pertinentes, con vistas a localizar al asesino, pero hasta la fecha no se han encontrado pistas.

La primera página del informe del Inspector Abberline

Ocho días más tarde, el asesino volvió a atacar. Aún no había sido nombrado por el lunático anónimo que, hacia finales de septiembre, enviaría una carta a la Central News Office firmada "Jack el Destripador". En aquel momento todavía sólo se le conocía como el "Asesino de Whitechapel"; sin rostro, escurridizo e, incluso después de *sólo* dos asesinatos, ya más aterrador que cualquier canalla que hubiera surgido del sulfuroso East End.

El 8 de septiembre, a las 6.10 de la mañana, el inspector Joseph Chandler estaba de servicio en la comisaría de Commercial Street, en Spitalfields, cuando se enteró de que otra mujer había sido asesinada. El crimen había tenido lugar en Hanbury Street, una larga y estrecha calle al este de Commercial Street. Llevaba el nombre de una fábrica de cerveza -*Truman, Hanbury &* Buxton- y en la actualidad los edificios de hormigón de la fábrica de cerveza Truman ocupan gran parte de la calle, abarcando el lugar del segundo asesinato del Destripador.

En 1888, esta calle no tenía ningún rasgo distintivo de las demás calles asoladas, bordeadas de casas de ladrillo de cuatro plantas, en ruinas y llenas de ratas, que estropeaban el paisaje en todas direcciones. Estos edificios -ni siquiera la imaginación más desbocada podría considerarlos "viviendas"- no eran más que una costra que ocultaba una llaga supurante: la escoria de la humanidad. La mayoría de las casas de Hanbury Street datan del segundo movimiento urbanístico del distrito, en el siglo XVIII, cuando los habitantes de Spitalfields eran ricos hugonotes que vivían de la seda y cuando, en primavera, innumerables aberturas creaban una espléndida explosión de rojo y amarillo en todas las calles. Nunca la prosperidad cayó en tal desorden de desgracias con resultados tan terribles. John Stow, en su *Descripción de Londres* publicada en 1598, describe el distrito tal como era antes de que la implacable expansión del capital se lo tragara entero:

> Los jardines y huertos de los habitantes, adornados con grandes y hermosos árboles, están situados en todas las partes del suburbio que están libres de edificios. En el lado norte están los pastos y prados ordinarios, con arroyos que fluyen a través, girando molinos de agua con un sonido agradable. No muy lejos hay un gran bosque, una caza bien arbolada, rica en ciervos, corzos, ciervas, jabalíes y otros animales de caza. Los campos de trigo no son malos y arenosos, sino que son como los fértiles campos de Asia, dan excelentes cosechas y llenan los graneros de grano.

Pero la urbanización en sí no había atraído la pobreza. A finales del siglo XVII, cuando la zona experimentó su primera gran urbanización, aún era sólo muy pija. Los miserables hambrientos que rondaban Hanbury Street en la década de 1880 difícilmente podían imaginar que las míseras viviendas situadas justo enfrente del lugar del nuevo asesinato habían sido en otro tiempo un hermoso jardín frutal, o que para la Pascua de 159 no fue una condescendencia por parte de la reina Isabel I, sino un honor, asistir con más de mil seguidores a un hermoso servicio en el Hospital de Santa María, con bailarines y un grandioso acompañamiento de trompetas, flautas y tambores. Pero desde aquella época en que Piccadilly no era más que un terreno cultivable que daba a una vasta extensión de prados y tejados a la vista de las barcazas del Támesis, cualquier transformación ha sido posible. En 1649, año del asesinato del rey Carlos I, la finca situada en el extremo oeste de Hanbury Street constaba de tres casas, un patio, dos establos, un cobertizo y un jardín, además del huerto antes mencionado.

La edad de oro de los hugonotes llegó a un abrupto final con las primeras sirenas de la revolución industrial. El poder del vapor pronto dio lugar a los telares de vapor. Las tejedoras de seda que trabajaban en telares manuales en sus casas fueron trasladadas a fábricas. El factor humano desapareció, y lo que había sido un arte debidamente estructurado fue sustituido por el sudor y el trabajo de la producción en masa. La riqueza del barrio y de sus habitantes desapareció. Y fue a esta chabola decadente, mugrienta y plagada de enfermedades adonde se dirigió el inspector Chandler una fría mañana de septiembre...

Inmediatamente me dirigí al número 29 de Hanbury Street y en el patio trasero encontré a una mujer muerta tumbada de espaldas, con el brazo izquierdo apoyado en el pecho izquierdo, las piernas dobladas, destripada, el intestino delgado y la piel del abdomen yacían en el lado derecho por encima del hombro derecho, flojamente unidos al resto de los intestinos que quedaban en el cuerpo; dos membranas de piel de la parte inferior del abdomen yacían con gran cantidad de sangre por encima del hombro izquierdo; la garganta cortada a gran profundidad desde la izquierda y hasta el fondo, de forma irregular alrededor de la garganta.

Inmediatamente llamé a Dr Phillips, el cirujano de la división, y pedí una ambulancia y ayuda en la estación más cercana. El médico declaró muerta a la mujer y afirmó que llevaba muerta al menos dos horas. El cuerpo fue trasladado en la ambulancia de la policía a la morgue de Whitechapel.

Al registrar el patio observé en la pared trasera de la casa (encima del cadáver), y a unos 50 centímetros del suelo, unas seis manchas de sangre de diversos tamaños que iban desde una moneda de seis peniques hasta un solo punto, y, en una empalizada de madera, a la izquierda del cadáver, cerca de la cabeza, manchas y rayas de sangre a unos 35 centímetros del suelo.

La mujer fue identificada por Timothy Donovan, propietario de la pensión Crossinghams, situada en el número 35 de la calle Dorset, quien informó de que la conocía desde hacía casi 16 meses como prostituta, y que se alojaba en el citado establecimiento desde hacía cuatro meses. El 8 de septiembre, a la 1.45 de la madrugada, ella estaba en la cocina bebiendo alcohol y comiendo patatas. Él (Donovan) le pidió el dinero del alojamiento, a lo que ella respondió que no tenía y luego le pidió que confiara en ella, a lo que él se negó. A continuación se marchó diciendo que no iba a salir por mucho tiempo. No vio a ningún hombre con ella.

Descripción: Annie Siffey, 45 años; 1,70 m; tez blanca; pelo castaño rizado; ojos azules; le faltan dos dientes de la mandíbula inferior; nariz grande.

Ropa: abrigo largo negro, blusa marrón, falda negra, botas con cordones, todo viejo y sucio.

Se envió un telegrama con la descripción de la mujer a todas las comisarías y se solicitó una investigación especial en los hoteles amueblados, etc., para determinar si algún hombre con una personalidad perversa o con sangre en la ropa había aparecido después de las 2 de la madrugada del día 8 de este mes.

En un minucioso informe de 15 páginas sobre los dos primeros asesinatos, Abberline señaló que no había "ninguna duda de que ambos crímenes fueron cometidos por el mismo individuo". Y continuaba:

> En su caso, su identificación también quedó claramente establecida. Era viuda de un cochero llamado Chapman, fallecido en Windsor hacía casi 18 meses, del que llevaba ya varios años separada a causa de su adicción al alcohol. Hasta su muerte le pagó una pensión semanal de 10 chelines. Durante varios años frecuentó pensiones populares en la zona de Spitalfields y algún tiempo antes de su muerte residió en el número 35 de Dorset Street, donde fue vista con vida por última vez a las dos de la madrugada de la mañana del asesinato. [...] Desde ese momento hasta el descubrimiento de su cuerpo, no se pudo obtener ninguna información seria sobre su paradero.

El asesino se retiró a las sombras y dejó que el desorganizado cuerpo de policía, una prensa atónita y una opinión pública enloquecida se confundieran en una frenética caza de todos los callejones sin salida imaginables, desde el más realista hasta el más demencial. Durante tres semanas no ocurrió nada. Pero esto fue sólo la calma antes de la tormenta. El 29 de septiembre, el criminal volvió a la carga en una auténtica orgía de violencia, y firmó su famoso "doble asesinato" en una sola noche. La primera víctima fue Elizabeth Stride, de 45 años, una sueca desgarbada conocida como "Long Liz". La segunda fue Catherine Eddowes, dos años menor que ella, una mujercita patética que, debido a la bebida y a los años en la calle, aparentaba unos sesenta años, como muestran sus fotografías *post mortem*. *Sin* embargo, por las descripciones dadas durante la investigación, parece que se las arreglaba para mantener cierta coquetería.

Resulta sorprendente que, junto a la abundancia de notas manuscritas sobre Nichols y Chapman en los archivos de Scotland Yard, no haya casi ninguna sobre las demás víctimas del Destripador. En el caso de Eddowes, es comprensible. Como fue asesinada dentro de la jurisdicción de la Policía Municipal, Scotland Yard no era responsable de la investigación posterior a su muerte. Pero la escasez de material en el expediente de Stride es más difícil de entender. No hay informes en bruto del asesinato ni de las investigaciones policiales. Y el expediente de Kelly, en el que cualquier investigador honesto esperaría encontrar montones de informes, declaraciones, mapas y mucho más, es el menos lleno de todos... Las 14 páginas de notas sobre Stride ofrecen, sin embargo, varios nuevos testimonios esenciales, que consideraremos en detalle en otro capítulo. Pero para la información sobre el asesinato en sí, sólo podemos basarnos en el primer documento del expediente: un recorte del *Daily News* del 6 de octubre. Incluso éste no trata tanto del asesinato como de la investigación. Sin embargo, en los archivos del Ministerio del Interior existe un informe sobre el desarrollo del asesinato elaborado por el inspector jefe Donald Swanson. Antes de examinar el informe de Swanson, otro importante documento sobre Jack el Destripador que nunca antes se había explotado, del The *Times del* lunes 1 de octubre, prepara el escenario:

> El escenario del primer crimen es un patio estrecho de Berners [sic] Street, una calle tranquila que va desde Commercial Road hasta las vías de la London, Tilbury and Southend Railway Company. A la entrada del patio hay dos grandes puertas de madera. En una de ellas hay un pequeño portillo que se utiliza cuando ambas puertas están cerradas. En el momento en que el asesino llevó a cabo su siniestro plan, estas puertas estaban abiertas; de hecho, según el testimonio de personas que viven cerca, la entrada al patio rara vez está cerrada. A una distancia de cinco a seis metros de la calle, a ambos lados del patio se levantan muros ciegos, cuyo efecto es sepultar este pequeño espacio en una oscuridad total tras la puesta del sol. Más allá, un poco de luz puede llegar al patio desde las ventanas de un club de trabajadores que ocupa toda la longitud del patio a la derecha, y desde las aberturas de una serie de pequeñas casas ocupadas principalmente por sastres y liadores de cigarrillos a la izquierda. Sin embargo, en el momento en que se consumó el asesinato, las luces de todas estas viviendas estaban apagadas, mientras que el resplandor que emanaba del club, procedente del piso superior, llegaba a las viviendas de enfrente y sólo podía reforzar la oscuridad del resto del patio.

El informe de Swanson al Ministerio del Interior, fechado el 19 de octubre, dice:

> Los siguientes son los detalles del asesinato de Elizabeth Stride en la mañana del 30 de septiembre de 1888.
>
> 30 de septiembre a la 1 de la madrugada. El cuerpo de una mujer fue descubierto con la garganta cortada, pero sin ninguna otra mutilación, por Louis Diemshutz (secretario del Club Socialista) en los terrenos del patio de Dutfield en Berner Street, cerca de Commercial Road, quien informó a la policía. El agente 252 Lamb fue con él al lugar de los hechos y mandó llamar a los doctores Blackwell y Phillips.
>
> 1 h 10. Tras examinar el cadáver, los médicos lo declararon muerto. El cadáver estaba tumbado sobre el costado izquierdo, el brazo izquierdo a lo largo del cuerpo hasta el codo con un paquete de cachous en la mano, el brazo derecho sobre el estómago, el dorso de la mano y la parte inferior de la muñeca salpicados de sangre, las piernas dobladas, las rodillas juntas, los pies pegados a la pared, el cuerpo aún caliente, un pañuelo de seda alrededor del cuello, ligeramente desgarrado a lo largo del lado derecho de la mandíbula, la garganta profundamente cortada y, bajo el extremo derecho de las mandíbulas, un evidente roce de la piel de unos tres centímetros de diámetro.
>
> Se realizó un registro en el patio, pero no se encontró ningún objeto.

El núcleo de este informe contiene una prueba hasta ahora desconocida que resulta decisiva si se examina a la luz del relato de Sickert sobre los asesinatos. Esta prueba se examinará en su totalidad más adelante. La última parte del informe explica:

> El cadáver fue identificado como el de Elizabeth Stride, una prostituta, y puede decirse de inmediato que la investigación que reconstruyó su historia no reveló ni el más mínimo pretexto para su muerte, según las declaraciones de sus amigos, compañeros y de cualquiera que la hubiera conocido. La actuación de la policía, además de extenderse en las direcciones mencionadas por el informe relativo al asesinato de Annie Chapman, fue la siguiente.
>
> A. Inmediatamente después de la llegada de la policía al lugar de los hechos, todos los miembros que se encontraban en el club socialista fueron registrados, sus ropas inspeccionadas y sus declaraciones grabadas.

B. Se hicieron amplias pesquisas en la calle Berner para ver si se había visto a alguien en compañía del fallecido.

C. Se imprimieron y distribuyeron folletos en el distrito H, en los que se pedía a los propietarios que informaran a la policía sobre cualquier persona sospechosa que se alojara en el mismo edificio que ellos.

D. Se registraron las numerosas declaraciones hechas a la policía y se pidió a las personas denunciadas (que eran muchas) que dieran una coartada para el momento de los asesinatos; se tomaron todas las precauciones posibles para verificar sus declaraciones.

Simultáneamente a la investigación descrita en el punto A, se registró el patio donde yacía el cuerpo, pero no se encontró ningún objeto. [...]

Para el punto C, se elaboraron 80.000 folletos destinados a los habitantes. Una encuesta puerta a puerta no sólo recogió los resultados de las indagaciones de los residentes, sino que también brindó la oportunidad de realizar un registro policial a gran escala que, con algunas excepciones -pero no tantas como para levantar sospechas-, abarcó la zona bajo jurisdicción de la Policía Municipal, por un lado, Lamb Street, Commercial Street, Great Eastern Railway y Buxton Street, y por otro, Albert Street, Dunk Street, Chicksand Street y Great Garden Street, hasta Whitechapel Road y después hasta los límites de la ciudad. En el transcurso de la encuesta también se visitaron pensiones amuebladas y se entrevistó a más de 2.000 inquilinos.

La policía del Támesis también llevó a cabo una investigación entre la gente de mar que se encontraba a bordo de buques en los muelles o en alta mar, así como una investigación ampliada a los asiáticos residentes en Londres. Cerca de 80 personas fueron detenidas en varias comisarías de la ciudad y sus declaraciones fueron grabadas y comprobadas por la policía. Se ha llevado a cabo una investigación sobre los movimientos -que se calcula que son más de 300 - cuyos miembros han sido denunciados a la policía, y estas investigaciones continúan.

Se ha contactado con 76 carniceros y trabajadores de mataderos y se ha examinado la personalidad de los empleados. Este procedimiento incluye a todos los aprendices y trabajadores contratados en los últimos seis meses.

También se investigó la supuesta presencia de gitanos griegos en Londres, pero se comprobó que apenas se encontraban en Londres en la época de los diversos asesinatos.

Se localizó y justificó satisfactoriamente a tres de las personas que se autodenominaban "cowboys" y participaban en la Exposición Universal estadounidense.

Aunque el número de cartas recibidas disminuye considerablemente día a día, continúan las demás gestiones relativas a los denominados individuos sospechosos.

Como ya hemos mencionado, el segundo asesinato de la noche fue el de Catherine Eddowes en Mitre Square, Aldgate. Las incursiones enemigas durante la Segunda Guerra Mundial dañaron de tal manera las dependencias de la Policía Municipal -bajo cuya jurisdicción se produjo este asesinato- que son pocos los registros que se conservan anteriores a 1940. Los documentos relativos al asesinato de Catherine Eddowes se encuentran entre los destruidos por la guerra. Como el archivo de Scotland Yard sobre Eddowes sólo contiene unas cuantas fotografías horripilantes de su cadáver en la morgue y un extracto sin importancia del *Philadelphia Times* del lunes 3 de diciembre de 1888, no parecía haber ningún informe contemporáneo del asesinato escrito por un hombre directamente implicado en el caso. Pero en febrero de 1975, cuando se me permitió acceder a los archivos del Ministerio del Interior, encontré notas en abundancia, muchas escritas por un policía de la ciudad que trabajaba en el caso. Pero el informe de ocho páginas firmado por el inspector James McWilliam, detective de la policía de la ciudad de Londres, deja muchas preguntas sin respuesta. Henry Matthews, ministro del Interior, garabateó en un papel adjunto al informe de McWilliam: "El acta mecanografiada de la investigación contiene mucha más información que ésta. Es evidente que no quieren decirnos nada.

Un informe mucho más completo sobre el asesinato, también archivado, fue elaborado, irónicamente, por la Policía Metropolitana. Esto es lo que Swanson escribió el 6 de noviembre:

> Los hechos sobre el asesinato en Mitre Square, conocidos por la Policía Metropolitana, son los siguientes.
>
> 1.45am del 30 de septiembre. El agente Watkins, de la Policía Municipal, descubrió en Mitre Square el cadáver de una mujer, con la cara tan mutilada que resultaba casi irreconocible, la punta de la nariz cortada, el lóbulo de la oreja derecha casi seccionado, la cara lacerada, la garganta cortada y destripada. El agente pidió ayuda a un tal Sr. Morris, vigilante nocturno y agente jubilado de la Policía Metropolitana, y se echó un primer vistazo a la escena del crimen y se solicitó asistencia

médica y quirúrgica, cuyos detalles se describirán extensamente más adelante en este informe.

La Policía Municipal fue informada de los hechos por el agente Watkins. He aquí el resultado de sus investigaciones, tal como lo conoce la Policía Metropolitana:

A la 1.30 horas, el agente pasó por el lugar donde se encontró el cadáver a la 1.45 horas y no había nada especial en ese momento.

1:35: Tres judíos, uno de los cuales se llama Mr. Lewin[6], vieron a un hombre hablando con una mujer en el pasaje de la Iglesia (que lleva directamente a la plaza Mitre). Los otros dos no prestaron mucha atención y dijeron que no podían identificar ni al hombre ni a la mujer, e incluso el Sr. Lawende dijo que no podía reconocer al hombre. Lawende dijo que no podía reconocer al individuo; pero, como la mujer estaba de espaldas a él, con la mano en el pecho del hombre, no pudo reconocer el cuerpo mutilado como el de la mujer que había visto de espaldas, pero, por lo que podía recordar, la ropa del fallecido -que era negra- era similar a la que llevaba la mujer que había visto -éste es el único punto de su declaración.

2.20 horas: El agente 245A Long (fue designado por la División "A" para ayudar temporalmente a la División "H") declaró que en el momento mencionado había inspeccionado los edificios de la calle Goldstone [Goulston] y que en ese momento no había nada allí. Sin embargo, en :

A las 2.55 a.m. descubrió en el fondo de un pasadizo ordinario que conduce del 108 al 119 de la calle Goldstone un trozo de tela ensangrentado, y sobre él las palabras escritas con tiza: "Los judíos son hombres que no serán acusados por nada", informó, e inmediatamente se informó a la policía de la ciudad, cuando se estableció sin lugar a dudas que el trozo de tela encontrado coincidía exactamente con el que faltaba en los restos.

El médico Dr Brown, llamado por la policía de la ciudad, y Dr Phillips, que había sido llamado por la policía metropolitana en el momento de los crímenes de Hanbury Street y Berner Street, hicieron un examen *post mortem* del cadáver. Informaron de que faltaban el riñón izquierdo y el

---

[6] En realidad se llamaba Joseph Lawende. Curiosamente, Swanson deletrea correctamente su nombre sólo unas líneas más adelante.

útero, y que la mutilación no revelaba por el momento muchos conocimientos anatómicos, en el sentido de que delataría la mano de un cirujano experto, por lo que la policía podía restringir su búsqueda a determinadas categorías de personas. Además, como en los casos investigados por la policía metropolitana, las pruebas médicas demostraban que el asesinato podía haber sido perpetrado por un cazador, un carnicero, un trabajador del matadero, así como por un estudiante de medicina o un médico medianamente cualificado.

Los resultados de las investigaciones de la policía de la ciudad fueron los siguientes: junto al cadáver se encontraron varias papeletas de empeño en una caja de hierro, y al seguir este rastro se comprobó que se referían a valores dejados por la difunta, que estaba separada de su marido y vivía en adulterio con un hombre llamado John Kelly, respecto al cual los departamentos de policía de la ciudad y de la metrópoli realizaron una investigación conjunta, cuyo resultado fue demostrar claramente que no era el asesino. Además, se demostró que el nombre de la fallecida era Catherine Eddowes, o Conway, que había sido detenida en la comisaría de Bishopsgate Street por embriaguez pública a las 20.45 horas del 29 de septiembre y, tras recuperar la sobriedad, fue puesta en libertad a la una de la madrugada del día 30. La policía de la ciudad y la policía metropolitana iniciaron una investigación sobre sus antecedentes, y se descubrió que no había ningún motivo entre sus conocidos o amigos para asesinarla.

En los bloques de pisos de Goldston Street en los que se había encontrado un trozo de tela ensangrentado, la City Police investigó, pero sin éxito. Sus investigaciones posteriores sobre personas que habían resultado sospechosas tras informes escritos u orales a las comisarías, hasta el momento infructuosas, se pusieron en conocimiento de la Policía Metropolitana, que a su vez informaba diariamente a la Policía Municipal de la naturaleza y el resultado de sus propias investigaciones.

En cuanto al descubrimiento del graffiti escrito con tiza en una pared, esbozado con un error ortográfico en la segunda palabra en medio de una zona habitada principalmente por judíos, de todas las nacionalidades, así como ingleses, en la pared de un pasadizo ordinario que conduce a muchas viviendas ocupadas casi exclusivamente por judíos, siendo el tenor de la frase echar la culpa a los judíos, el Comisario consideró oportuno borrarlo. Además de estas razones, estaba el hecho de que durante las investigaciones policiales de los asesinatos de Bucks Row y Hanbury Street, cierta parte de la prensa arrojó muchas sospechas sobre un judío llamado John Pizer, alias "Delantal *de Cuero*", como asesino, cuyos movimientos en las fechas y horas de los asesinatos fueron satisfactoriamente verificados por la Policía Metropolitana, eximiéndole de toda sospecha. También estaba el hecho de que esa misma noche se había cometido otro asesinato en las inmediaciones de un club socialista de la calle Berner frecuentado por judíos, consideraciones que, sopesadas con las pruebas de las pintadas con tiza en la pared destinadas a culpar a determinadas personas, se consideraron más decisivas que las primeras. Según los policías que vieron las pintadas de tiza, no se parecían en nada a las ya famosas cartas manuscritas reproducidas en cierto periódico.

La policía de la ciudad y el señor Montagu [diputado por Whitechapel] prometieron recompensas y se formó un comité de vigilancia, presidido por el señor Lusk, de Alderney Road (Mile End), y es de lamentar que el resultado fuera el fracaso a la hora de descubrir cualquier información que pudiera conducir al asesino. El 18 de octubre, el Sr. Lusk llevó a la comisaría de Leman Street un paquete dirigido a él. El paquete contenía lo que parecía ser un trozo de riñón. Lo había recibido el 15 de octubre y finalmente lo presentó para su examen al Dr. Openshaw, conservador del Museo del Hospital de Londres, quien lo reconoció como un riñón humano. El riñón fue entregado inmediatamente a la Policía Municipal, y la conclusión de un doble análisis médico fue que se trataba del riñón de un ser humano adulto, firme, como podría ser el caso de un cuerpo donado a un hospital para su disección, pero como también podría ser el caso de una extirpación de un cuerpo no destinado a la ciencia. En otras palabras, un riñón de este tipo podría encontrarse en cualquier persona fallecida a la que se hubiera practicado una *autopsia*, por el motivo que fuera, como por ejemplo por estudiantes o ayudantes en la sala de disección. El riñón, o más bien el trozo de riñón, iba acompañado de una carta en la que se leía:

Desde el infierno
Sr. Lusk

Señor,

Te enviaré la mitad del reint que le quité a una de las mujeres que vinieron a buscarte, la otra mitad la freí y me la comí, era famosa. Puede que te envíe el corte sangriento que lo desprendió si esperas un poco más

Firmado: M'attrape
que puede
Sr. Lusk

Los matasellos del paquete son tan imprecisos que es imposible saber si el paquete se envió por correo en la zona E. o E.C., la carta no iba en sobre y, por lo tanto, la policía municipal no puede llevar a cabo ninguna investigación al respecto.

Las demás investigaciones de la policía municipal son conjuntas con las de la policía metropolitana, y cada servicio comunica diariamente al otro la naturaleza y los resultados de las investigaciones realizadas.

Preceden, por tanto, los hechos tal y como los conoce la Policía Metropolitana, respecto al asesinato de Mitre Square.

Hubo una exquisita astucia en el asesinato de Catherine Eddowes, superando incluso el diabólico éxito de los asesinatos anteriores. No se oyeron peleas ni gritos; si el asesinato se cometió realmente en Mitre Square, fue menos de quince minutos antes de que se encontrara el cadáver, y la sincronización del asesino fue increíblemente precisa, ya que el agente Watkins había estado en el lugar sólo quince minutos antes y no había notado nada. Al parecer, en ese corto espacio de tiempo, el asesino no sólo había realizado la elaborada carnicería descrita en el informe de Swanson: también había llevado a cabo la delicada operación de extirpar un riñón. El riñón es uno de los órganos más difíciles de localizar, ya que está oculto en el interior del cuerpo y oculto por una masa de tejido graso. Pero los restos de Eddowes se encontraron en el rincón más oscuro de Mitre Square. Ningún teórico ha podido explicar aún cómo Jack el Destripador pudo atacar con tanta rapidez y habilidad, en silencio, sin que su destreza se viera mermada por la oscuridad absoluta...

La insana confianza del Destripador parecía haber alcanzado nuevas cotas, mostrando toda su compostura. En sus primeras apariciones sangrientas no había dejado pistas. Ahora parecía dejarlas a propósito. Una irracional sensación de impunidad ha sido a menudo la perdición de los asesinos orgullosos. Pero este no fue el caso de Jack el Destripador. Lo que parecía un acto banal de desafío -la pintada en la pared- no hizo sino aumentar la confusión de sus perseguidores.

Después del doble asesinato, los periódicos informaron de que la Oficina Central de Noticias había recibido una carta escrita en tinta roja y firmada como "Jack el Destripador". Había sido enviada desde la zona E.C. de Londres dos días antes del suceso. Un día después del asesinato llegó una postal con la misma firma. El nombre sólo necesitó una publicación: a las pocas horas de las primeras ediciones de los periódicos con el texto de los dos mensajes, el nombre de Jack el Destripador había entrado de forma indeleble en las mentes del East End.

El pánico se apoderó del barrio. William Ifland es un centenario y una de las pocas personas que aún viven que sabe exactamente cómo era la vida en Whitechapel durante aquel otoño de 1888, particularmente espantoso. Nació en Rusia en 1873. A los 13 años abandonó la persecución y la pobreza de su país y, tras recorrer media Europa con su anciana tía y su hermana pequeña, encontró un barco que debía zarpar rumbo a Inglaterra, una tierra donde, por lo que él sabía, un judío podía vivir sin miedo a los pogromos. El barco atracó en Tilbury en 1886 y, en pocos días, los tres inmigrantes sin dinero, que no sabían ni una palabra de inglés, se integraron caritativamente en el barrio ruso del East End. Finalmente, encontraron habitaciones amuebladas bastante monótonas en Gun Street (Whitechapel). A finales de 1888, poco después de que el Destripador cometiera su última atrocidad, William, a punto de cumplir 16 años, partió solo hacia Canadá.

A los 101 años, en septiembre de 1974, vio por primera vez Inglaterra tras 86 años de ausencia. Tras una vida al otro lado del Atlántico, quería ver Europa una vez más antes de morir.

Conocí a Ifland, pequeño de estatura, en su habitación del Kensington Hilton el último día de su estancia en Londres. Debía volar esa mañana a Roma, donde iniciaría una gira completa por las capitales europeas. La semana anterior había visto a su hermana Lena, que apenas empezaba a andar la última vez que la vio, en su casa de Sidney Street, en Whitechapel.

"Soy una de las pocas personas que recuerdan cómo era la vida en el corazón del barrio de Jack el Destripador", dice con un acento que todavía está generosamente impregnado de influencias rusas.

"Algunas personas que aún viven ya habían nacido entonces, pero pocas tenían edad suficiente para entender lo que estaba pasando. Pero yo tenía 15 años. Lo entendí muy bien".

Recordaba el nerviosismo y la tensión que mostraban casi todas las personas que conocía, y aunque estas cosas habían ocurrido 90 años antes, y los detalles concretos se habían desvanecido de su mente o habían quedado sepultados por una multitud de experiencias posteriores, dijo que podía describir claramente aquel "terrible silencio".

"No fue un pánico estrepitoso lo que se apoderó de nosotros, los habitantes del East Ender, sino un largo silencio. Todo el mundo estaba tenso y taciturno, y recuerdo susurros preocupados de 'Jack el Destripador ha atacado de nuevo', 'El Destripador está trabajando'".

Una noticia publicada en The *Times* el 12 de noviembre de 1888 ofrece un buen ejemplo de la desconfianza mutua y el alto grado de nerviosismo que recuerda Ifland:

> Poco después de las diez de la mañana del día anterior, una mujer llamada Humphreys pasaba por George Yard, Whitechapel, cuando se cruzó en la penumbra con un hombre corpulento que llevaba gruesas gafas, casi en el mismo lugar donde habían matado a Martha Tabram. Temblando de miedo, preguntó: "¿Qué quiere? El hombre no respondió, pero se rió y se retiró rápidamente. La mujer gritó varias veces "¡Asesino!" y pronto alertó al vecindario. Detectives y policías uniformados llegaban de todo el patio. Entraron en la casa donde se había retirado el individuo y lo detuvieron. Una pequeña multitud se formó sin demora, mostrando una propensión casi unánime a linchar a este misterioso personaje, pero la policía pudo afortunadamente protegerlo. Fue detenido en la comisaría de Leman Street y justificó su presencia en el patio diciendo que estaba visitando a un amigo que vivía allí. Remitió a la policía a un honorable caballero del Hospital de Londres, y finalmente fue puesto en libertad.

Luego fue el turno de Kelly. "Otro horror en Whitechapel. Una mutilación más repulsiva que nunca", rezaba el titular del *Illustrated Police News*, que dedicó toda su portada a las impresiones de un artista sobre los hechos que rodearon el último asesinato.

No hay ningún informe de la muerte de Kelly en el archivo de Scotland Yard ni en los registros del Ministerio del Interior. Lo único que aportan los papeles del Ministerio del Interior es una nota garabateada por el detective superintendente Charles Warren, que se limita a recordar que se había denunciado otro asesinato en Whitechapel y que se estaba remitiendo al superintendente adjunto. En ese momento, el East End estaba sacudido por el miedo y la ira, y esta histeria se reflejó en la prensa. Para obtener una visión equilibrada de la situación en esta fase, hay que recurrir a los periódicos con moderación: apenas se les puede prestar atención. A pesar de la aridez de las tres principales fuentes de información, existe un relato oficial de los acontecimientos que rodearon el asesinato de Kelly. La Middlesex County Record Office conserva un lote de documentos inéditos: las declaraciones originales de los testigos hechas a la policía la mañana del asesinato. Todas (excepto una) están escritas por el propio Abberline:

> *Declaración de Thomas Bowyer, 37 Dorset Street, Spitalfields, empleado de John McCarthy, propietario de una pensión en Dorset Street.*

Dijo que a las 10.45 horas del 9 de noviembre fue enviado por su empleador a la habitación n°° 13, Millers [*sic*] Court, Dorset Street, para cobrar el alquiler. Llamó a la puerta, pero, al no obtener respuesta, levantó las persianas y miró a través de la ventana, que estaba rota, y vio el cuerpo de la fallecida, que sabía que era Mary Jane. Al ver que tenía mucha sangre y que, al parecer, la habían matado, fue inmediatamente a informar a su jefe, el Sr. McCarthy, que también miró en la habitación y envió inmediatamente a Bowyer a la comisaría de Commercial Street, e informó al inspector de guardia (el inspector Beck), que regresó con él y con su jefe, que le había acompañado a la comisaría. Conocía al fallecido y también a un hombre, Joe, que había ocupado la habitación durante varios meses.

Declaración de John McCarthy, Pension House Manager, 27 Dorset Street, Spitalfields.

Envié a mi empleado, Thomas Bowyer, a la habitación n°° 13, Millers Court, Dorset Street, de mi propiedad, para cobrar el alquiler. Bowyer regresó y me llamó, contándome lo que había visto. Volví con él y miré a través de la ventana rota, y vi el cuerpo mutilado de la fallecida, que sabía que era Mary Jane Kelly. Entonces me apresuré a llevar a Bowyer a la comisaría de Commercial Street (siguiéndole también a él) para informar a la policía. El inspector de guardia volvió con nosotros a la escena del crimen en Millers Court. Alquilé la habitación hace unos diez meses a la difunta y a un hombre llamado Joe, que yo creía que era su marido. Era una habitación amueblada por cuatro chelines a la semana. Quería reclamar el alquiler porque durante algún tiempo ella no había pagado regularmente. Desde entonces he sabido que Joe no era su marido y que la había abandonado recientemente.

Declaración de Joseph Barnett, actualmente residente en 24-25 New Street, Bishopsgate (una pensión ordinaria).

Soy portero en el mercado de Billingsgate, pero estoy en paro desde hace tres o cuatro meses. He estado viviendo con Marie Jeanette Kelly, que ocupaba la habitación número° 13 en Millers Court. Viví con ella permanentemente durante casi 18 meses, los últimos ocho en Millers Court, hasta el martes pasado (30 de octubre) cuando, al no ganar suficiente dinero para darle nada y debido a que ella recurría a la prostitución, decidí dejarla, pero me llevaba bien con ella y pasé a verla entre las 7 y las 8 de la tarde del jueves (8), y le dije que lo sentía mucho, que no tenía trabajo y que no podía pasarle nada de dinero. La dejé sobre las 8 de la tarde y esa fue la última vez que la vi con vida.

Había una mujer en su piso cuando me anuncié. La fallecida me había dicho una vez que su padre -John Kelly- era capataz en la industria metalúrgica y vivía en Carmarthen o Carnarvon; que tenía un hermano llamado Henry que servía en el 2 Batallón de Guardias Escoceses, también llamado John por sus camaradas, y creo que su regimiento está en Irlanda en este momento. También me dijo que se había ganado la vida como prostituta durante mucho tiempo, antes de que yo la sacara de la calle, y que se había marchado de casa hacía cuatro años y había estado casada con un minero que murió en una explosión. Creo que dijo que su marido se llamaba Davis o Davies.

Declaración de Mary Ann Cox, habitación n° 5, Millers Court, Dorset Street, Spitalfields.

Soy viuda y desafortunada[7]. Conocí a la mujer que ocupó la habitación número° 13 en Millers Court durante unos ocho meses. La conocía por el nombre de Mary Jane. Anoche, sobre las doce menos cuarto, al entrar en Dorset Street desde Commercial Street, vi a Mary Jane con un hombre caminando delante de mí. Giraron hacia el patio y, mientras yo entraba en el patio, ellos entraron en su casa. Mientras entraban en su habitación, le dije "buenas noches" a Mary Jane. Estaba muy borracha y apenas podía responderme, pero me dijo "buenas noches". El hombre llevaba una jarra de cerveza en la mano. Poco después oí cantar a mi camarada. Salí poco después de medianoche y volví hacia la una de la madrugada y ella seguía cantando en su habitación. Volví a salir poco después de la una de la madrugada y regresé a las tres de la madrugada. No había ninguna luz encendida en su piso a esa hora y todo estaba en silencio y no oí ningún ruido en toda la noche.

El hombre que vi debía tener unos 36 años, medía aproximadamente 1,70 m, era de tez fresca y creo que tenía pecas en la cara, patillas claras y bigotes gruesos, vestía ropa oscura y desgastada, un abrigo negro y un sombrero de fieltro negro[8].

Mary Jane iba vestida, creo, la última noche que la vi, con una gruesa levita, con rojo alrededor de los hombros, y sin sombrero ni bonete.

---

7 Es un eufemismo victoriano para "prostituta".

8 El hombre del bigote fue absuelto porque Kelly fue visto con otro individuo un poco más tarde.

La siguiente declaración es la única del legajo que no está manuscrita por Abberline:

Elizabeth Prater, esposa de William Prater de la habitación no.º 20, 27 Dorset Street, declara lo siguiente.

Salí a eso de las 9 de la noche del 8 de noviembre y volví el 9 a eso de la 1 de la madrugada, y me quedé en la parte inferior de Millers Court hasta la 1.30 de la madrugada. Charlé brevemente con el Sr. McCarthy, que tiene una tienda en la esquina del patio. Luego me fui a la cama. A eso de las 3.30 o las 4 me despertó un gatito que me daba vueltas alrededor del cuello y justo después oí la voz de una mujer que gritaba dos o tres veces que la mataran. En realidad no presté atención a los gritos, ya que suelo oírlos desde la parte trasera del edificio, donde la ventana da a Millers Court. De la una a la una y media de la madrugada nadie pasó por el patio: si lo hubieran hecho, me habría dado cuenta. A las cinco y media de la mañana volví a pasar por el patio, pero no vi a nadie, excepto a dos o tres aparcacoches que enjaezaban sus caballos en Dorset Street. Fui al *Ten Bells*, en el cruce con Church Street, y bebí un poco de ron. Luego volví a casa y me acosté de nuevo, sin desvestirme, y dormí hasta las once.

Declaración de Caroline Maxwell, 14 Dorset Street, Spitalfields, esposa de Henry Maxwell, empleado de una pensión.

He estado con la difunta los últimos cuatro meses. Se hacía llamar Mary Jane, y desde que Joe Barnett la había abandonado se ganaba la vida vendiéndose. Tenía cierta familiaridad con ella, aunque hacía tres semanas que no la veía, hasta el viernes 9 de noviembre por la mañana, hacia las ocho y media. Estaba de pie en el cruce de Millers Courts y Dorset Street. Le pregunté: "¿Qué te hace vomitar tan temprano por la mañana? Me contestó: "Cuando llevo varios días bebiendo, me siento mal después". Le dije: "¿Por qué no vas a Mr. Ringer's (el pub de la esquina de Dorset Street llamado *The Britannia*) y te pides media pinta de cerveza? Ella respondió: "He estado allí y he hecho eso, pero ya lo he devuelto todo". Al mismo tiempo señaló un poco de vómito en la acera. Luego me fui a Bishopsgate a hacer un recado, antes de volver a Dorset Street sobre las 9 de la mañana. Entonces vi a la fallecida fuera del pub Ringer's. Estaba hablando con un hombre, de unos 30 años creo, 1,70 de altura, corpulento, vestido como un portero de mercado. Yo estaba bastante lejos y dudo haberlo reconocido. La fallecida llevaba un traje negro, un corpiño de terciopelo negro y una chaqueta de color sobre los hombros.

Uno de los enigmas del caso es la afirmación de Maxwell de que vio a Kelly a las 9 de la mañana, cuando los certificados médicos muestran que llevaba muerta cinco o seis horas cuando se encontró su cuerpo a las 10.45 de la mañana. Nunca se ha establecido si Maxwell estaba mintiendo, equivocada o borracha. Lo único seguro es que se equivocó.

Declaración de Sarah Lewis, nº 24 Great Pearl Street, Spitalfields, lavandera.

Entre las dos y las tres de esta mañana me detuve en el Keylers de nº 2 Millers Court, mientras intercambiaba unas palabras con mi marido. Mientras subía por el patio, había un hombre de pie al otro lado de la calle Dorset, frente a la pensión, pero no puedo describirlo. Poco antes de las cuatro oí un grito que parecía ser el de una mujer joven y no de lejos. Era un grito de asesinato. Sólo lo oí una vez. No miré por la ventana. No conocía a la fallecida.

Sarah Lewis declaró además que, mientras estaba con otra mujer en Bethnal Green el pasado miércoles por la noche, un hombre sospechoso la abordó. Llevaba una bolsa negra.

Declaración de Julia Venturney.

Ocupo la habitaciónº 1 en Millers Court. Soy viuda, pero actualmente vivo con un hombre llamado Harry Owen. Estuve despierta toda la noche y no pude dormir. Conocí a la persona de la habitaciónº 13, frente a la mía, hace cuatro meses. Conocía al hombre que vi al pie de la escalera (Joe Barnett): le llaman Joe, vivió con ella hasta hace poco. Le oí decir que no le gustaba que ella anduviera por las calles. A menudo le daba dinero. Era muy amable con ella. Dijo que no viviría con ella mientras siguiera viviendo como lo hacía. Se emborrachaba de vez en cuando. Unas semanas antes había roto una baldosa estando borracha. Me dijo que se sentía atraída por otro hombre llamado Joe que a menudo la acosaba porque vivía con Joe (Barnett). La vi por última vez ayer, jueves, sobre las 10 de la mañana.

Declaración de Maria Harvey, 3 New Court, Dorset Street.

Dormí con Mary Jane Kelly durante dos noches el lunes y el martes pasados. Luego cogí una habitación en el piso de arriba de la pensión. La vi por última vez sobre las 18.55 de anoche, en su piso, cuando Barnett se anunció. Así que me fui. Parecían estar en muy buenos términos. Dejé en la habitación un abrigo, dos camisas de algodón sucias, una camisa de hombre, una enagua blanca y un tocado de crepé negro. El abrigo que me enseñó la policía era el que dejé allí.

Las declaraciones van acompañadas de esta nota:

> El inspector Walter Beck, de la División H, que fue llamado en primer lugar, junto con los agentes de policía de servicio estarán al servicio de la investigación, así como yo mismo, que hablaré sobre el estado de la habitación, etc., si es necesario.
>
> [firmado] F. G. Abberline, Inspector.

Marie Kelly estaba tan horriblemente mutilada que apenas conservaba apariencia humana. Con su muerte, Jack el Destripador desapareció de la faz de la tierra. Fue como si el asesino solitario, alienado y sin rumbo que todos buscaban nunca hubiera existido. Sickert, por supuesto, siguió manteniendo que nunca había existido.

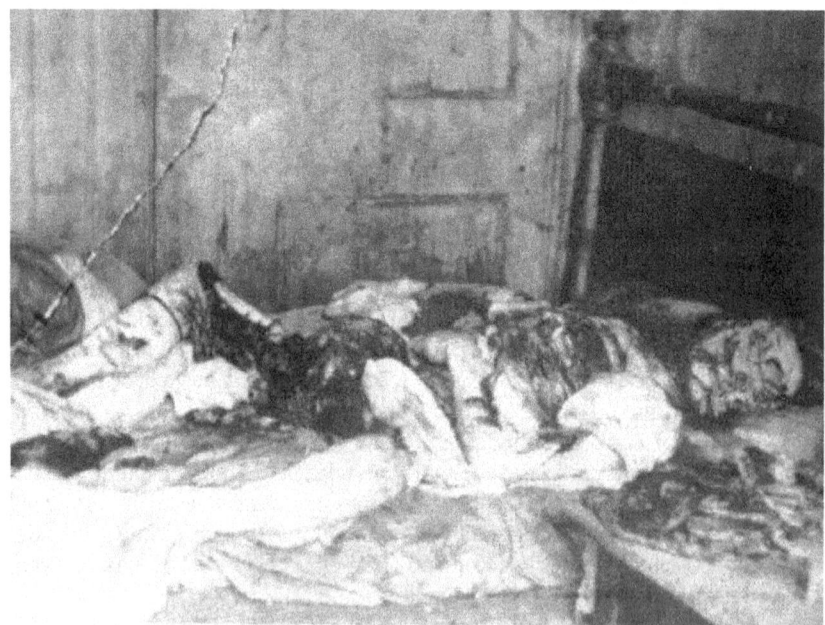

La fotografía de Scotland Yard del cuerpo mutilado de Marie Kelly a la que se refieren las notas de Macnaghten

CAPÍTULO V

El carnicero loco infernal

Entre principios de septiembre y la semana siguiente a la muerte de Kelly, más de 160 personas fueron detenidas bajo sospecha de estar implicadas en los asesinatos de Whitechapel. Un repaso a la prensa de la época, tanto nacional como local, cifra entre 130 y 150 el número de sospechosos sólo en Londres. Aunque la información periodística no siempre nombra a los hombres aprehendidos, esta cifra es coherente con la multitud de informes de arresto que figuran en los archivos de Scotland Yard, por lo que se puede confiar en ella. En enero de 1889, Scotland Yard emitió una instrucción dirigida a todas las comisarías del área metropolitana, en la que se exigía que todas las detenciones relacionadas con los asesinatos de Whitechapel fueran comunicadas a la central. El archivo "Sospechosos" está repleto de peculiares y sorprendentes sugerencias sobre la identidad de Jack el Destripador.

Estos documentos dan realmente la impresión de que la policía estaba jugando a una especie de juego. Ciertamente tenían una idea muy clara de la clase a la que pertenecía el asesino, si es que no conocían su identidad. Un sospechoso sólo tenía que demostrar que no era un completo mendigo para ser puesto en libertad. Todo lo que tenía que hacer para recuperar la libertad era demostrar, a satisfacción de los agentes de la comisaría, que tenía un hogar. Nunca se presentó una coartada para las noches de los asesinatos y, curiosamente, nadie se la pidió. Una historia relatada en una carta al *Daily* Express y publicada el 16 de marzo de 1931 ofrece un ejemplo típico de la extraña política adoptada por la policía. Bajo el título *"Atrapé a Jack el Destripador"*, el ex policía de Woodford Green (Essex) Robert Spicer afirmaba haber estado de servicio en el East End unas dos horas después del doble asesinato de la noche del 29 al 30 de septiembre. De repente se encontró con un hombre sentado con una prostituta en un contenedor de ladrillos. El hombre, bien vestido y con un bolso negro, tenía sangre en las muñecas. Eludió las preguntas de Spicer y fue rápidamente detenido. Confiado en que había detenido al Destripador, el agente de 22 años escoltó a su sospechoso hasta la comisaría de Commercial Street. Allí, bajo el interrogatorio superficial de un agente, el sospechoso afirmó ser un honorable médico que vivía en Brixton. Inmediatamente después de dar este dato, que nunca fue verificado, fue puesto en libertad sin que se le pidiera que abriera su bolso. Ni siquiera se pidió al sospechoso que explicara qué hacía un respetable médico de Brixton hablando con una prostituta en un callejón del East End a las 3 de la madrugada.

Esta misteriosa preocupación por la dirección de los sospechosos queda bien ilustrada en los siguientes informes del archivo "Sospechosos". El primero fue redactado por el inspector D. Fairey, de la comisaría de Rochester Row:

> Hacia las 12.40 del 21 [de noviembre], el Sr. Fanny Drake (Club Conservador), 15 Clerkenwell Green, se presentó en la estación de Rochester Row y dijo que había puesto a la policía tras la pista del asesino de Whitechapel y que ahora pedía conocer el resultado. Caminaba por el puente de Westminster cuando un hombre que respondía a la descripción del asesino se cruzó con ella y, al pasar, le sonrió de una manera que siempre recordaría. Inmediatamente volvió sobre sus pasos y lo siguió hasta delante de la Abadía de Westminster, donde, al pasar junto a un inspector a caballo, le señaló al individuo, y luego se dirigió a la comisaría, mientras el inspector continuaba siguiendo y vigilando al hombre. Unos cinco minutos después irrumpió el inspector Walsh y dijo que había seguido al caballero hasta los Army & Navy Stores de Victoria Street, Westminster, y que ahora había regresado a la comisaría para ver a la dama. Fue interrogado en una sala especial. Inmediatamente presentó una serie de cartas y tarjetas de visita que atestiguaban que se trataba sin lugar a dudas del Sr. Douglas Cow, de Cow & Co, India-Rubber Merchants, 70 Cheapside y 8 Kempshott Road, Streatham Common. Transmití inmediatamente esta información a mi interlocutor, quien se disculpó de inmediato ante el Sr. Cow por haberle causado esta molestia, y ambos abandonaron la estación.

Este informe pone de manifiesto no sólo la arraigada creencia de que ningún individuo "respetable" podía ser el Destripador, sino también el miedo que atenazaba a Londres, una tensión tan grande que llevó a una mujer a denunciar a un hombre como asesino por haber hecho un gesto de dolor a su paso...

La "exactitud" del lugar de residencia de un hombre vuelve a aparecer como referencia inatacable en otro informe del expediente. El inspector J. Bird de la División "A" escribió:

> Tengo el honor de informar de que a las 21.40 horas del 22 de noviembre de 1888, James Connell - del 408 de New Cross Road, vendedor de

novedades y ropa, de 36 años, estatura: 1,70 m, tez fresca, largo bigote castaño oscuro, ropa: traje marrón de cochero, abrigo con capa, calcetines rojos, zapatos Oxford, sombrero de fieltro blando -, un irlandés, fue traído a esta estación (Hyde Park) por el agente 271A Fountain en las circunstancias que se enumeran a continuación. Martha Spencer, del número 30 de Sherborne Street, Blandford Square, casada, declaró que el detenido habló con ella cerca de Marble Arch, que caminaron juntos por el parque y que empezó a hablar de "Jack el Destripador" y de manicomios, diciendo que, cuando le detuvieran, sin duda se haría pasar por un lunático. Alarmada por la conversación, avisó al agente, que los acompañó a la comisaría. Entonces se envió un telegrama a la comisaría de Greenwich para interesarse por la calidad de su vivienda y su respetabilidad. Al recibir una respuesta satisfactoria, se le permitió marcharse, ya que no había ocurrido nada más sospechoso.

De todos los sospechosos detenidos, ninguno tenía más probabilidades de ser el Destripador que el carnicero loco arrestado en Holloway el 12 de septiembre, cuatro días después del segundo asesinato. Si el verdadero Jack el Destripador hubiera desaparecido después de matar a Chapman, no cabe duda de que Joseph Isenschmid habría pasado a la historia como el asesino de Whitechapel. Poco conocido es el hecho de que las peores atrocidades del Destripador se cometieron después de que Isenschmid estuviera encerrado a buen recaudo.

El destino de Isenschmid quedó sellado al principio de la investigación, cuando se corrió la voz de que el asesino era un hombre apodado "Delantal de Cuero". El inspector Abberline escribió en su extenso informe especial sobre el asesinato de Nichols:

> En el curso de nuestras investigaciones entre las numerosas mujeres de la misma clase que la víctima, descubrimos que existía un sentimiento de terror hacia un hombre apodado "Delantal de Cuero", que era conocido desde hacía tiempo por chantajearlas y brutalizarlas si no se cumplían sus exigencias, aunque no había pruebas que lo relacionaran con el asesinato. Creímos conveniente, sin embargo, encontrarle e interrogarle sobre su paradero durante la noche, y con este fin se hicieron registros en todas las pensiones amuebladas de diferentes partes de la metrópoli, pero el individuo se había enterado de su paradero por la publicidad que le habían dado el *Star* y otros periódicos. No fue descubierto hasta el día 10 de este mes [septiembre], cuando se comprobó que había sido escondido por sus familiares. Al ser interrogado, pudo dar cuenta satisfactoriamente de sus actos para demostrar definitivamente que las sospechas contra él eran infundadas.

En un informe adjunto, el inspector Helston informó de que Delantal de Cuero era un hombre llamado John Pizer. El pánico suscitado por el rumor de Delantal de Cuero había creado un clima de fervor demencial, de caza de brujas, y cuando el pobre Pizer -un zapatero en cuya casa había cinco cuchillos afilados- fue finalmente detenido y conducido a la comisaría de Leman Street para ser interrogado, la opinión pública se enfureció hasta tal punto que una enorme multitud se congregó en la calle justo delante, exigiendo su vida. Incluso después de absolverlo, la policía no se atrevió a liberarlo y lo mantuvo en una celda durante 24 horas, o la turba vengativa lo habría linchado. Tímido y nervioso, Pizer se enfadó lo suficiente por la injusticia que había sufrido como para demandar a varios periódicos que habían afirmado imprudentemente que él era el asesino cuando fue detenido. Ganó el caso y se le concedieron cuantiosas indemnizaciones.

Incluso cuando se difundió la noticia de su inocencia, los indignados habitantes de East Enders no podían darse por satisfechos. Se habían sumergido en el rumor y no estaban dispuestos a soltarlo. Si Pizer era inocente, no era Delantal de Cuero: ésa era la retorcida lógica de su caza. De ahí la entrada en escena de Isenschmid. Mrs Fiddymont, ambiciosa y locuaz mujer de la alta sociedad, propietaria del pub *Prince Albert* de Brushfield Street, a menos de 400 metros de Hanbury Street, aprovechó los numerosos y jugosos rumores que habían surgido rápidamente tras el asesinato de Annie Chapman. El Sr. Fiddymont dijo a varios periodistas que había visto a un desconocido de aspecto espantoso en su pub a las 7 de la mañana del día del asesinato. Según el Sr. Fiddymont, el intruso llevaba un bombín marrón, una chaqueta oscura y no llevaba chaleco. Tenía sangre en la mano derecha y en la cara, y la camisa rota. Sus ojos, señaló, eran tan fieros como los de un animal.

Como ocurre a menudo, la policía no consiguió entrevistar al Sr. Fiddymont hasta después de los periodistas. No obstante, se tomaron sus declaraciones y, en el tenso ambiente de la caza del asesino, se le prestó más atención de la que se le habría prestado en un contexto más racional. Sólo tres días después se envió a los agentes de Whitechapel un informe de la comisaría de Holloway. No pasó mucho tiempo antes de que las invenciones del Sr. Fiddymont se asociaran con el tema de este informe. Consta entre los 10 informes especiales de los archivos de Scotland Yard sobre Chapman:

POLICÍA METROPOLITANA

División Y

Holloway, 11 de septiembre de 1888

Se me pide que informe de que a las 10 de la noche del 11 de este mes Dr Cowan, 10 Landseer Road, y Dr Crabb de Holloway Road acudieron a la comisaría y declararon que Joseph Isenschmid, carnicero y lunático, inquilino del 60 de Milford Road, pero que había abandonado su alojamiento en varias ocasiones y a distintas horas, podría estar relacionado con los recientes asesinatos de Whitechapel. En compañía del subinspector Rose y del sargento Sealey, del CID [Departamento de Investigación Criminal], me dirigí a la dirección mencionada y me entrevisté con George Tyler, el ocupante del local, quien declaró que el 5 de septiembre, a las nueve de la noche, se había cruzado con Isenschmid en Hornsey Road e Isenschmid le había preguntado si tenía alojamiento para él.

Lo llevó a casa y salió del piso el día 6 a la 1 de la madrugada y volvió a las 9 de la noche, volvió a salir el día 7 a la 1 de la madrugada y volvió a las 9 de la noche, volvió a salir el día 9 a las 6 de la mañana y volvió a las 6 de la tarde y permaneció en el edificio unos 30 minutos. Después se marchó a Tottenham, regresó el día 10 a la 1 de la madrugada, volvió a salir a las 2 de la madrugada, regresó a las 9 de la noche y volvió a salir el día 11 a la 1 de la madrugada. No ha vuelto desde entonces.

A continuación me dirigí al número 97 de Duncombe Road para ver al Sr. Isenschmid, su esposa, quien dijo que no había visto a su marido en los dos últimos meses, pero que había estado allí el 9 de septiembre, en su ausencia, para recoger ropa. Añadió que solía llevar grandes cuchillos de carnicero y que no sabía cómo se ganaba la vida. Como sus actividades eran sospechosas, ordené al agente 376 Cracknell que vigilara la casa y llevara a Isenschmid a comisaría, si volvía, para interrogarle. También he ordenado la vigilancia del 97 de Duncombe Road, Upper Holloway. Sugiero respetuosamente que el CID haga más investigaciones.

Hasta la fecha, no se dispone de ninguna descripción del individuo que sea lo suficientemente precisa como para hacerla pública.

Jn Styles, Inspector

La propuesta del inspector Style fue atendida y los agentes del CID se hicieron cargo del caso. En un informe fechado el 13 de septiembre, el Superintendente en funciones J. West de la División H (Whitechapel) escribió:

[...no ha llegado a conocimiento de la policía ningún otro suceso, salvo que un hombre fue detenido en la comisaría de Holloway tras ser denunciado y trasladado después al manicomio de Fairfield Road, Bow, tras comprobarse que se trataba de un lunático peligroso. El sargento Thick examinó la ropa del hombre pero no pudo encontrar sangre en ella. Se está investigando el paradero del hombre la noche del incidente.

El nombre del extraño es Joseph Isenschmid, carnicero de profesión, pero en quiebra desde hace unos 12 meses. Su detención se debió a la información facilitada por los médicos Cowan y Crabb de Holloway, a los que llamó la atención un hombre llamado Tyler, del 60 de Milford Road, Holloway, que afirmaba que Isenschmid, que era su inquilino, se había ausentado a menudo de su casa por la mañana temprano.

El sargento detective William Thick investigó y el 17 de septiembre escribió:

Tengo el honor de informarles de que he pasado varias veces por el número 60 de Milford Road, Upper Holloway, con la intención de interrogar al señor Tyler sobre el paradero de Joseph Isenschmid, pero sin éxito, y tampoco he podido averiguar dónde trabaja. Al volver el miércoles vi a un chico llamado Briggs que me informó de que el señor Tyler se había mudado esta mañana temprano, pero no sabía adónde. Este muchacho era la única persona en el edificio y dijo que varios caballeros habían pedido ver al señor Tyler en los últimos días. No pudo decir nada más. Visité al Sr. Geringher, la persona a la que se refiere el testimonio de su esposa, quien dijo que no conocía al hombre del que yo hablaba y que nadie había estado en su establecimiento -un establecimiento de bebidas- excepto los clientes habituales. Hice cuidadosas averiguaciones entre los alemanes que conozco en los alrededores, pero no pude encontrar el menor rastro de un "Isenschmid" conocido en la vecindad.

Me puse en contacto con el manicomio de Fairfield Road, en Bow, donde "Isenschmid" sigue recluido hoy en día. Vi al médico jefe, que me informó de que "Isenschmid" le había dicho que las chicas de Holloway le habían apodado "Delantal de Cuero" y que él les había dicho en broma: "Yo soy Delantal de Cuero", y supuso que habían informado a la policía. Era "carnicero" de profesión, pero se había arruinado. Tenía poca relación con su mujer y la había abandonado. Ahora se ganaba la vida yendo al mercado al amanecer, comprando cabezas de oveja, riñones y patas de cordero, llevándoselos a casa para que se los vistieran y luego llevándolos a restaurantes y cafés del West End para venderlos, y por eso se levantaba tan temprano por la mañana: era su única forma de ganarse la vida.

El médico jefe habría querido instrucciones de la policía sobre qué hacer con Isenschmid. Debo añadir que se están llevando a cabo nuevas y meticulosas investigaciones para localizar el paradero del Sr. Tyler a fin de obtener más detalles, así como los de cualquier otra persona que pueda ofrecer nueva información sobre el paradero de Isenschmid en el momento de los diversos asesinatos.

Al día siguiente, el 18, el inspector Abberline escribió sobre Isenschmid. Escribió:

Me encargo de informar de que las investigaciones han continuado, ocupándose de las diversas cuestiones que rodean a los asesinatos, incluido el del lunático que fue detenido por la policía en Holloway el 12 de este mes y entregado a las autoridades benéficas ese mismo día.

Se presentó como Joseph Isenschmid, y su ocupación era la de carnicero. A día de hoy se encuentra recluido en el manicomio de Bow, Fairfield Road, Bow, y -por su aspecto- parece ser el hombre que fue visto en el pub *Prince Albert's* de Brushfield Street, Spitalfields, con las manos manchadas de sangre, a las 7 de la mañana del asesinato de Annie Chapman. Se consultó a Dr Mickle, oficial médico de la institución, sobre si Isenschmid podía ser presentado al Sr. Fiddymont y a los demás testigos para su reconocimiento. El médico opinó que no se podía infligir esto a su paciente en ese momento sin causarle daño. Se comprobó que el hombre había estado saliendo y volviendo constantemente de su casa en las últimas semanas, y que cuando salía de ella se llevaba dos cuchillos de carnicero. Anteriormente había estado encerrado en un manicomio y, al parecer, era muy violento en ocasiones. Aunque en este momento no podemos obtener ninguna prueba que lo vincule con los asesinatos, parece ser la persona con más probabilidades de haber cometido los crímenes que ha salido a la luz durante nuestra investigación, y se hará todo lo posible para explicar sus acciones en las fechas en cuestión.

En un informe especial de la División H fechado el 19 de septiembre, el sargento Thick tomó nota del testimonio de la esposa de Isenschmid, quizás el comentario más acusador de todos sobre el demente:

Me solicitan que informe que el 12 de este mes asistí al Hospicio de Islington y me enteré de que Joseph Isenschmid había sido trasladado al Asilo de Fairfield Road en Bow. Luego vi al Sr. Isenschmid, su esposa, en 97 Duncombe Road, Upper Holloway, quien declaró que llevaban casados 21 años.

Era "suizo" y en aquella época trabajaba como oficial de carnicería. Más tarde abrieron una charcutería en el número 59 de Elthone Road, Upper Holloway, pero quebraron. Su marido cayó en una profunda depresión y se ausentó durante varios días. Pasó 10 semanas en el manicomio Colney Hatch Lunatic Asylum y fue dado de alta a mediados del pasado mes de diciembre. Regresó a casa, supuestamente sintiéndose mucho mejor. Entonces encontró trabajo como carnicero diario en Mr. Marlett's, High Street, Marylebone, y permaneció allí hasta Pentecostés. Después se marchó y, que él sepa, no ha vuelto a hacer nada desde entonces. Afirmó haber trabajado, pero no trajo dinero a casa. No durmió en casa durante casi dos meses. Hace tres o cuatro semanas se le encontró en un hostal de Caledonian Road y se le detuvo. Fue llevado al Tribunal de Policía de Clerkenwell, que pidió que se le investigara. Finalmente fue absuelto. Luego volvió a casa, se cambió de ropa interior y se marchó. No le he vuelto a ver desde entonces.

Luego añadió: "Fui al campo a visitar a unos amigos durante una semana el domingo pasado (1 de este mes) y regresé el lunes siguiente. Entonces me enteré por mis hijas de que mi marido había estado en la casa y se había llevado algo de ropa. El Sr. Tyler, del 60 de Milford Road, Upper Holloway, se había presentado mientras yo estaba fuera y me había dejado un mensaje para que me pusiera en contacto con él de nuevo. Fui a su casa el martes por la mañana. No vi a mi marido allí. Cuando se fue, llevaba dos cuchillos enormes y su traje de carnicero. No sé qué hizo con todo eso. No creo que mi marido quisiera hacer daño a nadie más que a mí. Creo que me habría matado si hubiera tenido la oportunidad. Es muy cariñoso con otras mujeres. Solía frecuentar un local de copas regentado por un "alemán" llamado Geringher en Wentworth Street (Whitechapel). Allí se le conoce como el "carnicero loco".

Esta observación sobre Isenschmid fue tenida en cuenta mientras languidecía en un manicomio. Dr Mickle estaba dispuesto, a la menor señal, a ponerse en contacto con el inspector Stilson si se enteraba de algo incriminatorio del lunático. Las visitas de Stilson al manicomio se hicieron cada vez menos frecuentes, ya que cada una resultaba menos fructífera que la anterior. Y finalmente Jack el Destripador atacó de nuevo y el pobre carnicero loco de Holloway fue condenado a pudrirse en su celda, ahogado en su locura.

CAPÍTULO VI

El móvil

En una carta a Gladstone (entonces Primer Ministro) desde su retiro de viudedad en Osborne House en la Isla de Wight, escrita el 11 de febrero de 1886, la Reina Victoria decía: "La Reina no puede expresar suficientemente su *indignación* por el monstruoso disturbio que tuvo lugar el otro día en Londres, que puso en peligro las vidas de sus súbditos y fue un triunfo *momentáneo* para el socialismo y una desgracia para el capital.

Se refería a las consecuencias imprevistas de una reunión de desempleados -que se calcula que ese año representaban casi el 10% de la población activa- en Trafalgar Square el 8 de febrero. Fue el primero y, en algunos aspectos, el menos grave de una serie de episodios violentos que formaban el trasfondo social de la época en la que Walter Sickert comenzó su inverosímil historia.

Ya hemos explicado que Sickert se relacionaba con los grandes y los humildes y, en palabras de Osbert Sitwell, era amigo de "boxeadores profesionales, jockeys, pintores, actores de music-hall, estadistas, lavanderas y pescaderas". Sin duda, se relacionaba con los círculos que podían acceder discretamente a los cotilleos de la corte. Aunque no existen pruebas *documentales* de su amistad con la princesa Alexandra, no cabe duda de que era amigo de su marido, el príncipe de Gales. El pintor era una figura importante en los círculos libertinos que Bertie frecuentaba, y se encontraban constantemente en reuniones similares a las fiestas salvajes inmortalizadas por Oscar Wilde. Pero esto por sí solo no da veracidad a nuestra historia. Sólo da un poco más de credibilidad al narrador.

En cualquier investigación de asesinato, el móvil es la base sobre la que se construye el caso, a menos que los crímenes en cuestión sean los de un loco y, por tanto, puramente gratuitos. En general, se ha dicho que esta última opción prevalece en el caso de los crímenes de Jack el Destripador. Sickert, sin embargo, afirmó que había un motivo claro para los asesinatos del East End y que los responsables de los crímenes intentaban encubrir el comportamiento errático de un miembro destacado de la familia real. Por diversas razones, Inglaterra estaba sumida en el caos, la revolución parecía estar a la vuelta de la esquina y la monarquía ya era impopular. Los conspiradores creían estar encubriendo un escándalo que podría derrocar al trono.

Tanto si el heredero de la corona tenía un hijo natural y luego se casaba con una católica analfabeta como si no, lo primero esencial era averiguar si tales hechos podían siquiera considerarse importantes. ¿Existía realmente una amenaza de revolución? ¿Era la familia real tan impopular que muchos pensaban que la realeza acabaría con la muerte de Victoria? Éstas eran las preguntas cruciales.

Varias influencias políticas divergentes culminaron a mediados de la década de 1880. Por separado, sin duda habrían sido embarazosas. Combinadas como estaban, representaban un peligro concreto para el orden establecido.

El sentimiento revolucionario alcanza un nuevo apogeo. El descontento se extendía entre la clase obrera mal pagada y la creciente masa de desempleados. Los sucesivos gobiernos se veían sacudidos por la controversia sobre la autonomía, que había creado una lucha civil tan brutal en Irlanda que George Earle Buckle, editor de The *Times*, escribió: "el contagio de la anarquía se está extendiendo a Inglaterra". Inmigrantes europeos y asiáticos inundaban todas las grandes ciudades, especialmente las miserables zonas de los muelles, donde casi sin excepción un inglés de paso se habría considerado un extraño en su propio país... El experimento no tenía precedentes y era peligroso. El orgulloso patriotismo engendrado por 800 años de libertad frente a la invasión extranjera estaba amenazado. El espíritu chovinista cantado por Disraeli en la década de 1870 se había colado de algún modo en los corazones de los británicos más modestos. Al igual que los hombres eran los amos de la tierra, Inglaterra debía dominar a los hombres. Como celoso poseedor de un imaginario derecho divino a conquistar y anexionarse, a gobernar y traer la luz, el inglés nunca había considerado con más fuerza su patria como una ciudadela. Cuando los extranjeros empezaron a llegar en masa al corazón de sus asentamientos, su resentimiento fue amargo y duradero. La repulsión no desaparecería. La sospecha y la desconfianza mutuas crecieron entre las distintas razas. Debido a las dificultades lingüísticas y al miedo a la integración, la situación desembocó en la creación de guetos impenetrables. Los conflictos raciales se convirtieron en algo habitual. Y a medida que cada comunidad se replegaba cada vez más sobre sí misma por temor a asesinatos o violaciones, el odio se acentuó y la violencia aumentó.

La marea ascendente de otro poder -el socialismo, que había estado sometido a un reflujo constante y parecía haber amainado durante 30 años- apareció a mediados de la década de 1880 para arrollar Inglaterra y muchas partes de Europa. Desde 1849, cuando Karl Marx se había establecido en Londres, el hogar del pensamiento socialista había estado en Inglaterra. Marx siguió viviendo y escribiendo en Londres hasta su muerte. Y aunque el padre del comunismo murió en 1883, su influencia le sobrevivió, continuada y propagada por su hija Eleanor y su buen amigo y colaborador Friedrich Engels. En 1885, el año en que se dice que nació el principesco hijo ilegítimo, el socialismo recibió un nuevo impulso con la publicación del segundo volumen de la obra maestra de Marx, *El Capital*. Robert Cecil, 3 Marqués de Salisbury, Primer Ministro del Reino Unido en el momento de los asesinatos de Whitechapel y el individuo designado como jefe de la conspiración por Sickert, era muy consciente del peligro al que él y su mundo se enfrentaban por parte de los seguidores de Marx. Comentando los acontecimientos 15 años después, el historiador James Joll explicó:

> Karl Marx profetizó el colapso inminente del orden social existente y la reorganización completa de la sociedad en favor de los trabajadores. Para los admiradores de Marx en 1900, los días de Salisbury y los de su calaña estaban contados.

El 8 de febrero de 1886 -*Lunes* Negro-, una multitud enfurecida escuchó en Trafalgar Square los violentos discursos de los socialistas John Burns y Henry Champion, pero también del marxista fundador de la Federación Socialdemócrata, H. M. Hyndman. Después de que el mitin se dispersara, un grupo de activistas envalentonados por la vehemencia de los discursos se manifestaron en Pall Mall, St James's Street y Piccadilly, continuando hacia Mayfair y Hyde Park, rompiendo ventanas en el Conservative Club, otros centros políticos y casas particulares. Enarbolando banderas rojas y blandiendo triques y piedras, los 2.000 manifestantes se lanzaron al ataque, saqueando y robando tiendas. Los daños y pérdidas se estimaron en 50.000 libras. Debido a un malentendido, una fuerza policial de reserva se dirigió a The Mall en lugar de a Pall Mall. En el lugar adecuado, al menos podrían haber calmado a los alborotadores. Dos días después, en medio de una espesa niebla, se corrió la voz de que se estaba formando una nueva turba y, temiendo que se repitiera la "violencia salvaje" y los "viles robos", muchos comerciantes del West End se atrincheraron. No se produjeron incidentes graves, pero la amenaza de disturbios en la capital era tan aguda que se convocó una comisión especial para estudiar el asunto. Se reunió durante nueve días, presidida por el propio Ministro del Interior. Como resultado de sus conclusiones, que hacían referencia a "graves fallos" por parte de la policía, Sir Edmund Henderson -el Comisario General- tuvo que dimitir. Esto no resolvió el problema. Su sucesor, el general Charles Warren, empleó estrategias militares con la vana esperanza de aplacar la furia de la clase obrera que exigía justicia, y que se vio incitada por los agitadores socialistas y las punzadas del hambre y el frío a recurrir a la única fuerza que conocían: la violencia. Warren se enfrentó a los miserables con su fuerza policial marcial de nuevo cuño y los mantuvo a raya durante todo el invierno de 1886-87, siempre con la amenaza invariable pero inequívoca de que cualquier ruptura de la tregua conduciría inmediatamente al derramamiento de sangre. Así que los parados empezaron a llamar la atención sobre su difícil situación con manifestaciones ante parroquias elegantes, aparentemente pacíficas, limitándose a agitar pancartas, pero ocultando un resentimiento creciente. Esta situación no podía continuar.

La prensa empezó a debatir seriamente la posibilidad de una revuelta proletaria, y en octubre de 1887 la perspectiva de nuevos disturbios parecía tan cercana que Salisbury propuso levantar barricadas en Trafalgar Square. Warren ya había prohibido las reuniones públicas porque se habían convertido en puntos de encuentro de agitadores. Pero un nuevo conflicto estalló antes de que el plan del Primer Ministro pudiera ponerse en marcha: el 13 de noviembre fue el *Domingo Sangriento*. Cerca de 100.000 desempleados de todas partes convergieron en Trafalgar Square. Entre ellos se encontraban Eleanor Marx y miembros de la Sociedad Fabiana (socialista), como George Bernard Shaw, la talentosa oradora Annie Besant y el autoproclamado artista y poeta socialista y revolucionario William Morris. La turba enfurecida, impulsada por socialistas y radicales, armados hasta los dientes con cuchillos, palos, atizadores y barras de hierro, cargó contra la plaza, encontrándose con 4.000 policías. Warren había rodeado la plaza con 300 guardias y otros tantos granaderos, todos equipados con fusiles cargados y bayonetas. En la refriega que siguió murió una persona y más de 150 resultaron heridas. A medianoche todo volvió a la calma, pero el enfrentamiento había causado un daño irreparable a las relaciones entre la policía y el pueblo, engendrando no sólo el socialismo sino también la anarquía. En *London, a history of the capital and its people*, Felix Barker y Peter Jackson hablan de "tres años de violencia" en el periodo 1886-1889:

Comenzó con el ruido de cristales rotos y piedras que hacían añicos las ventanas de los clubes de Pall Mall; el paréntesis se cerró con un fuerte grito de victoria de los estibadores del East End cuando consiguieron un salario básico de 6 peniques la hora. En los tres años transcurridos entre estos dos acontecimientos, Londres se convirtió en un tumultuoso campo de batalla.

El otro gran escollo político de la época era la lucha cada vez más encarnizada por la autonomía de Irlanda. En este punto, si hemos de creer a un cronista contemporáneo, "todo el mundo político estaba convulsionado". La autonomía había sido un tema candente desde 1885. Ese año, en junio, los liberales de Gladstone fueron derrotados en la Cámara de los Comunes tras cinco años de dominio, porque los diputados irlandeses votaron con la oposición. Esta derrota demostró por primera vez la influencia de un tal Charles Stewart Parnell, líder de los nacionalistas irlandeses. Aunque sólo contaba con 85 diputados, mantenía el equilibrio de poder entre liberales y conservadores. Tras la derrota de Gladstone, lord Salisbury formó un gobierno conservador en minoría, pero seis meses después Gladstone volvía al poder con una mayoría de 86 escaños sobre los conservadores. Para entonces, el Gran Viejo se había convertido teatralmente a la idea de la Autonomía, pero el proyecto de ley que presentó a raíz de ello, con la idea de llevar a cabo la reforma, fue rechazado por la Cámara de los Comunes. Gladstone disolvió inmediatamente el Parlamento e hizo campaña para las nuevas elecciones de mediados de 1886 precisamente sobre la cuestión irlandesa. El resultado fue una victoria decisiva para los conservadores de Salisbury, que obtuvieron 316 escaños. Sus aliados en el tema de la autonomía, los unionistas liberales, obtuvieron 78. Los partidarios de Gladstone obtuvieron sólo 191 y los parnellistas 85.

La lucha por la independencia irlandesa había inoculado durante algunos años el miedo y la violencia en los habitantes de ambas orillas del mar de Irlanda, con bombardeos y tiroteos que culminaron finalmente en el asesinato a sangre fría en 1882 del nuevo Secretario Principal de Irlanda, lord Frederick Cavendish, y su subsecretario, Thomas Burke, en Phoenix Park, Dublín. Los fenianos, formados originalmente para promover la revolución y derrocar al gobierno inglés en Irlanda, completaron el cuadro enluciendo edificios y monumentos simbólicos en Londres y provincias. Por último, hicieron un audaz intento de volar Scotland Yard. La amenaza feniana había alcanzado proporciones tan alarmantes en 1884 que se creó la Special Irish Branch, cabeza de playa de la Special Branch, para mantener el problema bajo control.

El mundo perdona crímenes atroces entre sus protegidos y castiga la más mínima transgresión de aquellos a quienes odia. Es justo decir que el proceso sólo funciona con gran dificultad en la otra dirección. Por lo tanto, es difícil entender cómo una figura popular pudo ser tan cruelmente escarnecida por un trivial error de juicio: Eduardo, Príncipe de Gales, por el claramente trivial "escándalo" del bacará real en 1891. La respuesta obvia es que, a pesar de los panegíricos de muchos biógrafos, *no* era popular. La mojigata e hipócrita Inglaterra de finales de la era victoriana difícilmente habría permitido que un incidente trivial pusiera a todo un país en contra de un príncipe querido. De hecho, Bertie tenía mala reputación, que aún era palpable poco antes de subir al trono en 1901. La nube de oprobio e impopularidad se había disipado de vez en cuando en los 40 años transcurridos desde su primera caída en desgracia en la opinión pública, pero seguía siendo despreciado en general. Y, a pesar del reconocimiento entusiasta de las multitudes en el jubileo de su anciana madre, la reina Victoria, ella también sufrió periodos muy visibles (aunque menos prolongados) de descontento.

El asunto del bacará real llevó al príncipe al banquillo de los testigos de un tribunal público por segunda vez en su libertina vida. Fue quizá el menos grave de sus muchos errores, pero el suceso tuvo efectos imprevistos al hundir aún más su nombre en el fango. Finalmente, durante una visita a Bruselas en 1900, un anarquista disparó una pistola a través de la ventanilla abierta del tren en el que viajaba el Príncipe. La bala no dio en el blanco, pero este intento de asesinato fue el cumplimiento de lo que muchos llevaban muchos años meditando con malicia vudú. Fue la culminación del resentimiento popular y la consecuencia lógica de varias manifestaciones previas de antipatía, como la manifestación contra él cuando visitó Cork con la princesa Alexandra en 1885. La multitud silbó y abucheó a la pareja, e incluso les arrojó cebollas. Su mala reputación se extendió más allá de las fronteras británicas y en 1898 fue despiadadamente silbado y caricaturizado durante un viaje a París.

El grado de impopularidad del Príncipe puede medirse precisamente a partir del escándalo del bacará real y sus consecuencias. En septiembre de 1890, el Príncipe se alojaba con otros invitados en Tranby Croft, la casa de campo en Yorkshire de su amigo Arthur Wilson, un rico armador. Durante una partida de bacará, varios invitados se dieron cuenta de que uno de los jugadores, Sir William Gordon-Cumming, estaba haciendo trampas. A la noche siguiente, para confirmar sus sospechas, observaron más de cerca su juego e informaron al Príncipe de lo que habían visto. Estúpidamente, el príncipe obligó al tramposo a firmar un compromiso según el cual, puesto que había hecho trampas, abandonaría el juego para siempre. Gordon-Cumming aceptó a cambio de la promesa de que el incidente se olvidaría. Por desgracia, el secreto fue compartido por demasiados testigos, y uno de los invitados le traicionó. La sociedad se apoderó de este miserable canalla con su codicia habitual. Con su reputación así manchada públicamente, Gordon-Cumming demandó por difamación al Sr. y la Sra. Arthur Wilson -y a otros invitados que le habían acusado de hacer trampas-. En las audiencias judiciales que siguieron, el Príncipe de Gales fue tratado con el mínimo respeto y, aunque Gordon-Cumming perdió su caso, el Príncipe fue silbado por la multitud a su salida del tribunal. En su biografía de la Princesa Alexandra, Georgina Battiscombe cita a un cochero hablando de Bertie después del "asunto del bacará". Sus palabras, dice, reflejan el sentimiento de la mayoría de la gente corriente: "Dios nunca permitirá que un hombre tan vicioso ocupe el trono".

La acusación había demostrado que el Príncipe fomentaba habitualmente el juego ilegal del bacará, que había decidido que Gordon-Cumming era un tramposo basándose en pruebas poco sólidas y que había reaccionado mal al no informar inmediatamente de la acusación al jefe de gabinete de Gordon-Cumming en lugar de ocuparse él mismo del asunto, sumariamente. No son acusaciones agradables, pero ni siquiera la imaginación más fértil podría aceptar que fueran las acciones de un hombre *vicioso a* quien Dios nunca permitiría ocupar el trono. Una acusación tan pública probablemente nunca se habría hecho si el Príncipe hubiera sido siquiera vagamente popular.

Una observación hecha durante el juicio por Sir Edward Clarke, abogado de Gordon-Cumming, proporciona un interesante apoyo a la afirmación de Sickert de que la monarquía estaba peligrosamente debilitada. Al argumentar que el príncipe había silenciado las acusaciones iniciales contra Gordon-Cumming para salvaguardar su propio honor, Clarke dice que había habido otros ejemplos de individuos dispuestos "a sacrificarse para apoyar *un trono tambaleante o para mantener una dinastía que se derrumba*" (la cursiva es mía). Estas palabras significan simplemente que la dinastía del príncipe se tambaleaba y se encontraba en una posición precaria. Un abogado del indudable talento de Clarke no habría adornado sus argumentos con hechos absurdos o intrascendentes: algo iba mal en Inglaterra. Bertie escribió más tarde que, debido a Tranby Croft, se vio expuesto a "comentarios mordaces... no sólo de la prensa, sino también de la Iglesia Baja y aún más de los no conformistas".

Su reputación ya se había resentido en 1869, cuando compareció ante el tribunal en el caso de divorcio de Mordaunt. En *Clarence*, una biografía de Eddy, Michael Harrison escribió:

> El Príncipe de Gales tenía la imprudente costumbre de cortejar a jóvenes mujeres casadas y de pasar mucho tiempo a solas con ellas, después de que sus lacayos hubieran recibido la orden de no perturbar el *tête-à-tête*. Lo que hacía aún más notable su indiscreción era el hecho de que Su Alteza Real no entablara relación alguna con los maridos de estas damas, ni siquiera expresara el deseo de conocerlos.

En el asunto Mordaunt, el Príncipe fue nombrado uno de los amantes de Lady Mordaunt después de que ésta anunciara en voz baja que su hijo recién nacido no era de su marido, sino de Lord Cole. Cole era sólo uno de un grupo de libertinos bien nacidos con los que se divertía esta Lady Mordaunt poco ética. Aunque el Príncipe fue tratado con la mayor cortesía en el tribunal y negó cualquier familiaridad culpable con la dama, y aunque en esta ocasión fue vitoreado al salir del tribunal de divorcio, se habían asestado los primeros golpes serios contra su reputación. La prensa popular pronto puso en duda su idoneidad como rey y la opinión pública se volvió contra él. La princesa Alexandra seguía siendo notablemente popular entre el pueblo, y la reputación de su Bertie iba a resentirse. La privacidad no tiene realidad para la mayoría de las personas nacidas con una cuchara de plata en la boca, sobre todo cuando esos cubiertos tenían una melena de león y un unicornio. Pronto quedó claro para Bertie que no podía ocultar sus infidelidades. Sus amoríos pronto se convirtieron en tema de cotilleo nacional, algo que él esperaba a medias. Pero lo que no podía prever era la intensidad de la reacción popular. El británico, secretamente sentimental, tenía a Alexandra contra las cuerdas y comprendía su dolor. Así que una noche, cuando apareció en el palco real de la ópera, el público aplaudió y vitoreó. Cuando, unos momentos después, apareció Bertie, le silbaron.

A los ojos del país, parecía que la búsqueda del placer y el libertinaje desvergonzado eran los únicos objetivos del príncipe en la vida. Burlarse de un heredero degenerado se convirtió en el pasatiempo favorito de los hipócritas fariseos de los salones de recepción y de los seguidores de la prensa sensacionalista, una práctica doblemente estimulante por la doble moralidad y fariseísmo que resumían la era victoriana. Una publicación recopiló las mentiras más repugnantes sobre la inmoralidad del Príncipe procedentes de los bajos fondos de París y Londres, y luego las presentó en forma de pastiche de los *Idilios del Rey* de Tennyson, con el título suavemente insultante: *The Coming K-* [El Próximo R...].

Pero en 1876 estalló otro escándalo de divorcio. Esta vez parece que el Príncipe de Gales desempeñó, insólitamente, un papel casi inocente, siendo su única falta escribir unas cuantas cartas incriminatorias a Lady Aylesford, repudiada por su marido a causa de su adulterio con Lord Blandford, hermano mayor de Lord Randolph Churchill. Churchill heredó un paquete de cartas escritas por el Príncipe a Lady Aylesford que Lord Randolph describió como "del carácter más incriminatorio", añadiendo que si se publicaban asegurarían que el Príncipe "nunca se sentaría en el trono de Inglaterra". Como resultado, el Príncipe retó a Churchill a un duelo, que fue rechazado bruscamente.

En 1888, el año de los asesinatos de Jack el Destripador, el nombre del Príncipe de Gales fue tan vilipendiado que incluso su propio sobrino, el Emperador de Alemania, amenazó con cancelar una visita a Austria hasta que el Príncipe, que se encontraba en Viena, se hubiera marchado.

A pesar del resplandor de gloria que la reina Victoria parecía disfrutar en su Jubileo de Oro, también ella sufrió de impopularidad durante la mayor parte de su reinado. En los primeros años había sido abucheada en público, incluso durante una visita a Ascot, y hubo siete intentos de acabar con su vida. En una ocasión, un teniente retirado del regimiento de húsares 10 la golpeó en la cabeza y la dejó inconsciente.

El luto obsesivo que se apoderó de ella tras la muerte de su marido Alberto en 1861 contribuyó en gran medida a empeorar su popularidad. Su prolongado aislamiento indignó al pueblo, que se escandalizó ante su obstinada negativa a participar en actos públicos. Una campaña contra su hibernación social acabó provocando una crisis en la monarquía. Sir Henry Ponsonby, su secretario privado, declaró en 1871 que, si Victoria hubiera sido un hombre, habría abdicado. El resentimiento por su confinamiento se extendió rápidamente, y fue acusada en un mordaz panfleto titulado *¿Qué hace ella con eso?* [de ahorrar 200.000 libras al año de sus asignaciones constitucionales. La acusación logró poner en su contra a la mayoría de las clases trabajadoras. No podían respetar a una reina tacaña. Los acontecimientos llegaron a un punto crítico cuando *el periódico de Reynolds* informó de que estaba pensando en abdicar. La idea era infundada, pero finalmente se hizo público que la abdicación parecía ser la única opción. El 6 de noviembre de 1871, Victoria fue duramente atacada por Sir Charles Dilke, un parlamentario radical que, refiriéndose a su aislamiento, la acusó de abandono del deber. Instó a su audiencia a deponer a Victoria, abolir la monarquía y establecer una república. Este era exactamente el tipo de cosas que podrían hacer que la Reina se desviara momentáneamente de su firme resolución de vivir como le diera la gana. Guardaba celosamente su soberanía, y el miedo a la revolución la persiguió toda su vida. Desde mediados de la década de 1860 era plenamente consciente de la posibilidad de lo que ella llamaba "una nueva Revolución Francesa" en Inglaterra, debido a la gran brecha existente entre las clases alta y baja. Pero siguió llevando una vida eremítica, y en 1872 hubo un sexto intento de asesinarla. Tras el séptimo y último intento de regicidio, en 1882, la popularidad de la Reina aumentó considerablemente. Parecía que sólo ella había sido capaz de consolidar la monarquía asentándola sobre bases más firmes. Pero con el Príncipe de Gales cerca del escenario, no había esperanzas en toda Inglaterra de sacar del fango el nombre de la familia real. A mediados de la década de 1880, la dinastía -y el príncipe Eddy en particular- tenían un nuevo enemigo: Henry Labouchère, editor de la revista *Truth*. Odiaba a la monarquía, y a Eddy en particular. Se opuso enérgicamente a la concesión de una asignación oficial a los hijos del Príncipe de Gales y atormentó sin piedad a la familia real, tanto a sus miembros como a su papel institucional, en las páginas satíricas de su revista semanal.

La valoración de Sickert sobre el significado del comportamiento de Eddy no había parecido tener desde el principio el beneficio de la verdad. Ese brillo se había visto empañado por la oscura historia del padre de Eddy. Si el Príncipe de Gales ya era corrupto, ¿de qué más se podía acusar a las cabezas coronadas? Sin embargo, si se observa el contexto social y político, se ve que precisamente por la legendaria inmoralidad de su padre, la conducta de Eddy era extremadamente importante: era un faro de esperanza en un futuro mejor. Si se viera envuelto en un caso como el mencionado por Sickert, sería la gota que colmara el vaso. Los obstinados enemigos de la corona, incluidos Dilke y Labouchère, sin duda habrían conspirado -y probablemente habrían tenido éxito- para precipitar el colapso de ocho siglos de realeza británica.

Annie Elizabeth Crook circa 1886

Todavía no se ha examinado una faceta del motivo: la aparente amenaza del catolicismo y el peligro asociado de un matrimonio entre el príncipe Eddy y una católica. Los riesgos constitucionales que planteaba la supuesta alianza entre Eddy y Annie Elizabeth Crook pueden evaluarse con precisión. Pues en 1890 se planteó la cuestión del matrimonio oficial de Eddy y estalló una crisis cuando eligió como novia a la princesa Helene de Orleans, hija del conde de París, que, para consternación de la mayoría, era católica.

Un odio feroz e irracional seguía actuando en las mentes de muchos protestantes ingleses, incluso en los primeros años del siglo XXI, y el grito "¡Abajo el papismo!" aún podía oírse en las décadas de 1880 y 1890. Ya en 1850, hubo manifestaciones anticatólicas en Londres, se quemó la efigie del cardenal Wiseman en las calles de Bethnal Green, y turbas lanzaron violentos insultos al Papa, rompieron vidrieras en iglesias católicas y atacaron a sacerdotes. La Iglesia de Inglaterra dominaba el país, y cualquier desviación del protestantismo era vista con gran recelo. Pocos años después de los episodios de Bethnal Green, un vicario anglicano del este de Londres recibió una lluvia de pudines por dar un paso en dirección a Roma poniendo velas en su altar y vistiendo con sobrepelliz a sus jóvenes coristas. Incluso en 1910, Eduardo VII fue duramente criticado en la prensa por asistir a un servicio religioso en la iglesia católica de St James, en el oeste de Londres (Spanish Place).

Para la *clase* dirigente, la relación de Eddy con una católica era una de las peores cosas que podían ocurrir en la década de 1880. Sobre la cuestión de su posible matrimonio con Helen en 1890, la reina Victoria escribió una enérgica carta para disuadirle del plan. Su matrimonio con una católica, anunció, tendría "el *peor efecto posible*". En un momento tan turbulento, cuando el trono ya estaba en peligro, esta dura advertencia sólo podía significar una cosa: Victoria preveía un levantamiento que acabaría con la monarquía.

A Lord Salisbury también le horrorizaba esta posibilidad. Según Sir Philip Magnus en su *Rey Eduardo VII*, la opinión de Salisbury sobre este punto era inequívoca. Cuando el Príncipe de Gales le preguntó si era posible que Eddy se casara con Elena y que ésta siguiera siendo católica, Salisbury advirtió que la "ira de las clases media y baja podría poner en peligro la corona si se enteraban de que la cosa se había concluido o incluso contemplado".

Se ha sugerido que los principales oponentes a la tesis de Sickert fueron la Ley de Matrimonios Reales y la Ley de Liquidación que todavía estaban en vigor en el momento en que se supone que Eddy se casó con Annie Elizabeth Crook. Donald Rumbelow señala en su obra *Complete Jack the Ripper* que, según la Ley de Matrimonios Reales, el matrimonio de Eddy con Annie Elizabeth no habría sido considerado ilegal porque tenía menos de 25 años en el momento de contraer matrimonio y se casó sin el consentimiento de la Reina. La Ley de Matrimonios Reales excluía de la sucesión a la corona a quien se casara con una católica. Todo esto es cierto, pero el hecho de que el matrimonio de Eddy con Annie Elizabeth fuera legalmente válido o no no cambiaría la reacción popular ante el anuncio de tal alianza. Salisbury y Lord Halsbury, el Lord Canciller, eran obviamente conscientes de estas dos leyes cuando, según Magnus, hicieron un informe preciso de las consecuencias políticas y legales del compromiso de Eddy con Helen - pero Salisbury aún preveía una revolución como resultado del matrimonio mencionado.

En su carta a Eddy, Victoria le dice que la unión con una católica supondría la pérdida de todos sus derechos. A. El sobrino de Salisbury, A.J. Balfour, diputado conservador, aunque podía entender el argumento romántico, escribió: "Tendremos que enfrentarnos a muchos problemas a causa de todo esto".

Cuando el Príncipe de Gales quiso ver al Papa en 1903, el Gabinete le explicó que tal visita podría causar gran inquietud entre los protestantes, que aún veían a Roma como una amenaza.

"Es absurdo", escribió Balfour. "¡Pero la gente con la que tenemos que tratar también es absurda!

La opinión de Balfour resume la debilidad del argumento de Rumbelow: la ley parecía ser una garantía contra la irresponsabilidad de Eddy, pero la misma ley no podía controlar las emociones irracionales de las clases media y baja.

Si Eddy no sólo se había casado con una mujer católica, sino que además le había dado un hijo -un niño concebido fuera del matrimonio-, es fácil ver cómo Salisbury y la familia real habrían considerado el asunto crucial. Con Victoria, escribió Elizabeth Longford, 'en su estado nervioso, cualquier noticia no deseada adquiría proporciones considerables'.

Si el comportamiento de Eddy no era suficiente para provocar el caos, difícilmente se podía culpar a Salisbury por creer lo contrario. Si el relato de Sickert sobre un nacimiento y matrimonio secretos resultaba cierto, sería totalmente creíble que Salisbury hubiera intentado encubrirlo encerrando a Annie Elizabeth Crook en manicomios. Pero hacerla desaparecer sólo habría empeorado el problema, ya que Sickert afirma que Mary Kelly empezó a contar lo que sabía. De ser así, Salisbury ya no sólo tenía que encubrir el escándalo original, sino también su brutal trato a la amante de Eddy.

Las circunstancias corroboran el drama de Sickert, y el escenario está preparado. Sólo queda comprobar que se ha levantado el telón.

CAPÍTULO VII

Calle Cleveland

Cleveland Street es una larga y estrecha calle que discurre aproximadamente de noroeste a sureste entre Euston Road y Goodge Street. Todo un grupo de edificios ha sido demolido desde los tiempos de Jack el Destripador, y su emplazamiento lo ocupa ahora un Hospital Middlesex generosamente ampliado, cuyo predecesor del SIGLO XIX en Cleveland Street ya era considerable, pero mucho más pequeño. Aparte de este cambio, la calle es muy parecida a como era antes, dominada por sombríos edificios de tres plantas, la mayoría de los cuales tienen tiendas u oficinas en la planta baja.

Cuando nos fijamos en Cleveland Street y en los hechos que, según Sickert, tuvieron lugar allí, el pintor empieza a ganar credibilidad. Gran parte de lo que dice se convierte en un hecho probable, y hay varios elementos subordinados que sugieren que no podía estar mintiendo.

De todas las preguntas que requerían una respuesta inicial, había una de suma importancia: ¿existían realmente los protagonistas de la historia de Sickert? Era Sickert quien había descrito a los actores de la obra, y si su relato era falso, era más que probable que los protagonistas menos conocidos de su historia también fueran inventados. Por supuesto, el Príncipe Eddy, el Primer Ministro y Sir William Gull eran reales, pero John Netley, Annie Elizabeth Crook y su hija Alice Margaret eran de otro mundo. El capítulo XII informará de nuestra investigación sobre Netley, por lo que aquí sólo diremos lo mínimo sobre él. En esta fase de la investigación, nuestras dos humildes damas son de gran importancia: se supone que su comportamiento o, en el caso de la niña, su mera existencia, han desencadenado una aterradora reacción en cadena.

El censo electoral de Cleveland Street correspondiente a la década de 1880 no ofrece ningún nombre de interés. No es de extrañar, ya que Annie Crook, al ser mujer, no tenía derecho a voto y el único otro habitante de interés, Sickert, tenía tantos pisos en Londres que no le interesaba declarar su domicilio de Cleveland Street. Robert Emmons afirmó en su obra *Life and Opinions of Walter Richard Sickert* que al pintor le importaban poco los asuntos financieros y se comportaba con una generosidad casi temeraria. Según Marjorie Lilly, rara vez pensaba en el dinero hasta que escaseaba. Esto implica dos cosas... Al ver el dinero sólo como una formalidad, desdeñaba aún más los requisitos declarativos de la burocracia - rellenar formularios, por ejemplo. En segundo lugar, rara vez le sobraba mucho dinero en efectivo, y cuando se quedaba sin él (lo que ocurría a menudo en los primeros tiempos), permanecer sin registrar y evadirse era una ayuda si tenía que huir una noche sin pagar el alquiler.

El directorio postal de Londres, de 1885 a 1888, no es más útil para comprobar los hechos. Lo que sí confirma, sin embargo, es que el aire de "comunidad" de la zona descrito por Sickert es exacto. Abundaban los comerciantes: Henry Fletcher, verdulero; Henry Mowbray, peluquero; Isaac Lyons, pañero; George Endersby, librero; el Sr. Sarah Winslow, vendedora de productos marinos - y así sucesivamente en una corriente aparentemente interminable, todos ellos comerciantes en la misma calle estrecha. En una época en que la artesanía era parte integrante del sistema social, siempre había sitio para Thomas Walter Cadwallader, cerrajero, y William Leader, fabricante de paraguas. También había silleros, zapateros, ebanistas, carroceros, tallistas, guarnicioneros, sombrereros, encuadernadores, grabadores, orfebres, pulidores franceses y artesanos de todo tipo. Cualquiera puede ver a simple vista que este barrio era perfectamente adecuado para un joven artista. A la vista de sus pisos en n° 15: un dibujante, un colorista y, un poco más allá, Henry Landsbert, marchante de arte. No hay lugar en Londres donde Sickert hubiera podido tener un estudio. Durante muchos años fue el centro preferido de los jóvenes artistas para iniciar sus carreras. Como recordaba William Gaunt en *The Pre-Raphaelite Tragedy*, Holman Hunt tenía sus estudios en Cleveland Street y fue el lugar de nacimiento y el vivero de la famosa Hermandad Prerrafaelita, de la que eran miembros Millais, los Rossetti, Ford Madox Brown y el propio Hunt.

Cleveland Street estaba abundantemente salpicada de cafés, como Henry Lindner's y Mrs Ann Storey's, donde los hombres del "pueblo" podían olvidarse de sus esposas y de las preocupaciones o fatigas del día y, en una tradición centenaria, aún mantenida por la población masculina francesa, reunirse para una larga y a menudo animada charla a la hora del almuerzo. Por la noche, se podía volver a experimentar una relajación similar, de forma más agradable, tomando una pinta de cerveza en *The George and Dragon*, *The City of Hereford* o *The Crown*.

Pero no parecía haber ni rastro del sótano deº 6 de nuestra dependienta del estanco, hasta que Karen de Groot -investigadora de la BBC- dirigió su investigación a los registros fiscales de los dos distritos por los que pasa Cleveland Street: Marylebone y St Pancras. En el registro de 1888 de esta calle consta:

> Número 6 Elizabeth Cook (sótano).

Ya casi hemos llegado. Sickert dijo que el sótano deº 6 estaba habitado por Annie Elizabeth Crook. El documento daba el nombre de Elizabeth *Cook*. Esto concuerda con la historia de Sickert, ya que el apellido de Annie se cambiaba a menudo por Cook. Su existencia quedó definitivamente establecida cuando se encontró otra prueba: el certificado de nacimiento de su hija. Este certificado se obtuvo en Somerset House para verificar las afirmaciones básicas de Sickert, a saber:

1. Annie Elizabeth Crook era la ayudante de un estanco de Cleveland Street en la década de 1880.

2. En abril de 1885 dio a luz a un hijo ilegítimo.

3. El parto tuvo lugar en el hospicio de Marylebone.

4. El padre del niño era el Príncipe Eddy.

5. El nombre de la niña era Alice Margaret Crook.

El certificado de nacimiento confirma cuatro de estos cinco puntos. Fechada el 18 de abril de 1885, da :

> Sexo: femenino
>
> Nombre: Alice Margaret Crook
>
> Lugar de nacimiento: Marylebone Hospice
>
> Nombre de la madre: Annie Elizabeth Crook, Asistente de Manufactura, Cleveland Street
>
> Nombre del padre: ninguno
>
> Profesión del padre: ninguna

El certificado de nacimiento tiene una cruz debajo que dice: "Firma de Annie Elizabeth Crook, madre, 6 Cleveland Street, Fitzroy Square". La dirección demuestra que la Elizabeth Cook de la Agencia Tributaria y Annie Elizabeth Crook eran la misma persona. Y la cruz confirma otro elemento del relato de Sickert: Annie era analfabeta.

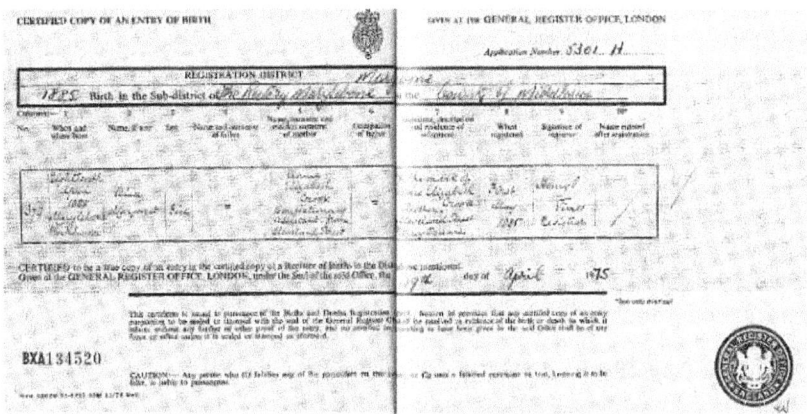

Partida de nacimiento de Alice Margaret Crook

Tres años después del nacimiento de Alice Margaret, en abril de 1888, se organizó una redada policial en Cleveland Street y se llevaron a Eddy y Annie Elizabeth, según Sickert. Annie, dijo, fue declarada demente y pasó 156 días en el Guy's Hospital. Creía que había sido sometida a algún tipo de operación para eliminar sus recuerdos de los sucesos de Cleveland Street, ya que cuando la vio una o dos veces después, era una persona diferente que ya no le reconocía. Sir William Gull en persona, pensó, había realizado la operación, que no sólo afectó a su memoria, sino que la hizo epiléptica. Después del Guy's Hospital, pasó meses encerrada en varios hospicios y, finalmente, cuando se comprobó que ya no guardaba recuerdos incriminatorios, fue puesta en libertad: una inofensiva ruina, destrozada en cuerpo y espíritu, abandonada en las calles de las que había sido arrancada hacía tan poco, cuando aún era una joven encantadora y perfectamente normal. Pero era incapaz de mantenerse a sí misma, ni siquiera de sobrevivir por sí sola. Tras meses de deambular de un hospicio a otro en una confusa búsqueda de refugio, finalmente fue arrestada de nuevo y encerrada el resto de su vida en cárceles, hospitales y hospicios. Murió en 1920 en el 367 de Fulham Road. Para entonces ya estaba completamente loca.

El Guy's Hospital tiene registros de pacientes del siglo XIX, pero están incompletos. Falta el registro de pacientes de 1888, por lo que apenas es posible verificar que Annie Elizabeth estuvo ingresada allí como dice Sickert. Sin embargo, hay pruebas independientes que al menos hacen creíble su historia. Sir William Gull mantuvo estrechos vínculos con el Guy's Hospital a lo largo de su vida y, lo que es más interesante, en una época estuvo a cargo de un asilo para 20 mujeres dementes dentro de la institución. Según Michael Harrison, la mera presencia de Gull en el séquito real se explica porque, más que experto en enfermedades en general, estaba especializado en paraplejias, problemas de médula espinal y abscesos cerebrales. Esta especialización y su colaboración con el Asilo de Mujeres del Hospital de Guy no sólo concuerdan con la historia del confinamiento de Annie Elizabeth, sino que también apoyan la afirmación de Sickert de que en repetidas ocasiones había prestado servicios inestimables para neutralizar a los alborotadores, haciéndoles parecer dementes. No sólo tenía la capacidad de llevar a cabo operaciones como la que Sickert afirma que sufrió Annie Elizabeth, sino que además contaba con los antecedentes adecuados para hacerlo.

El Sr. Alan Neate, conservador de la Oficina de Registros del Gran Londres ([9]), fue de gran ayuda en lo que respecta a sus movimientos fuera del Hospital de Guy. Buceando entre los cientos de registros a su cargo, encontró registros dispersos pero útiles de sus movimientos entre 1885 y su muerte. La primera mención de su nombre figura en los papeles del hospicio de St Marylebone, donde consta que ingresó en la institución el 18 de abril de 1885 (el día en que nació su hija) y la abandonó el 5 de mayo.

No se encuentran más referencias a Annie Elizabeth hasta el 22 de enero de 1889, cuando pasó un solo día en el hospicio St Giles' Hospice de Endell Street (High Holborn). No se vuelve a mencionar su nombre hasta 1903, cuando se convierte en residente permanente de las instituciones bajo el cuidado de la Junta de Guardianes de St Pancras. El Sr. Neate recopila un desglose exacto de sus movimientos entre febrero de 1903 y marzo de 1913, con sólo unos pocos meses de ausencia aquí y allá. Fue una visitante asidua de hospicios y hospitales en esta década, como corroboran los registros anteriores:

18/04/1885-06/05/1885 Hospicio de St Marylebone

22/01/1889 (un día) Hospicio St Giles, Endell Street

---

9 En la actualidad es el Archivo Metropolitano de Londres.

07/02/1903-23/02/1903 Hospicio de St Pancras

12/03/1903-27/03/1903 Hospicio de St Pancras

28/10/1903-13/11/1903 Hospital St Pancras

13/11/1903-13/05/1904 Hospicio de St Pancras

13/05/1904-11/11/1904 Hospital Highgate

11/11/1904-14/11/1904 Hospicio de St Pancras

El 14 de noviembre de 1904 fue trasladada del hospicio de St Pancras al de Poland Street y desde entonces fue miembro de la Junta de Guardianes de Westminster de la parroquia de St James[10] :

14/11/1904-07/08/1906 Hospicio de la calle Poland

11/11/1906-03/04/1907 Hospicio de la calle Poland

03/04/1907-11/06/1907 Dispensario de la calle Cleveland

11/06/1907-31/10/1907 Dispensario de Hendon (Colindale)

31/10/1907-12/03/1913 Dispensario de la calle Cleveland

12/03/1913-? Dispensario de Hendon

19/02/1920-23/02/1920 Hospicio de Fulham Road

Tras este regreso fortuito a Cleveland Street y cinco años y medio en el hospital -su estancia más larga en un solo lugar-, fue ingresada en el Hendon Dispensary en marzo de 1913, tras lo cual no hay rastro de ella. Su nombre vuelve a aparecer en los registros del hospicio de Fulham Road en 1920, cuatro días antes de su muerte. Murió en el hospital contiguo al hospicio. Según Sickert, se encontraba en el 367 de Fulham Road.

---

10 Que significa: "Oficina de los Guardianes de Westminster".

Por fin se habían desenterrado algunos elementos fácticos, pero ¿eran suficientes para demostrar la veracidad de la historia de Sickert? Ciertamente tenía razón al considerarla interna en diversas instituciones durante la mayor parte de su vida, y no se había equivocado sobre el lugar de su muerte. Pero era difícil imaginar que una persona confinada como demente hubiera podido permanecer en hospicios. Mi conocimiento de estas instituciones era vago. Sabía que, en virtud de las antiguas leyes inglesas sobre el pauperismo, había un hospicio en cada parroquia, donde los indigentes, los vagabundos y los ociosos eran puestos a trabajar, alimentados y vestidos; esto se llamaba *asistencia pública*. Lo que yo no sabía era que algunos de los hospicios se utilizaban como lugares de internamiento para sinvergüenzas y vagabundos. Mgr Atterbury (1662-1732) escribió:

> ¿Has sufrido alguna vez a vagabundos y ladrones? Entonces estime y promueva a las organizaciones benéficas que eliminan estas lacras de las cárceles y hospicios.

Antes de la Ley de Enmienda de la Ley de Pobres (Poor Law Amendment Act) de 1834, las casas de beneficencia tenían fama de ser caldo de cultivo de la ociosidad, la ignorancia y el vicio. Sin embargo, la ley obligó a las parroquias a mejorar la gestión de las casas de beneficencia, dando lugar a las Poor Law Unions, que controlaban las casas de beneficencia con entre 100 y 500 residentes. Las circulares emitidas por la Comisión *de Lunáticos* entre 1890 y 1912, ahora en la Oficina de Registros Públicos de Londres, muestran que no sólo era práctica común recluir a los lunáticos en hospicios, sino que no se necesitaba ningún registro especial para mantenerlos allí... Por lo tanto, era perfectamente posible que un individuo perfectamente normal fuera internado como lunático en un hospicio. Si esto es lo que le ocurrió a Annie Elizabeth Crook, no habría habido ninguna esperanza de escapar, porque nadie sabía de su encarcelamiento. Muchos hospicios tenían incluso habitaciones acolchadas, y hasta 1910 no se exigió a las juntas tutelares locales que mantuvieran registros de sus residentes.

De repente, todo se aclaró. Los manicomios eran el lugar ideal para internar a Annie Elizabeth. Si la hubieran internado en un manicomio, se habrían llevado registros adecuados y habría recibido visitas periódicas de los inspectores de la Comisión *de Lunáticos*. En cambio, en una celda acolchada de un hospicio, podían encerrarla sin asesoramiento médico y no podían hacerle preguntas una vez internada.

Sin embargo, a pesar de la minuciosa investigación de Neate, seguía habiendo lagunas en los movimientos de Annie Elizabeth. No hay constancia de sus movimientos entre su salida del Guy's Hospital -en septiembre u octubre de 1888- y el 22 de enero de 1889, cuando pasó un día en el hospicio de St Giles. Después hay otro vacío hasta 1903. El único otro documento encontrado muestra que el 29 de abril de 1894 la pequeña Alice Margaret fue admitida en St Giles' Hospice. Giles. En los papeles de ingreso se decía que su madre estaba en la cárcel, lo que concuerda con la descripción de Sickert del destino de Annie Elizabeth.

El registro de los cuidados médicos de Annie Elizabeth en el 367 de Fulham Road en los días previos a su muerte confirma el testimonio de Sickert de que murió enloquecida. El médico a cargo de la sala de observación de lunáticos donde estaba confinada escribió:

> 20/02/20. Desorientada - a veces ruidosa e hilarante, otras veces casi letárgica - tiene delirios de estar siendo torturada - no presta atención a su entorno.

> 23/02/20. Ataque cardíaco repentino, que le causó la muerte a las 00:40.

Los registros de su ingreso en diversos hospicios y hospitales indican que era epiléptica, lo que confirma una vez más la declaración de Sickert. Al mismo tiempo, se confirma todo lo que el pintor había dicho sobre el destino de Annie Elizabeth. Sus alucinaciones en las que era torturada son cualquier cosa menos sorprendentes si su historia es realmente cierta.

Es difícil explicar cómo o por qué Annie Elizabeth fue trasladada de una junta tutelar a otra, y de hospicio en hospicio, con tanta facilidad. Las normas eran extremadamente rígidas y los pobres eran sometidos a un minucioso interrogatorio sobre sus actos en los años anteriores a su ingreso en un hospicio. Antes de tener derecho a la asistencia pública en un distrito, un indigente debía demostrar lo que se llamaba un "vínculo" de tres años de residencia continua o de nacimiento. Si un indigente se presentaba en una parroquia con la que no tenía ningún vínculo, era inmediatamente devuelto a la suya. Existían disposiciones para trasladar a los pobres de un distrito a otro, con el acuerdo de los jueces. Pero el procedimiento era largo, complicado y más que desalentador. Para Annie Elizabeth Crook no estaba prevista ninguna maniobra semejante. Fue de un barrio a otro y no se planteó ningún problema. Esto era inusual. Recibió un trato diferente al de los demás residentes de su época, y todas las instrucciones procedían del consejo al que pertenecía.

En respuesta a una petición de más información sobre su inusual trato, el Sr. Neate escribió que era sorprendente, pero no *necesariamente* anormal. "A menudo se han dado casos", dijo, "de transferencias realizadas amistosamente entre las partes implicadas *para evitar formalidades legales*" (el subrayado es nuestro).

Esto plantea más de una pregunta: ¿por qué se consideró a Annie Elizabeth Crook lo suficientemente importante como para eximirla de las estrictas normas y poder trasladarla de un lugar a otro con mayor rapidez? ¿Qué la diferenciaba de los demás residentes del hospicio? ¿Por qué nadie quería llamar la atención sobre ella siguiendo el procedimiento normal? ¿Quién organizó estos *atajos*?

La explicación de Sickert sobre su matrimonio con Eddy y los acontecimientos que siguieron responde a todas estas preguntas, excepto a la última. En este punto he reparado recientemente en la considerable importancia de un caballero: el reverendo Henry Luke Paget.

Y los hechos se amontonan, arrancando la historia de Sickert de su aparente fantasía para demostrar, elemento por elemento, que la base (al menos) de su historia era auténtica. Hay pruebas documentales de la existencia de Annie Elizabeth Crook; vivía en Cleveland Street; trabajaba allí en un estanco; dio a luz a una hija en la fecha y en el lugar indicados por Sickert; desapareció de Cleveland Street y de su perenne trabajo en la tienda sin ninguna razón evidente (el nacimiento de su hija no puede explicar su caída desde ser una contribuyente lo bastante bien pagada como para tener casa propia hasta la miseria del hospicio); fue internada en instituciones con celdas acolchadas durante la mayor parte del resto de su vida (y durante este periodo, en una época muy conformista, fue tratada de una forma curiosamente inusual); se volvió epiléptica; murió en el 367 de Fulham Road en 1920; y para entonces ya estaba loca.

Pero nada de esto la relaciona con el príncipe Alberto Víctor ni sugiere que Eddy conociera la calle Cleveland. Sorprendentemente, el nombre de Eddy se relacionó con la calle Cleveland en *Their Good Names*, de H. Montgomery Hyde, publicado en 1970. Hyde informaba de que se rumoreaba que Eddy frecuentaba un burdel homosexual de Cleveland Street. Dos años más tarde, al publicar *Clarence*, su biografía del Príncipe, Michael Harrison fue aún más lejos. Aunque nunca había oído hablar de las acusaciones de Sickert, Harrison sostenía que Eddy era muy aficionado a Cleveland Street y que la visitaba a menudo. Afirmó que en 1889 -el año siguiente a los asesinatos de Jack el

Destripador- Eddy no sólo era un cliente habitual, sino la figura principal del escándalo que rodeaba al burdel homosexual. El establecimiento estaba situado en el número 19 de Cleveland Street, justo enfrente de la tienda donde Annie Elizabeth Crook había trabajado hasta 1888, y a un tiro de piedra del taller de Sickert.

Eddy habría sido bisexual, como indica Harrison. Su sexualidad anormal se combinaba con un absoluto desprecio por la corrección -o más bien, tal vez, una completa *incapacidad para* actuar como debía- para meterle en aventuras con mujeres de nada, hombres y niños. Podía estar enamorado de más de una persona al mismo tiempo, como demostraría más tarde cuando, aparentemente muy unido a la princesa Helena de Orleans, escribió paralelamente cartas de amor a lady Sybil St Clair-Erskine.

No es sorprendente, pues, que Eddy se permitiera frecuentar este burdel, no porque fuera irremediablemente homosexual, sino porque se permitía *enamorarse* de sus amigos más íntimos, fueran hombres o mujeres. No había en Eddy una lujuria ingobernable (al menos, no hay rastro de ella), pero era débil, extremadamente sensible y lo bastante rudo como para que una sonrisa o una palabra tierna pudieran embargarle de emociones y llevarle a situaciones desesperadas que era incapaz de controlar. Su romance con Annie Elizabeth Crook había sido de esta naturaleza. Su implicación en el escándalo del burdel de Cleveland Street tiene aún más sentido a la luz de su relación con Annie Elizabeth. Ya había estado en Cleveland Street, había hecho allí muchos amigos de todo tipo y aspiraba a volver. Al hacerlo, se vio arrastrado por los torrentes de vicio de n° 19.

Existen otras pruebas, totalmente ajenas a la relación entre Eddy y Annie Elizabeth. Aleister Crowley -mago, poeta, pintor, campeón de ajedrez y libertino, el hombre que se hacía llamar "la Gran Bestia"- afirmó en su libro *La tragedia del mundo*, publicado en París en 1910, que tenía varias cartas incriminatorias de Eddy a un chico -Morgan- que vivía en Cleveland Street. A primera vista, este anuncio sólo parece reforzar la evidencia de la conexión de Eddy con esa calle. Pero la verdadera importancia de las cartas de Crowley se revela cuando descubrimos que este Morgan era hijo del señor Morgan, *que regentaba la tienda del número 22 de Cleveland Street donde trabajaba Annie Elizabeth*. Esto acerca un poco más a Eddy a Annie Elizabeth. Harrison indicó que se dirigía a° 19, frente a la tienda de Annie. Crowley lo relacionaba directamente con la tienda, un lugar que debía frecuentar con regularidad si había entablado una relación lo bastante estrecha con Morgan como para escribirle.

Y esta palabra, "comprometedor", ¿qué significa exactamente? Dadas las tendencias bisexuales de Eddy, podrían ser notas de amor. O, igualmente probable, podrían ser cartas mencionando detalles incriminatorios de su aventura con Annie Elizabeth, el tipo de detalles vagos pero propensos al escándalo que más tarde llevaron a un bromista de Cleveland Street a dibujar estas palabras:

> Jack y Jill salieron a matar.
> Por razones que no podían entender
> Jack se cayó y perdió su corona
> Y dejó a una niña pequeña.

A pesar de todo, no existen pruebas concretas de un matrimonio entre Annie Elizabeth y el Príncipe - nuestro capítulo VIII describe el sofisticado encubrimiento que se empleó para destruir tales pruebas. Sickert afirmó que la boda había tenido lugar en la capilla del dispensario de San Salvador. Durante un tiempo pareció que éste era el primer punto de su relato en el que se equivocaba: era imposible encontrar un dispensario de San Salvador, y mucho menos uno con capilla. Pero finalmente Ian Sharp -de la BBC- se hizo con los registros de tal institución en Osnaburgh Street, a tiro de piedra de Cleveland Street. El dispensario, ahora Hospital de San Salvador, hace tiempo que se trasladó a Hythe, en Kent, y costó trabajo rastrearlo. El superior a cargo reconoce que es posible que se hayan celebrado matrimonios en la antigua capilla del dispensario, pero no se conserva ningún registro de la institución. Una búsqueda en los inventarios de St Catherine's House de Londres, el nuevo depositario de los registros de nacimientos, matrimonios y defunciones, para cada pabellón entre enero de 1884 y diciembre de 1889 resultó infructuosa. Los nombres Coburg, Cook, Cooke, Crook, Crooke, Saxe, Saxe-Coburg (el patronímico de la familia real) y Sickert se buscaron dos veces, pero sin éxito. Las bodas reales no solían registrarse con los matrimonios ordinarios, pero era posible que Eddy se casara con un nombre falso, siendo el más probable de todos su seudónimo: Albert Sickert. Pero cualquier registro de tal matrimonio, si es que alguna vez se registró, hace tiempo que fue borrado. La única esperanza real era el propio dispensario, pero sus registros habían desaparecido para siempre...

Y seguía sin haber recién nacido. El elemento más desesperado de la investigación, al parecer, era la cuestión del hijo natural. Se estableció la existencia de Annie Elizabeth Crook de Cleveland Street y *su* hijo ilegítimo. Parece innegable que Eddy frecuentaba el negocio donde trabajaba Annie Elizabeth. Pero relacionar a la hija de Annie Elizabeth con Eddy es otra cuestión.

Antes de que Joseph Sickert revelara la historia de su padre en 1973, nadie había sugerido que Eddy hubiera engendrado un hijo, y el Palacio de Buckingham sigue negando que el Príncipe tuviera descendencia. Sin embargo, tras meses de búsqueda infructuosa, recibí una copia de una carta que contenía una declaración, inocentemente escrita, ¡sobre un hijo del duque de Clarence! Hay que recordar que Eddy fue nombrado duque de Clarence y Avondale en 1890. Esta carta fue escrita por un tal Frederick Bratton de Harlesden a Lady Dowding, de quien recibí una copia por la puerta de atrás. Era una carta amistosa corriente, pero me llamó especialmente la atención este párrafo:

> Me interesa especialmente todo lo relacionado con el duque de Clarence. Mi abuela recibió el "encargo" de la corte de criar a un hijo del duque. Fue elegida entre muchas "candidatas" tras interminables pruebas y entrevistas. En el último momento, su tío - Dr J. Bratton (alcalde de Shrewsbury, etc.) - se opuso cortésmente y envió una disculpa por ella. Explicó a la familia que la vida en los tribunales era "frívola" y que ella se habría sentido molesta de todas formas.

Escribí al Sr. Bratton, que me contestó con una carta encantadora, pero desgraciadamente no pudo ayudarme a encontrar ninguna prueba documental. Argumentó que todo el asunto había sido "muy secreto", lo que concordaba perfectamente con lo que había dicho Sickert. Era irrefutable que el niño que debía haber criado su abuela era un hijo bastardo del príncipe Alberto Víctor, duque de Clarence: Eddy. Esta historia se hizo pública en una historia de la familia Bratton. Iba en contra de todo lo que se había dicho hasta entonces, exceptuando a Walter Sickert.

Joseph Sickert visitando el estanco de Cleveland Street donde se originó todo el episodio de Jack el Destripador. Desde entonces, la tienda ha sido ocupada por el Hospital Middlesex.

Resumamos... Annie Elizabeth Crook existió. Vivió en la época y lugar indicados por Sickert. Dio a luz a un hijo ilegítimo, en la fecha indicada por Sickert. Hay pruebas totalmente independientes de que Eddy tuvo un hijo, y que no sólo frecuentaba Cleveland Street, sino también la tienda donde trabajaba Annie Elizabeth.

Otro punto: en su artículo *Criminologist*, en el que implícitamente daba a entender que Eddy era Jack el Destripador, Dr Thomas Stowell le llamaba "S". No ha habido ninguna explicación satisfactoria de por qué se acuñó este apodo. Probablemente sea más que una coincidencia que, más de 30 años antes, Walter Sickert exigiera a Eddy que se hiciera pasar por su hermano menor y que se llamara "Albert Sickert" o "S". Así, de forma indirecta, se confirma otro elemento de la historia de Sickert.

CAPÍTULO VIII

Enterrar el caso

Se requiere un trabajo considerable si el *establishment* considera necesario llevar a cabo un encubrimiento a gran escala. Porque la verdad del caso de Jack el Destripador, por haber sido cuidadosamente suprimida, puede significar nada menos que un desafío a la seguridad del Estado, o que alguien de las altas esferas del gobierno o de la familia real estaba implicado. Walter Sickert dijo que ocurrió por ambas razones, y ya hemos demostrado que el contexto político de la época era explosivo, que Eddy frecuentaba Cleveland Street y que casi con toda seguridad había engendrado un hijo con Annie Elizabeth Crook. ¿Pero hubo una operación de maquillaje? A primera vista, la idea podría parecer demasiado singular o romántica como para darle demasiada importancia. Pero no cabe duda de que se encubrieron pistas en un grado alarmante, lo que en sí mismo demuestra que se trataba de ocultar algo de un orden de magnitud que justificaba los hechos descritos por Sickert. Que hubo encubrimiento es seguro. El grueso de las pruebas de ello se resume en este capítulo, pero en el resto del libro se explorarán más aspectos.

Una consecuencia relacionada e importante de este encubrimiento es la revocación de todas las teorías hasta ahora avanzadas sobre la identidad de los asesinos, excepto una que es tan endeble y enorme que no puede tomarse en serio: la hipótesis de que el propio príncipe Eddy fue el asesino. Si Donald McCormick hubiera tenido razón en que los asesinatos de Whitechapel fueron cometidos por un médico ruso loco, Pedachenko, apoyado por la policía rusa para inculpar a los anarquistas en Gran Bretaña, las autoridades inglesas apenas se habrían molestado en difíciles maniobras para ocultar la verdad. Al contrario: habrían difundido la verdad a bombo y platillo para disipar la vergüenza que se habían acarreado al ser incapaces de atrapar al Destripador. Este razonamiento se aplica a cualquier teoría excepto a la de Sickert. No habría habido necesidad de ocultar el hecho de que Jack el Destripador era una comadrona vengativa, como creía William Stewart; un trabajador de un matadero judío, como afirmaba Robin Odell; el pescadero Thomas Neill Cream; el asesino de damas George Chapman; un reformista socialista demente; un cirujano loco que vengaba la muerte de su hijo, que había contraído la sífilis de una prostituta; o James Kenneth Stephen, el tutor del príncipe Eddy, como sugirió Michael Harrison. Probablemente no habría tenido mucho sentido un encubrimiento si el Destripador hubiera sido el abogado fracasado Montague John Druitt, acusado tanto por Daniel Farson como por Tom Cullen en sus libros sobre los asesinatos. Druitt es un caso especial, sin embargo, por su implicación en el encubrimiento, como veremos. La última parte de este capítulo está dedicada a demostrar la inocencia de Druitt y a describir su papel real en el caso. Así, aunque todas las teorías citadas mueren por sus propias debilidades, quedan derribadas por el mero hecho de que hubo encubrimiento.

Muchos podrían haber tachado de absurda la intervención del gobierno hasta que estalló el caso Watergate. Ahora bien, nadie puede negar que la noción de secreto forma parte integrante del poder actual. Es un error pensar que la idea es nueva.

El encubrimiento de la verdad sobre Jack el Destripador se articula en varios episodios, uno de los cuales ya ha sido mencionado pero no debidamente identificado.

1. Durante las investigaciones se destruyeron pruebas esenciales.

2. Cuando Eddy regresó a Cleveland Street en 1889 y se vio envuelto en el escándalo del burdel homosexual, los hombres más poderosos de Inglaterra pusieron en marcha una sofisticada operación de encubrimiento. No se trataba de ocultar sus tendencias bisexuales (que de todos modos ya eran bien conocidas por entonces), sino sus vínculos con esa calle en particular. El curso de la justicia fue desviado a sabiendas para continuar el proceso de encubrimiento que había comenzado con el secuestro de la esposa católica de Eddy y culminado con los asesinatos de Whitechapel. Sin embargo, a pesar de todo el tiempo y el esfuerzo dedicados a neutralizar el asunto del burdel de Cleveland Street, un hombre amenazó con sacarlo a la luz. La crueldad de los conspiradores se puso de manifiesto una vez más cuando este individuo fue juzgado por cargos falsos y luego encarcelado durante un año para que guardara silencio.

3. Se encontró un chivo expiatorio plausible en caso de que fuera necesario anunciar la captura del asesino, y para satisfacer a cualquiera que investigara el asunto posteriormente.

4. Los documentos que contenían la verdad sobre Jack el Destripador fueron destruidos.

Desde el principio se encubrieron hechos, incluso en audiencia pública. La primera fase de este encubrimiento comenzó con la investigación sobre Annie Chapman.

Las audiencias fueron iniciadas por el juez de instrucción Wynne E. Baxter en el Working Lads Institute de Whitechapel Road el lunes 10 de septiembre de 1888. Baxter ya tenía en sus manos la investigación inconclusa de "Polly" Nichols cuando Chapman fue asesinado.

El jueves 13 se dieron a conocer las pruebas médicas. Tras una descripción muy somera de las lesiones de Chapman, el cirujano de división de la policía -George Bagster Phillips- dijo: "Creo que será mejor que no dé más detalles de estas mutilaciones, que sólo pueden resultar penosas para la sensibilidad del jurado y del público".

El forense permitió que Phillips se guardara esto para sí ese día, pero cuando se reanudaron las sesiones, Baxter exigió toda la verdad. Aunque el forense sólo se aseguró de que se siguiera el procedimiento normal, Phillips se comportó de forma sorprendente y sospechosa, tratando de infringir la ley hasta el último momento, al ocultar información vital. He aquí su diálogo:

> FORENSE. - Dr Phillips, cualesquiera que sean sus puntos de vista y objeciones, me parece necesario que todo el material que ha podido obtener de su examen *post-mortem* sea registrado por el tribunal, por varias razones en las que no necesito entrar. Por doloroso que sea, es necesario en interés de la justicia.
>
> PHILLIPS. - No se me informó de esto. Hubiera preferido que me lo contaran, porque habría estado mejor preparado para dar mis conclusiones; pero haré lo que pueda.
>
> EL FORENSE. - ¿Quiere guardarlos para más tarde?
>
> PHILLIPS. - Oh, no. Haré lo que pueda.
>
> FORENSE. - ¿Puede decirme cuánto tiempo debe haber tomado hacer las incisiones en el cuerpo?
>
> PHILLIPS. - Creo que puedo ayudarle diciéndole que yo mismo no podría haber hecho todas las incisiones que vi en esta mujer, ni podría haberlas hecho -incluso sin lucha- en menos de quince minutos. *Sigo opinando*

que sería deplorable hacer públicas estas cosas. Estos detalles sólo son útiles para usted, señor, y para el jurado.

FORENSE. - Estamos aquí en interés de la justicia y necesitamos conocer todas sus conclusiones. Sin embargo, veo que hay varias señoras y niños en la sala, y creo que sería mejor que se retiraran.

Incluso después de que las mujeres y los niños se hubieran marchado, Dr Phillips siguió mostrándose reacio a ofrecer su experiencia, por lo que su razón para ocultar información no fue -como había afirmado- la de ahorrar a su público. Una vez que la audiencia fue escasa, dijo:

PHILLIPS. - *Sigo creyendo que al dar estos detalles en público frustrará los fines de la justicia.*

FORENSE. - Estamos obligados a tomar nota de todas las pruebas del caso, y hacerlas públicas o no es asunto de la prensa.

EL PRESIDENTE. - Somos de la opinión de que los elementos que el doctor quiso reservarse la última vez deben ser comunicados.

EL FORENSE. - He estudiado detenidamente el problema y nunca he oído hablar de ningún testimonio que deba callarse.

PHILLIPS. - No me guardé nada. Sólo pregunté si debía ser revelado o no.

FORENSE. - Hemos retrasado la publicación de sus resultados todo lo posible, porque usted dijo que así se serviría mejor a los intereses de la justicia; pero ya han pasado 15 días desde que esto ocurrió y no veo ninguna razón por la que deban ocultarse al jurado por más tiempo.

PHILLIPS. - Mi opinión es que lo que voy a describir ocurrió después de la muerte, por lo que no puede ser relevante para la causa de la muerte que están investigando.

FORENSE. - Es sólo su opinión, que puede ser contradicha por otras pruebas médicas.

PHILLIPS. - Muy bien, entonces. Le daré los resultados de mi examen *post-mortem*.

A pesar de todas sus vueltas y resistencias, Dr Phillips no pudo desviar a Baxter de su deseo de seguir el curso de la justicia. ¿Qué se deduce de esta inusual actitud? Phillips conocía la ley tan bien como el forense. Estaba más que acostumbrado a testificar en indagatorias, sabía que el médico que daba los resultados de un examen *post mortem* estaba obligado a comunicar todos los hechos a la acusación, y encontramos pruebas claras en la prensa contemporánea del este de Londres y en relatos de otras indagatorias de que no tenía aversión a describir lesiones horripilantes en público. Era la primera vez, en Whitechapel, que un médico pedía que se le permitiera suprimir pruebas, y Wynne Baxter no tardó en informarse al respecto. En el caso de los asesinatos de Whitechapel, Dr Phillips había tropezado con un hecho que consideraba necesario ocultar. Alegó que su reticencia obedecía al interés de la justicia, pero incluso dos semanas después del asesinato, cuando cualquier demora adicional con un pretexto tan fútil resultó inútil, seguía deseando guardar silencio. Simplemente quería que la investigación terminara antes de poder revelar sus conclusiones, que en tal caso habrían permanecido secretas para toda la eternidad. Incluso hoy en día, la descripción de las lesiones que finalmente se vio obligado a hacer tiene un significado particular y siniestro para un grupo específico de personas. De este significado hablaremos en nuestro capítulo X.

El primer punto del encubrimiento estuvo en pleno apogeo en la investigación de la última víctima, Mary Kelly. En primer lugar, la investigación fue ilegalmente sacada de las manos del juez de instrucción Baxter y supervisada ilegalmente por otro juez de instrucción que deliberadamente ocultó información vital. El asesinato había tenido lugar en la jurisdicción de Baxter, la zona de Whitechapel, pero la investigación se llevó a cabo finalmente desde el Ayuntamiento de Shoreditch. Se trató de una desviación sin precedentes, que llevó a un miembro del jurado a criticar al nuevo forense.

"No veo por qué esta investigación debe recaer sobre nosotros cuando el asesinato no tuvo lugar en nuestro barrio, sino en Whitechapel", afirma.

El Sr. Hammond, superior del forense, respondió: "No ocurrió en Whitechapel.

El forense intervino secamente: "¿Cree que no sabemos lo que estamos haciendo? El jurado está legalmente convocado y no hay nada que objetar. Si persisten en su oposición, sabré cómo tratarles. ¿Desea algún miembro del jurado persistir en sus objeciones?".

El disidente no se apaciguó con estas amenazas. "Estamos citados en Shoreditch", recordó. "Este asunto tuvo lugar en Spitalfields".

"Ocurrió en *mi* distrito", mintió exasperado el forense.

Pero otro miembro del jurado salió al rescate del primero y dijo: "Este no es mi barrio. Vengo de Whitechapel, y el señor Baxter es mi forense.

El forense se las arregló para tener la última palabra en la discusión diciendo: "No voy a discutir el asunto con los miembros del jurado en absoluto. Si un miembro del jurado quiere protestar, que hable.

Haciendo una pausa, más para observar el efecto de su tono amenazador que para recibir una respuesta, reanudó: "Puedo decirle al jurado que la jurisdicción depende de dónde se conserve el cadáver, no de dónde se haya encontrado", lo que parecía contradecir sus anteriores afirmaciones de que el asesinato había ocurrido en su barrio. Estaba decidido a dirigir esta investigación a toda costa, pero ¿por qué?

Habría sido posible encontrar comprensivo al juez de instrucción Roderick MacDonald si hubiera llevado la investigación adecuadamente. Pero se empeñó en ocultar pruebas. Este hecho indiscutible, unido al método anómalo por el que obtuvo la jurisdicción sobre la investigación, demuestra que MacDonald fue el actor de una operación de maquillaje. Wynne Baxter probablemente habría escudriñado todas las pruebas de la investigación, como había demostrado con su determinación en procedimientos anteriores. No sufrió la oposición de bichos raros que querían ocultar pruebas importantes, como Dr Bagster Phillips. Y por eso no se le ofreció al juez de instrucción Baxter la oportunidad de dirigir la investigación de Kelly. Había demasiado que ocultar, como lo confirma el hecho de que fue el asesinato más sensacionalista del siglo XIX, pero el registro de Scotland Yard al respecto es considerablemente más escaso que el de los otros asesinatos de Jack el Destripador, y bastante insignificante si se compara con los registros de varios otros asesinatos sin resolver del mismo año.

MacDonald puso fin abruptamente a la investigación en menos de un día y comunicó el veredicto del jurado: "asesinato premeditado por persona o personas desconocidas". No había preguntado al cirujano de la policía -de nuevo Phillips- si faltaba alguna parte del cuerpo. Apenas intentó establecer la naturaleza del arma homicida. No había determinado la hora de la muerte, lo que fue un descuido increíble, porque dos testigos afirmaron haber visto a Kelly en la calle después del amanecer de la mañana en que se encontró su cuerpo.

Como señaló Tom Cullen en su *Autumn of Terror*, el derecho consuetudinario británico exigía desde Eduardo I que "todas las heridas del cuerpo, incluidas las heridas, deben ser investigadas; y su longitud, anchura y profundidad, con qué arma y en qué parte del cuerpo se encuentra la herida o la herida... todo ello debe constar en el acta del forense". MacDonald lo sabía tan bien como cualquier cirujano de la policía acostumbrado a declarar. "*Pero conscientemente prefirió suprimir estas pistas*", concluyó Cullen.

> "Hay otro elemento que no tengo intención de exponer", anunció con cierta pomposidad a los allegados a la investigación, "porque, si hiciéramos públicos de una vez todos esos hechos relacionados con este terrible asesinato, las conclusiones de la justicia se retrasarían." ¿Qué quería decir con esta curiosa afirmación? ¿Estaba siendo guiado por Scotland Yard, que había estado tratando de quitar la investigación de las manos del juez de instrucción Wynne Baxter? *¿Qué intentaba ocultar la policía?*

Incluso Cullen, que intentaba demostrar que Montague Druitt era el asesino, quedó sorprendido por el evidente complot en marcha.

El juez de instrucción MacDonald no se limitó a infringir la ley al ocultar pruebas: debió de recibir instrucciones para hacerlo, ya que el gobierno no intervino para rectificar la situación, a pesar de la indignación de influyentes plumas de periódicos nacionales como el *Daily Telegraph*, que protestó:

> Resulta sorprendente que la investigación concluyera antes de que los familiares de la fallecida tuvieran la oportunidad de identificar su cuerpo. Dado que se supone que viven en Irlanda, cabría haber esperado más tiempo para encontrarlos allí.

> El Fiscal General está facultado para apelar ante el Tribunal Superior de Justicia a fin de que se realice una nueva investigación si se demuestra que hubo un fallo en las pruebas, irregularidades de procedimiento o deficiencias en la investigación. Este resultado es poco probable, ya que se afirma que Dr Phillips, el Cirujano de la División de Policía, a quien el Juez de Instrucción consultó en privado, había estado durante algún tiempo bajo la autoridad del Ministerio del Interior y no se considera un "hombre libre"; pero está claro que al apresurar la investigación hasta el final se ha perdido la oportunidad de tomar declaración jurada en un momento en que la memoria de los testigos está todavía fresca. No es improbable que se produzca una larga pausa antes de que el sospechoso sea acusado ante un tribunal policial.

Una vez más, el extraño Dr Phillips facilita el engaño encontrando razones por las que se deben tolerar graves irregularidades. En primer lugar, en el proceso Kelly tuvo éxito en su determinación de ocultar material y sólo habló en privado con el juez de instrucción (algo que Baxter se había negado a hacer con razón). En segundo lugar, él fue la única razón por la que no se reabrió la investigación, como debería haberse hecho. Al menos, permitió que se le utilizara como excusa para que no se reanudaran las vistas sobre Kelly. El hecho de que hubiera una comisión del Ministerio del Interior difícilmente le habría impedido declarar en una vista tan importante. Al contrario, en circunstancias normales, el Ministerio del Interior habría estado sediento de justicia. Pero ése no era el caso de Jack el Destripador. Obviamente, las autoridades querían que el asesinato de Mary Kelly se cerrara lo antes posible, ya que más tarde volverían a encubrir los vínculos de Eddy con Cleveland Street. Esto era sólo parte de una única operación.

La premura con la que se llevó a cabo la investigación también pretendía evitar que se hiciera público el testimonio crucial de un hombre llamado Hutchinson. Hutchinson dio una descripción muy detallada del hombre que decía haber visto con Kelly poco antes de su asesinato. Hubo entonces intentos persistentes por parte de la policía de socavar la certeza de Hutchinson sobre este individuo. Pero él no falseó su historia ni cambió su testimonio. Incluso se puso en peligro de ser implicado al repetir que fue una de las últimas personas que vio a Kelly con vida, quizá *la última* aparte de su asesino. Es posible que, si Hutchinson hubiera comparecido debidamente ante el tribunal, su testimonio hubiera sido erróneo o falso. Puede que no viera al Destripador, sino a un mero "cliente" de Kelly, que se marchó antes de que el asesino entrara en escena. Pero no hay nada en los registros policiales, tanto públicos como secretos, que sugiera que Hutchinson no es de fiar. Más bien al contrario: en el expediente de Scotland Yard, el inspector Abberline calificó la declaración de Hutchinson de "importante", y creía que era cierta. Por lo tanto, era vital que su testimonio se prestara en audiencia pública. Fue el único individuo que dio una descripción adecuada de la persona con más probabilidades de ser Jack el Destripador. Pero nunca fue llamado a declarar.

La declaración de Hutchinson está registrada en una gruesa carpeta negra, en hojas azules de informe especial con el membrete de *Commercial Street*:

POLICÍA METROPOLITANA

Sobre el asesinato

División H

12 de noviembre de 1888

A las 6 de la tarde del día 12, George Hutchinson, de Victoria Home (Commercial Street), acudió a la comisaría de policía e hizo la siguiente declaración.

"Hacia las dos de la madrugada del día 9 venía por Thrawl Street (Commercial Street) y justo antes de girar en Flower y Dean Street me crucé con Kelly, la mujer asesinada, que me dijo: "Hutchinson, ¿puedes prestarme seis peniques?". Le dije: "No puedo, me he gastado todo el dinero yendo a Romford". Ella dijo: "¡Buenas noches! Tengo que ir a buscar dinero. Se fue hacia Thrawl Street. Un hombre que venía en dirección contraria a Kelly le dio un golpecito en el hombro y le dijo algo. Oí a Kelly decir: "Vale", y el hombre respondió: "Te parece bien lo que he dicho". Luego le puso la mano derecha en el hombro. También llevaba una especie de paquete pequeño en la mano izquierda, con una especie de correa alrededor. Me puse contra la lámpara del pub *Queens Head* y lo observé. Ambos pasaron junto a mí y el hombre inclinaba la cabeza con el sombrero sobre los ojos. Tuve que agacharme para verle la cara. Me pareció severo. Estaban tomando la calle Dorset. Les seguí. Estuvieron parados en la esquina del patio unos tres minutos. Él le dijo algo a ella. Ella dijo: "Está bien, cariño, sígueme, será más cómodo". Entonces él le puso el brazo sobre el hombro y le dio un beso. Ella dijo que había perdido su pañuelo. Él sacó su pañuelo rojo y se lo dio. Luego subieron juntos al patio. Inmediatamente salí al patio para ver si podía verlos, pero apenas fue posible. Me quedé allí casi tres cuartos de hora para ver si volvían a salir. Como no salieron, me fui.

Debajo de la declaración, se comentaba:

A distribuir A.S. [a todas las comisarías].

Descripción, unos 34 o 35 años, altura 1,70 m, tez pálida. Ojos oscuros y pestañas negras. Pequeño bigote curvado y pelo negro. Aspecto muy rudo. Vestimenta: abrigo negro largo, cuello y puños con astracán y chaqueta negra debajo, chaleco claro, pantalón negro, sombrero de fieltro negro caído por la mitad, botones blancos en los pies y polainas, lleva una cadena de oro muy grande y cuello de lino, corbata negra con botas de montar, porte respetable, camina muy deprisa, aspecto judío. Puede ser identificado.

George Hutchinson

> Commercial Street
> Metropolitan Police.
> H Division.
> 12th November 1888
>
> No. 6.
> Special Report.
> Reference to Papers.
> Re Murder
>
> At 6 pm 12th George Hutchinson of the Victoria Home Commercial Street came to this Station and made the following Statement.
>
> About 2 am 9th I was coming by Thrawl Street Commercial Street. and just before I got to Flower and Dean Street I met the murdered woman Kelly. and she said to me Hutchinson will you lend me sixpence. I said I cant I have spent all my money going down to Romford she said good morning I must go an find some money. she went away towards Thrawl Street. a man coming in the opposite direction to Kelly tapped her on the shoulder and said something to her they both burst out laughing. I heard her say alright to him. and the man said you will be alright. for what I have told you. he then placed his right hand around her shoulders. He also had a kind of a small parcel in his left hand. with a kind of a strap round it. I stood against the lamp of the Queens Head Public House. and watched him They both then came past me and the man hid down his head. with his hat over his eyes. I stooped down and look him in the face. He looked at me
>
> George Hutchinson

Parte de la declaración de Hutchinson.
Esta última incluye su firma al pie de cada página.

En su libro *Clarence*, Michael Harrison sostiene que hubo un sutil encubrimiento ideado para mantener intacto el nombre de Eddy de cualquier salpicadura de Cleveland Street. No se trataba, como imaginaba Harrison, simplemente de ocultar la participación de Eddy en las actividades de un burdel homosexual. Se trataba de hacer desaparecer sus anteriores y más peligrosas escapadas en Cleveland Street. Harrison escribió sobre el asunto del burdel:

> Eddy era el personaje principal. No es de extrañar, por tanto, que el *Establishment* conspirara cuidadosamente para ocultar la verdad, y que hasta el día de hoy este engaño no haya sido del todo desenmascarado. Debido a la publicidad que atrajeron las investigaciones oficiales, fue necesario escenificar todo el procedimiento de un juicio penal, con juez, abogados, testigos y denunciantes sobornados.

Todo eran conjeturas por parte de Harrison, y no aporta ninguna prueba que respalde su opinión. Pero los expedientes oficiales del caso de Cleveland Street, archivados junto con los del Director de la Fiscalía desde 1889, se abrieron al público en 1975, y ahora es posible afirmar con certeza que Harrison tenía razón.

Los documentos muestran que el escándalo comenzó en julio de 1889, cuando un repartidor llamado Swinscow fue interrogado por la policía porque parecía haber gastado más dinero del que su escaso sueldo le permitía. Reveló que otro chico, un empleado de correos llamado Newlove, le había invitado al número 19 de Cleveland Street para mantener relaciones homosexuales. En respuesta a las preguntas, Newlove rompió a llorar y luego habló a la policía de un supuesto vicario llamado Veck, en realidad otro empleado de correos, que era el principal impulsor de los crímenes. Se preparó una emboscada y el 9 de julio un agente de policía sorprendió a Veck ofreciendo dinero a Newlove si le defendía de cualquier acción legal emprendida contra él.

El encubrimiento ya estaba tomando forma, pues pronto quedó claro para los altos mandos policiales que investigaban el caso que Eddy era cliente habitual del burdel. En los documentos del expediente del Director de la Fiscalía se nombraba a Eddy ("P.A.V." - Príncipe Alberto Víctor) como cliente potencial del establecimiento. El inspector Abberline, encargado de supervisar la búsqueda del Destripador en el este de Londres, llegó repentinamente al West End para ocuparse del escándalo de Cleveland Street.

Como ya se ha mencionado, el 9 de julio se obtuvieron pruebas contra Veck. *Pero no fue hasta seis semanas después, el 20 de agosto, cuando fue detenido*. El retraso fue responsabilidad exclusiva de Abberline, el vínculo objetivo entre los asesinatos del Destripador y Cleveland Street. El propósito del retraso era permitir que los principales delincuentes escaparan, y diluir así el riesgo de exposición durante el juicio. Los hombres de Abberline vigilaron el edificio después de que se presentaran cargos contra Veck y el 9 de julio el agente Sladden vio a varios hombres entrar y salir del edificio. Al día siguiente, se retiraron los bienes pertenecientes al propietario del burdel, Charles Hammond, pero no se hizo nada para detener a Veck ni a ninguna otra persona relacionada con el establecimiento. Más tarde se supo que Hammond había escapado a Francia y se había llevado su mobiliario: todo esto había ocurrido mientras los hombres de Abberline vigilaban el local...

Como Secretario de Asuntos Exteriores y como Primer Ministro, Lord Salisbury desempeñó un papel activo en el plan, como demuestra el expediente del Director de la Fiscalía Pública. Lord Arthur Somerset, escudero y mayordomo del Príncipe de Gales, era un asiduo del burdel. En una carta adjunta al expediente, el Príncipe de Gales expresaba su satisfacción por el hecho de que Salisbury hubiera permitido a Somerset abandonar el país antes de que pudiera ser detenido. Si Somerset hubiera sido llevado a juicio, el nombre de Eddy sin duda se habría vinculado públicamente a Cleveland Street.

Lord Salisbury

Salisbury también fue acusado de asegurarse de que Hammond no regresara a Inglaterra. Habría sido el testigo clave de la acusación y podría haber nombrado a cualquiera -incluida Eddy- que hubiera pasado por su burdel. En julio, cuando el Ministro del Interior escribió a Salisbury para preguntarle si Hammond debía ser extraditado desde Francia, Salisbury se aseguró de que el canalla se mantuviera alejado. El 24 de julio, informó al Ministro del Interior de que "no consideraba que éste fuera un caso en el que se pudiera hacer una petición formal al Gobierno francés para que ayudara a entregar al fugitivo a su país de origen". La única razón por la que no se habría pedido al Gobierno francés que ayudara en la extradición del delincuente habría sido si el delito hubiera sido trivial. Pero si ese hubiera sido el caso, ¿por qué los archivos del Director de la Fiscalía contienen cientos de cartas y notas de todos los grandes hombres del país: el Príncipe de Gales, el Primer Ministro, el Lord Canciller, el Ministro del Interior, el Fiscal General, el Comisario General de la Policía Metropolitana y el Director de la Fiscalía? No se trataba de un asunto trivial: hay al menos cuatro veces más documentos referidos al caso de Cleveland Street que en los archivos del Ministerio del Interior y Scotland Yard sobre todos los asesinatos de Whitechapel. Gran parte de esta correspondencia trata del encubrimiento del escándalo, como atestigua la siguiente nota escrita el 24 de agosto de 1889 por el Director de la Fiscalía. Se refiere al principal testigo de cargo, un chico llamado Algernon Alleys, que afirmaba tener cartas incriminatorias de un tal Sr. Brown, quedando claramente establecido en el expediente que se trataba de un seudónimo de Lord Arthur Somerset:

> Se ha sugerido que el martes, si es posible, sólo se llame a declarar a los testigos cuyo testimonio implique a Newlove y Veck -y a Hammond, que aún no está detenido-, y que se evite en la medida de lo posible a cualquier testigo que se refiera al "Sr. Brown".

Finalmente, Veck y Newlove fueron juzgados por cometer delitos contra la naturaleza con varones y por incitar a otros a hacer lo mismo. Se declararon culpables. Era una época en la que los homosexuales procesados eran castigados con duras penas, no siendo infrecuente la cadena perpetua. Pero Veck fue encarcelado durante cuatro meses, y Newlove durante nueve. Fue una escandalosa parodia de la justicia. Veck, el mayor delincuente del caso y el hombre que había corrompido a los jóvenes, recibió la mitad de la condena que una de sus víctimas.

El resto de la misión quedó en manos del Tesoro. Con la ayuda de un abogado llamado Arthur Newton, se intentó sobornar a Alleys, el único testigo importante que quedaba en Inglaterra, para que abandonara las islas. Incluso se dispusieron a pagarle la manutención si se marchaba a América, así como los gastos de viaje. El gobierno estaba dispuesto a todo para mantener en secreto los sucesos de Cleveland Street. La espesura del expediente del Director de la Fiscalía sobre el asunto y la contribución de tantas personas prominentes para tratar de encubrir el escándalo hacen pensar que no estaban protegiendo a lord Arthur Somerset, sino a Eddy.

La propia Reina se involucró. Aunque una circular del tribunal del 7 de octubre de 1889 señalaba que el Lord Canciller - Lord Halsbury - fue recibido por Su Majestad en un acto social en Balmoral, está claro que ese día sólo fue a ver a la Reina para discutir con ella el escándalo. Pues el expediente del Director de la Fiscalía contiene un extenso y muy jurídico dictamen de Halsbury sobre la conveniencia de proceder con cargos contra ciertas personas relacionadas con el burdel. Está escrito en una hoja de papel fechada en Balmoral, así que era un asunto urgente. Si no hubiera sido algo de soberana importancia, probablemente habría esperado hasta su regreso a Londres al día siguiente para tomar la pluma.

El expediente proporciona buenas pruebas de que el gobierno estaba dispuesto a hacer cualquier cosa para encubrir la posible implicación de Eddy en el caso. Esto no habría sido así si sólo se hubiera tratado de un asunto de homosexualidad, aunque era un asunto suficientemente grave. Sólo un escándalo que amenazara al trono requeriría la implicación de tantos hombres importantes en el encubrimiento. Pero en 1889 todo el mundo sabía que Eddy no era completamente homosexual, que ciertamente era bisexual. Pero eso no habría causado un escándalo que derribara el imperio. No era la homosexualidad lo que había que encubrir, sino la relación de Eddy con Cleveland Street y la verdad sobre Jack el Destripador.

La maniobra no terminó con el abuso de la justicia por parte de los peces gordos de este país al permitir que Somerset y Hammond siguieran en libertad. La dureza y perversidad con la que el *Establishment* victoriano estaba dispuesto a llevar a cabo una operación de supervivencia subió un peldaño con respecto a un individuo que amenazaba con sacarlo todo a la luz. Se trataba de Ernest Parke, un editorialista de 29 años del *North London Press*, que puso de relieve en su periódico el mal uso deliberado de la investigación y el juicio del burdel. Atacó a la policía, no sólo por permitir que Hammond huyera al continente, sino también por darle tanto tiempo que pudo hacerlo sin muebles... Atacó a la fiscalía por dictar una sentencia de cuatro meses contra Veck, uno de los principales culpables de un caso repugnante. Parke señaló valientemente: "Un clérigo que se enfrentó a una acusación similar el año pasado fue condenado a cadena perpetua por delitos menores".

Los principales artículos de Parke observaban que tanto los poderosos como Hammond habían podido abandonar el país y eludir la justicia porque "su procesamiento habría inculpado a *figuras aún más altas y distinguidas*".

Esto era una referencia directa a Eddy, y Ernest Parke estaba demasiado cerca de la verdad. Debía ser silenciado. Había hecho una declaración que lo condenaba a ser combatido. Había nombrado a Lord Euston como cliente del burdel. Al principio, la afirmación de Parke parecía irrefutable. Tenía no menos de seis testigos que dijeron haber visto a Euston entrar o salir del edificio en varias ocasiones, uno de los cuales dijo que había tenido relaciones homosexuales con él. Los documentos del Director de la Fiscalía confirman que Parke tenía razón en sus acusaciones sobre Euston. John Saul, un prostituto, prestó la siguiente declaración, que consta en el expediente:

> El joven duque de Grafton -me refiero al hermano del actual duque- era un cliente habitual del establecimiento de Hammond. Es un hombre de aspecto muy alto y bigote claro [se trata obviamente de Euston] [...] Yo mismo le vi anoche. Le conozco bien. Una vez fue conmigo a Hammond's. No es un verdadero sodomita. Le gusta jugar contigo y luego "verterse" sobre tu estómago.

Saul no tenía nada que ajustar y sí mucho que perder al decir que vio a Euston en el número 19 de Cleveland Street. Y sus palabras no suenan como las de alguien que ensuciaría maliciosamente el nombre de Euston. De haberlo hecho, la habría denunciado como "una auténtica sodomita" o, en sus palabras preferidas, "una loca avezada". Es significativo que Saul hiciera esta declaración el 10 de agosto y que Parke no fuera informado del escándalo hasta septiembre, por lo que las suposiciones de que Saul estaba dando falso testimonio en nombre de Parke son infundadas. Saul decía la verdad y el gobierno lo sabía. Así lo demuestran varios documentos -hasta ahora secretos- del expediente del Director de la Fiscalía: cartas de altos cargos del Gobierno implicados en el encubrimiento, entre ellos el Fiscal General y el Lord Canciller. Se acordó que Saul no sería procesado por perjurio, lo que sin duda habría ocurrido si hubieran creído que mentía. A pesar de ello, Euston, instigado por un abogado llamado Edward Henslow Bedford, demandó a Parke por falsas acusaciones de calumnia. Y Saul fue desestimado por el jurado por no ser de fiar ¡por ser homosexual! El "juez, los abogados, los testigos y los demandantes sobornados" descritos por Harrison cumplían su misión y Parke fue declarado culpable de difamación. Fue sentenciado a un año de prisión - silenciado.

El rey Eduardo VII, padre de Eddy, prescribió en su testamento que todos sus papeles fueran destruidos tras su muerte. Se siguieron sus instrucciones y sus papeles fueron quemados por lord Knollys y lord Esher. La razón por la que Bertie quería que se destruyeran sus documentos era que había llevado una vida tan disoluta que no quería que sus secretos más oscuros se hicieran públicos. Esto era comprensible. Pero la reina Alexandra hizo una petición similar y todos *sus* papeles fueron incinerados cuando murió. Esto nunca se ha explicado. Alexandra, como han dicho muchos biógrafos, era un dechado de virtudes. Es inconcebible que tuviera algo que ocultar, a menos que la historia de Sickert fuera cierta. La destrucción de sus papeles sólo empieza a tener sentido a la luz del relato de Sickert sobre Cleveland Street, Jack el Destripador y el entierro de los hechos.

Ahora hay que desmontar un mito.

Los registros de Scotland Yard mencionan cientos de nombres, pero ninguno de ellos hace referencia a un sospechoso serio, como demuestra el hecho de que tan pronto como los hombres detenidos mostraban una prueba de identidad, eran puestos en libertad. Los tres únicos sospechosos plausibles fueron mencionados por Macnaghten, que no tomó la pluma hasta seis años después de los asesinatos. Mencionó entonces a un polaco, un ruso (ambos desconocidos) y a Montague John Druitt, ninguno de los cuales había sido mencionado anteriormente en el caso. Los extranjeros no pudieron ser encontrados, y sólo en el caso de Druitt se pudo averiguar su existencia. Pero, ¿dónde encontró Macnaghten su nombre en 1894, cuando Druitt había muerto a finales de 1888? Druitt no se menciona en ninguna parte del expediente, por lo que difícilmente era sospechoso en el momento de los asesinatos. Convenientemente, estaba muerto y no podía responder a la acusación de ser el asesino de Whitechapel. Walter Sickert vio en Montague Druitt un chivo expiatorio y acusó a Sir Melville Macnaghten, un instrumento de la masonería, de construir un caso contra él. No explicó cómo Druitt había caído en su trampa: no lo sabía. La compleja red que introdujo a Druitt en el caso e hizo posible convertirlo en chivo expiatorio, listo para ser identificado con el Destripador a la menor reanudación de la investigación, será ampliamente descrita más adelante en este capítulo.

En 1889, la policía difundía el rumor de que Jack el Destripador se había ahogado a finales de 1888. Al parecer, el Sr. Albert Backert, miembro destacado del Comité de Vigilancia de Whitechapel, recibió esta respuesta en marzo de 1889 cuando interrogó a la policía sobre sus investigaciones. Altos cargos de la policía y miembros del gobierno contribuyeron a la aceptación general del rumor mencionándolo en sus memorias. Sir Melville Macnaghten afirmó en *Días de mis* años que el Destripador se había suicidado en el Támesis. Sir John Moylan, subsecretario adjunto del Ministerio del Interior, escribió: "Es casi seguro que escapó a la justicia suicidándose a finales de 1888.

Sir Basil Thomson, comisario adjunto del CID, creía que el criminal era "un médico ruso loco". Escribió: "[...] el hombre escapó de los grilletes suicidándose en el Támesis a finales de 1888".

Dos autores han proporcionado recientemente un análisis detallado de las acusaciones contra Druitt: Tom Cullen en *Autumn of Terror* y Daniel Farson en *Jack the Ripper*. Ambos libros se basan en notas privadas aparentemente escritas por Sir Melville Macnaghten, *copiadas* por su hija, Lady Aberconway, y *retomadas* por los autores. Desgraciadamente, en estas diferentes versiones parecen haberse perdido las intenciones originales de Macnaghten, ya que las observaciones utilizadas por Farson y Cullen difieren en aspectos clave de las notas oficiales de Macnaghten que figuran en los archivos de Scotland Yard. Ni Farson ni Cullen pudieron acceder a estos últimos, por lo que sólo ahora es posible demostrar que la base misma de su *caso* contra Druitt es defectuosa. Antes de examinar los errores fatales de su teoría, es esencial analizar el contenido completo de las notas *oficiales* de Macnaghten. Se describen como "confidenciales" y escritas de puño y letra de Sir Melville en papel blanco con el pequeño sello elíptico de la Policía Metropolitana:

> El juicio al que se refiere la sensacional historia contada por *The Sun* en su edición del 13 de este mes, y en los días siguientes, fue el de Thomas Cutbush, que fue juzgado en el condado de Londres en abril de 1891, acusado de herir maliciosamente a Florence Grace Johnson, y de intentar herir a Isabelle Frazer Anderson en Kennington. Fue declarado demente y condenado a ser encarcelado a voluntad de Su Majestad.
>
> Este Cutbush, que vivía con su madre y su tía en el 14 de Albert Street, Kennington, se escapó del manicomio de Lambeth (después de haber permanecido allí sólo unas horas como lunático) al mediodía del 5 de marzo de 1891. Fue detenido de nuevo el día 9. Unas semanas antes se habían producido varios casos de apuñalamiento y puñetazos en el vecindario, y un individuo llamado Colicutt fue detenido, pero

posteriormente absuelto por falta de identificación. Los cortes producidos en la ropa de las mujeres agredidas por Colicutt eran muy diferentes de la herida infligida por Cutbush (cuando golpeó al Sr. Johnson), quien sin duda estaba movido por un afán de imitación morbosa. Los antecedentes de Cutbush fueron averiguados por el inspector jefe (ahora superintendente) [ilegible], el inspector Race y por McCarthy, de la División de Investigación Criminal (este último agente había estado especialmente destinado en Whitechapel en el momento de los asesinatos), y se comprobó que había nacido y vivido en Kennington toda su vida. Su padre murió cuando él era bastante joven, y siempre fue un niño "mimado". Había sido empleado como vendedor y viajante en el comercio del té, y posteriormente solicitado por un servicio de guías en el East End, época en la que estaba cuerdo. Probablemente contrajo la sífilis hacia 1888 y -desde entonces- llevó una vida de ociosidad y pereza. Al parecer, su cerebro estaba afectado y creía que la gente intentaba envenenarle. Escribió a lord Grimthorpe, entre otros, y también al Tesoro Público, quejándose de Dr Brooks, de Westminster Bridge Road, a quien amenazó con disparar por darle medicamentos en mal estado. Se dice que estudiaba libros de medicina durante el día y deambulaba por las noches, regresando a menudo con la ropa cubierta de sangre, pero no se puede confiar mucho en los discursos de su madre y su tía, ambas de temperamento extremo. Resultó imposible reconstruir sus movimientos en las noches de los asesinatos de Whitechapel. El cuchillo que se le encontró fue comprado en Houndsditch aproximadamente una semana antes de ser internado en el hospicio. Cutbush era sobrino del antiguo Comisario General.

Ahora el asesino de Whitechapel se ha cobrado 5 víctimas y sólo 5 víctimas. Sus asesinatos fueron :

I. 31 de agosto de 1888. Mary Ann Nichols - en Buck's [*sic*] Row - que fue encontrada degollada - y con una (leve) mutilación abdominal.

II. 8 de septiembre de 1888. Annie Chapman, Hanbury Street: degollada - estómago y genitales gravemente mutilados y parte de los intestinos colocados alrededor del cuello.

III. 30 de septiembre de 1888. Elizabeth Stride, Berner's [*sic*] Street: degollada, pero nada en forma de mutilación; y, en la *misma fecha,* Catherine Eddowes, Mitre Square: degollada, y una mutilación muy violenta, tanto en la cara como en el abdomen.

IV. 9 de noviembre. Mary Jane Kelly, Miller's Court: degollada, y todo el cuerpo mutilado de la forma más horrible.

Este último asesinato es el único que tuvo lugar en un *dormitorio,* y el asesino debió de pasar allí al menos dos horas. Se tomó una fotografía de la mujer mientras yacía en su cama, sin dejar claro que es imposible imaginar lo horripilante de la mutilación.

En el caso del *doble* asesinato del 30 de septiembre, no cabe duda de que el criminal fue molestado por algún judío cuando se dirigía a un club (cerca del cual se encontró el cadáver de Elizabeth Stride) y que partió de nuevo, *"mordum satiatus",* en busca de una nueva víctima, que encontró en Mitre Square.

Se observará que el frenesí de la mutilación *aumentaba* cada vez, al igual que, aparentemente, el placer y el deleite del asesino. Parece, pues, muy improbable que se detuviera repentinamente en noviembre de 1888 y reanudara sus operaciones simplemente apuñalando a una mujer unos dos años y cuatro meses después. Una hipótesis mucho más racional es que la mente del asesino se derrumbara por completo tras sus terribles excesos en Millers Court, y que se suicidara inmediatamente, o -posiblemente- que sus allegados lo encontraran tan loco que lo internaran en un manicomio.

Nadie vio nunca al asesino de Whitechapel, se sospechó de muchos locos, pero no se pudo aducir ninguna prueba real de ninguno de ellos. Puedo, sin embargo, mencionar el caso de tres hombres que tenían más probabilidades que Cutbush de haber llevado a cabo esta serie de asesinatos:

1. El Sr. M. J. Druitt, supuestamente un médico de buena familia, desapareció en el momento del asesinato de Millers Court, y cuyo cuerpo (se dice que estuvo en el agua durante casi un mes) fue encontrado en el Támesis el 31 de diciembre - unas siete semanas después de ese asesinato. Era un desviado sexual y, por información privada, estoy casi seguro de que su propia familia pensaba que él era el asesino.

2. Kosminski, un judío polaco que vivía en Whitechapel. Este individuo fue presa de la locura tras muchos años de recrearse en vicios solitarios. Sentía un profundo odio por las mujeres, especialmente por las prostitutas, y una marcada tendencia homicida: fue internado en un manicomio hacia marzo de 1889. Numerosos crímenes atribuidos a este hombre le convirtieron en un fuerte "sospechoso".

3. Michael Ostrog, un médico ruso, y un convicto que fue encerrado frecuentemente en un manicomio como lunático homicida. Los

antecedentes de este hombre eran de la peor calaña, y nunca se pudo reconstruir su agenda en el momento de los asesinatos.

Veamos ahora algunas afirmaciones inexactas y erróneas del *Sun*. En su edición del 14 de febrero se afirmaba que el autor del artículo tenía en su poder una reproducción del cuchillo con el que se cometieron los asesinatos. Este cuchillo (que por alguna razón inexplicable había sido conservado por el inspector Race durante los últimos tres años, en lugar de ser enviado al almacén de bienes de los presos) fue rastreado y se descubrió que había sido adquirido en Houndsditch en febrero de 1891, ¡dos años y tres meses *después de que se cometieran los asesinatos* de Whitechapel!

Además, la afirmación de que Cutbush "pasaba parte de su tiempo dibujando cuerpos femeninos y sus mutilaciones" se basa únicamente en el hecho de que en la habitación de Cutbush se encontraron rotos dos *bocetos* de mujeres en actitudes indecentes. La cabeza y el cuerpo de uno de ellos habían sido recortados de un estampado de moda, y se añadieron piernas para mostrar los muslos y las medias rosas de una mujer desnuda.

En la edición del 15 de febrero se afirma que entre las pertenencias encontradas en la casa Cutbush había un *abrigo de color claro*, y que un hombre con un abrigo de *color claro* fue visto hablando con una mujer en Back Church Lane cuyo cuerpo fue encontrado con los brazos atados en Pinchin Street. Esto es totalmente falso. El 10 de septiembre de 1889, el cuerpo desnudo, con los brazos, de una mujer fue encontrado en una bolsa bajo el puente ferroviario de Pinchin Street: la cabeza y las piernas nunca se encontraron y la víctima ni siquiera fue identificada. Había sido asesinada al menos 24 horas antes de que se descubrieran sus restos (que presumiblemente habían sido abandonados lejos del lugar de los hechos). Le habían cortado el estómago y la cabeza y las piernas del mismo modo que a la mujer cuyos restos se recuperaron del Támesis en Battersea Park, Chelsea Quay, el 4 de junio de ese año; y estos asesinatos no tienen ninguna relación con los horrores de Whitechapel. El misterio de Rainham, en 1887, y el de Whitehall (cuando se descubrieron partes del cuerpo de una mujer en el emplazamiento del actual Scotland Yard), en 1888, fueron del mismo tipo que los crímenes del Támesis y de Pinchin Street.

Decir que Cutbush apuñaló a *seis* mujeres por la espalda es completamente falso: confunde su caso con el de Colicutt.

La teoría de que el asesino de *Whitechapel* era zurdo, o al menos "ambidiestro", tuvo su origen en una observación realizada por un médico que examinó el cadáver de una de las primeras víctimas; *otros médicos no estuvieron de acuerdo con él.*

En cuanto a los *cuatro* asesinatos adicionales atribuidos por el periodista *del Sun* al monstruo de Whitechapel:

1. El cuerpo de Martha Tabram, una prostituta, fue descubierto en una escalera comunal de George Yard el 7 de agosto de 1888, con varias *perforaciones,* probablemente de *bayoneta.* La mujer había estado, con otra prostituta, en compañía de dos soldados a primera hora de la noche. Estos hombres fueron detenidos, pero la segunda prostituta no identificó o se negó a identificar al sospechoso, por lo que los soldados fueron puestos en libertad.

2. Alice McKenzie fue encontrada degollada (o, mejor dicho, *apuñalada*) en Castle Alley el 17 de julio de 1889; no se recogieron pruebas ni se efectuaron detenciones en relación con este caso. La *herida en la garganta era de* la misma naturaleza que en el caso n°° 3.

3. Frances Coles en Swallow Gardens, 13 de febrero de 1891 - Thomas Sadler, bombero, fue detenido y, tras varias prisiones preventivas, absuelto. Se estableció que en ese momento Sadler había zarpado hacia el Báltico el 19 de julio de 1889 y se encontraba en Whitechapel la noche del 17. Era un hombre de carácter indomable y totalmente adicto al alcohol. Era un hombre de carácter indomable y totalmente adicto a la bebida y a la compañía de viles prostitutas.

4. El caso de una mujer no identificada cuyo busto fue descubierto el 10 de septiembre de 1889 en Pinchin Street, del que ya hemos hablado.

Sr. L. Macnaghten, 23 de febrero de 1894

La importantísima página de las notas de Macnaghten

Para examinar la afirmación de Farson de que Druitt fue el asesino, resulta esclarecedor considerar varias declaraciones que, según él, hizo Macnaghten:

Nadie vio nunca al asesino de Whitechapel (excepto, tal vez, el policía que hacía su ronda cerca de Mitre Square), y nunca se pudieron presentar pruebas de ningún tipo contra nadie, aunque en un momento u otro se sospechó de muchos lunáticos peligrosos. Enumero los casos de tres hombres contra los que la policía tenía sospechas legítimas. *Personalmente, y tras un estudio cuidadoso y ponderado, me inclino por exculpar a dos de ellos.*

La frase en cursiva por mí es crucial para la teoría de Farson de que el tercer sospechoso, Druitt, era en la mente de Macnaghten el verdadero asesino. Pero en sus notas oficiales de Scotland Yard, que deben tomarse más en serio que la copia de Farson de otra copia, Macnaghten escribió (la cursiva es mía):

> Nadie vio nunca al asesino de Whitechapel, se sospechó de muchos locos, pero no se pudo aducir ninguna prueba real de ninguno de ellos. Puedo, sin embargo, mencionar el caso de tres hombres que tenían *más probabilidades* que Cutbush de haber llevado a cabo esta serie de asesinatos.

Aquí no vemos ningún deseo de exculpar a dos de ellos, sólo los nombres de los tres hombres, *cualquiera de los cuales* podría haber sido Jack el Destripador.

Farson y Cullen afirman que una acusación aún más fuerte contra Druitt aparece en la copia de Lady Aberconway de las notas de su padre. De nuevo, nada de eso aparece en las notas auténticas. Según nuestros dos autores, Macnaghten escribió :

> [Siempre he tenido una profunda sospecha del primero [Druitt], y cuanto más investigo el asunto, más fuertes se hacen mis sospechas. La verdad, sin embargo, nunca se sabrá, y de hecho estuvo, en algún momento, si mis conjeturas son correctas, en el fondo del Támesis.

Estas palabras no aparecen en las notas originales. En sus informes reales, Macnaghten no declaró que tuviera sospechas fundadas sobre Druitt. Druitt era sólo una de las tres *posibilidades*. Tampoco había el menor indicio de que la verdad estuviera en el fondo del Támesis.

Veamos ahora la mención del sospechoso n° 1, en la que ambos autores se apartan seriamente de los documentos auténticos. La versión de Cullen y Farson se reproduce a la izquierda, y las notas reales de Macnaghten a la derecha:

Nº 1. Sr. M. J. Druitt, médico de unos 41 años y de buena familia, que desapareció en el momento del asesinato de Miller's Court, y cuyo cadáver fue encontrado en el Támesis el 3 de diciembre, es decir, siete semanas después de dicho asesinato. Se dice que el cuerpo llevaba en el agua un mes o más; se encontró en él un abono de temporada de Blackheath a Londres. Por información privada no me cabe duda de que su propia familia sospechaba que este hombre era el asesino de Whitechapel; se decía que era un desviado sexual.	1. El Sr. M. J. Druitt, supuestamente un médico de buena familia, desapareció en el momento del asesinato de Millers Court, y cuyo cuerpo (se dice que estuvo en el agua durante casi un mes) fue encontrado en el Támesis el 31 de diciembre - unas siete semanas después de ese asesinato. Era un desviado sexual y, por información privada, estoy casi seguro de que su propia familia pensaba que él era el asesino.

Las contradicciones son evidentes de inmediato: en las notas reales, no se menciona la edad de Druitt; dicen que Druitt fue encontrado en el Támesis el 31 de diciembre (lo cual es correcto). La versión de Cullen y Farson dice 3 de diciembre, lo que no podría haber sido siete semanas después del asesinato de Kelly el 9 de noviembre - sólo habría habido tres semanas y tres días entre las dos fechas. Este error se repite en la edición revisada del libro de Farson, donde la fecha del descubrimiento del cuerpo de Druitt se cambia de nuevo... ¡al 13 de diciembre! Las notas reales no hacen referencia a un título de transporte, y la redacción de los dos textos es bastante diferente en estilo. Así pues, las notas utilizadas por el Sr. Farson y el Sr. Cullen como base de su acusación contra Druitt parecen ser *copias inexactas y defectuosas*. Es imposible determinar si los errores se interpolaron en la primera transcripción de Lady Aberconway o en copias posteriores. Después de tantos años y con tantas versiones, no es de extrañar que hayan surgido afirmaciones que tienen poco en común con los documentos originales.

Confortados por la idea de que Macnaghten sospechaba de Druitt y exculpaba a los otros dos sospechosos nombrados, Farson y Cullen se pusieron a buscar pruebas.

La demostración elaborada por Farson presenta graves deficiencias. Pacientemente, y con la ayuda de dos investigadores a tiempo completo, encontró un Dr Lionel Druitt inscrito en el *Directorio Médico* hasta 1887, después de lo cual su dirección estaba en Australia. Lionel resultó ser primo de Montague. Farson también encontró el certificado de defunción de su sospechoso en Somerset House y descubrió que Druitt era abogado y no médico, como había afirmado Macnaghten.

Estableció que Druitt había nacido en Wimborne, Dorset, en agosto de 1857. En enero de 1870 ingresó en el Winchester College, donde demostró estar dotado para todas las asignaturas. Progresó rápidamente en los estudios, fue miembro activo de su club de debate y destacó en el críquet. En 1876 obtuvo una beca para el New College de Oxford, donde cursó estudios moderados. Se licenció en 1880. Druitt se dedicó al Derecho y en mayo de 1882 fue admitido en el Inner Temple. Se colegió ante los Inns of Court en 1885. Alquiló un piso en el número 9 de King's Bench Walk, que mantuvo hasta su muerte, pero parece que tuvo poco éxito como abogado, y finalmente se convirtió en profesor a tiempo completo en una escuela de Blackheath, donde enseñó al menos desde 1883.

La siguiente "prueba" de Farson parece carecer de valor, pero parece ser la base de su argumento. Afirma que recibió una carta de un tal Sr. Knowles en la que le decía que una vez había visto un documento en Australia titulado *The East End Murderer. Lo conocía*. Al parecer estaba firmado por un tal Lionel Drewett, Druitt o Drewery. Desgraciadamente, Farson no puede devolver la carta, porque -dice- desapareció con otros documentos relacionados con Jack el Destripador en un archivo que alguien había tomado prestado pero que nunca devolvió. Farson no recuerda la dirección de Knowles, por lo que no puede ser localizado e interrogado sobre el texto que podría haber conocido. Y lo que es aún más frustrante, Farson no se puso inmediatamente en contacto con Knowles para hacerle preguntas esenciales como: "¿Cuándo y dónde vio este documento?"; "¿Tiene una copia?"; y, lo más importante de todo: "¿Nombraba al asesino?". De hecho, no se hizo ninguna pregunta al hombre que, según Farson, le prestó un testimonio *decisivo*.

"El valor de esta carta [de Knowles] para la identificación de Jack el Destripador difícilmente puede exagerarse", escribe, aunque ni siquiera tiene la dirección del hombre que la escribió. La misiva fue colocada más tarde en un archivo robado. Sin embargo, Farson descubrió que la carta robada decía que El *asesino del East End. Lo conocía* había sido publicado por un particular, el señor Fell, de Dandenong, un pueblo de montaña situado a unos 30 kilómetros al este de Melbourne, en 1890. Continúa diciendo que si se pudiera probar que el documento fue escrito por Lionel, primo de M. J. Druitt, sería más que una coincidencia y que Druitt habría sido el asesino. Esto parece un salto prodigioso a partir de algo más que vagas suposiciones. Farson ya no considera la existencia del documento como algo meramente posible, sino que, de repente, sin la menor corroboración, esta posibilidad se ha transformado, en su mente, en *un hecho*, y ya está pensando: "Si podemos demostrar que lo escribió el primo de Montague..."

Otro dato importante de la investigación que está un poco sesgado es que se supone que Knowles argumentó que *El asesino del East End. I Knew Him* podría haber sido escrito por un hombre llamado Drewett o Drewery. Parece que no se ha hecho ninguna investigación en este sentido; se da por supuesto tácitamente que el documento existió, que fue escrito por Lionel Druitt, y que todo lo que Farson tiene que demostrar es que este Lionel autor era también Lionel el médico, primo de Montague. Farson nos recuerda entonces que el *Directorio Médico* mostraba que Dr Lionel Druitt se había trasladado a Australia en 1887.

En su edición revisada, Farson cita a un corresponsal que afirma que en el certificado de defunción de la madre de Druitt, que pasó sus últimos años en un manicomio, se lee: "Emily Knowles, presente en el fallecimiento, Manor House, Chiswick".

Sin más pruebas que esta coincidencia de apellidos corrientes, se asocia a Emily Knowles con el actual Sr. Knowles, el autor de la carta desaparecida, un enorme andamio de conjeturas sin pruebas aceptables; Farson, aparte de su nombre, no sabe nada más de Knowles. Su sugerencia es que Emily Knowles era una mujer que cuidaba de Druitt en el asilo, y que obtuvo una valiosa información tras la última visita de Montague a su madre: "Fue comunicada por un miembro de la familia a Lionel, permitiéndole escribir el documento en cuestión" (¡!).

En este punto, Farson parece convencido de que Druitt fue el asesino. Pero...

1. No ha demostrado que el documento al que se refiere existiera realmente.

2. Aunque así fuera, no se ha demostrado que Lionel Druitt fuera su autor.

3. No consideró el argumento de que si Montague era el asesino, su primo difícilmente habría querido hacer público el hecho. Y, en el improbable caso de que Lionel buscara la fama a través de vínculos con el Destripador, no habría publicado una primicia en privado: los periódicos y los editores se habrían abalanzado sobre ella; y, en segundo lugar, si buscaba notoriedad, no habría aceptado que su libro se

publicara en una ciudad tan pequeña y remota como Dandenong, donde sus lectores habrían sido escasos.

4. No ha considerado la posibilidad de que quien escribió el texto pudiera haber nombrado a alguien completamente distinto. Farson ni siquiera menciona esta posibilidad.

5. No recuerda que se han hecho miles de afirmaciones por parte de personas que dicen conocer la identidad de Jack el Destripador, y *The East End Murderer. I Knew Him*, aunque existiera, puede carecer de interés.

A pesar de lo que han pregonado muchos *creadores de ruido*, Farson no ofrece ninguna prueba fehaciente de que el documento exista. Lo que ha presentado es un rumor telefónico árabe que no sería aceptado en ningún tribunal de justicia, en el que se afirma que un criminólogo aficionado llamado Maurice Gould dijo haber vivido en Australia de 1925 a 1932 y haber conocido allí a dos personas que afirmaban conocer la identidad del criminal. Su información, se dice, procedía de registros pertenecientes a un tal Sr. W. G. Fell.

Farson continúa:

> Hoy Gould admite que los detalles están oscurecidos por el tiempo, pero recuerda que uno de los dos hombres era un periodista freelance llamado Edward MacNamara que "conocía a este señor Fell de Dandenong que murió en 1935" y dijo que Fell alojó a un hombre llamado Druitt que le dejó papeles que probaban la identidad del Destripador: "Era un hombre del montón. Fell de Dandenong que murió en 1935" y dijo que Fell alojó a un hombre llamado Druitt que le dejó papeles que probaban la identidad del Destripador: "No se habría desprendido de ellos sin una contraprestación considerable, 500 libras creo, que yo no tenía en ese momento y por lo tanto *lo que escribí fue de memoria después de un rápido vistazo*" [énfasis añadido].

La información de Farson, parecida a una confirmación, no sólo está escrita a varias manos, sino que es probable que se base en algo escrito de *memoria* tras una *rápida* exploración. No se nos dice cómo los dos hombres que Gould conoció en Australia sabían ya en 1932 de la muerte de Fell en 1935. Tampoco se nos dice que los registros australianos de nacimientos y defunciones no tienen constancia de la desaparición de W. G. Fell entre 1933 y 1937, lo que descarta el testimonio de Gould.

Sin embargo, con lo que él llamó "doble confirmación por el nombre", gracias a la problemática memoria de Gould y a un Knowles ilocalizable, Farson voló a Australia. Siguió hasta Dandenong y, en un lugar llamado Lang-Lang, oyó hablar de un comerciante llamado Fell. Por desgracia, no era pariente de nuestro escurridizo impresor.

Aunque Farson no aportó ninguna prueba de la existencia del documento, la BBC -con todas sus posibilidades y recursos- llegó a la conclusión de que nunca había existido y, al hacerlo, pareció destruir todo el caso de Farson contra Druitt. En un télex a Humphrey Fisher, Director de Documentales de la Comisión Australiana de Radiodifusión en Sydney, Paul Bonner pidió información sobre este supuesto documento. El 9 de abril de 1973, recibió esta respuesta de la investigadora Leone Buchanan:

> Humphrey Fisher me remitió su solicitud sobre Dr Lionel Druitt y la publicación de *The East End Murderer. Le conocía*. Hasta ahora, no ha habido suerte. He rebuscado en las bibliotecas de Sidney y he pasado tres días en Melbourne comprobando todas las fuentes disponibles: bibliotecas, sociedades históricas, criminólogos, archiveros, coleccionistas privados, editores y periódicos. La publicación de Druitt apenas aparece en las bibliografías australianas y en una búsqueda en los directorios de la década de 1890 no aparece ningún W.G. Fell. He localizado a la hija y a la nieta de Druitt, que no tienen conocimiento de la estancia de Dr Druitt en Dandenong ni de un artículo suyo. Al parecer, se encontraba en Tasmania en aquella época.

Esto parece echar por tierra la tesis de Farson de una vez por todas. Si Dr Lionel Druitt estaba en Tasmania en la época en que Farson afirmaba que estaba en Dandenong, entonces no pudo haber escrito el documento - que, dicho sea de paso, parece que nunca existió, ya que si hubiera algún rastro de él, seguramente se habría descubierto durante la meticulosa búsqueda de Buchanan. Y, por último, ¡parece que el propio W. G. Fell nunca existió!

El único trabajo publicado de Lionel Druitt en Australia fue un artículo de cuatro páginas sobre infecciones del tracto urinario en una revista médica.

Como si hubiera quedado establecido no sólo que el documento existía, sino también que Lionel Druitt era su autor, se pregunta Farson:

> ¿Qué podría saber Lionel para acusar a su primo? Aquí puedo aportar otra prueba crucial. He descubierto en el *Directorio Médico* que Dr Lionel Druitt tenía una consulta en Minories en 1879. Este es el primer vínculo entre Druitt y el East End de Londres, cuya ausencia ha sido tan

desconcertante hasta ahora. Montague estaba a punto de abandonar Oxford en esa época, pero esta conexión me sigue pareciendo más que una coincidencia.

Sin embargo, Dr Lionel Druitt no tenía consulta en Minories en 1879, y no se le menciona en el directorio médico de ese año. La referencia que confunde a Farson aparece en realidad en el *Medical Register*, una publicación totalmente distinta. Esta referencia sí nombra a Druitt en Minories en 1879. Pero esto significa, como mucho, que asistía al médico que habitualmente ejercía en esa dirección y que no permaneció allí más que unos meses. Esto queda demostrado por el hecho de que el *Directorio Médico* y el *Registro Médico* de los años anteriores y posteriores a 1879 dan como dirección de Druitt el número 8 de Strathmore Gardens, que era claramente su residencia permanente. Desgraciadamente, este malentendido de la conexión de Lionel Druitt con los Minories se convirtió en la base de los desarrollos posteriores de la tesis de Farson. Farson da a entender que Lionel, cuatro años mayor que Montague, "bien pudo haber sentido que era su deber cuidar del niño cuando ambos estaban en Londres". Pero no aporta pruebas de que Montague estuviera nunca en el East End, ni siquiera de que conociera a su primo Lionel.

"Es razonable suponer", nos dice Farson, "que Montague pudo haber visitado allí a Lionel... Es posible que incluso viviera allí después de que Lionel se marchara, y que en algún momento Lionel encontrara allí la base de sus sospechas".

Así, en lugar de presentar *pruebas* que vinculen a Montague con el East End, Farson intenta convencernos de la culpabilidad de su sospechoso afirmando que "es razonable suponer" que vivió en los Minories durante nueve años después de la marcha de Lionel, a pesar de que Montague mantuvo su alojamiento en el número 9 de King's Bench Walk durante todo ese tiempo. Una rápida comprobación del *Registro Médico* y del *Directorio Médico* de cada año entre 1879 y 1889 muestra que en ningún momento Montague pudo permanecer en n° 140. Estaba permanentemente ocupado por médicos. Primero J. O. Taylor y Thomas Thyne pasaron consulta en esta dirección, y después les sucedió Dr John Sell Edmund Cotman. A pesar de la afirmación de Farson, *no es razonable* suponer que exista una conexión entre Druitt y los Minories, a menos que se encuentren pruebas.

Farson vuelve entonces a su criminólogo aficionado Maurice Gould, que afirma haber hablado con un antiguo bibliotecario de Poplar, en la Isla de los Perros, al borde del territorio del Destripador. Gould es citado de la siguiente manera: "Él [el bibliotecario] sacó de algún rincón de la biblioteca un viejo directorio -¿o es un censo electoral? - en el que figuraba un tal Mr. J. Druitt de Minories.

Farson dice que más tarde intentó encontrar esta pista, pero fue en vano: "investigaciones posteriores revelaron que el antiguo bibliotecario está muerto".

Una vez más, el caso de Farson sólo puede remontarse a un rumor atribuido a un hombre muerto. La primera mitad de su caso se basa en una carta que no puede devolver escrita por un hombre que no puede ser encontrado. La segunda mitad se basa en el testimonio no corroborado de un hombre muerto. Los viejos bibliotecarios mueren, pero los censos electorales y los anuarios siguen ahí. He examinado todos los directorios, incluidos los de Minories, correspondientes a las décadas de 1870, 1880 y 1890, y el nombre del Sr. J. Druitt no se menciona en ninguno de ellos.

Los argumentos para vincular Druitt a los Minories son especialmente breves, pero Farson va más allá para detallar lo que considera la importancia de esta calle. No se trata simplemente de su posición en el East End, argumenta:

> Tienen un significado especial en la historia del Destripador. El 29 de septiembre de 1888, el Destripador escribió desde Liverpool: "Cuidado: estaré trabajando los días 1 y 2 del mes en los Minories a medianoche. Doy una seria oportunidad a las autoridades, pero nunca hay un policía cerca de los lugares donde estoy trabajando."

A continuación cita otra carta de Liverpool recibida tras el doble asesinato del 30 de septiembre:

> ¡Qué estúpida es la policía! Di el nombre de la calle donde vivo.

Por lo que Farson puede pensar, estas cartas sólo pueden haber sido escritas por una persona: Montague el Destripador. Pero de nuevo esta idea está plagada de debilidades. No hay pruebas de que el verdadero asesino escribiera estas dos cartas desde Liverpool. No hay pruebas de que Druitt fuera alguna vez a Liverpool o tuviera alguna relación con ella. Si Farson hubiera consultado los archivos de Scotland Yard, sabría que contienen cientos de cartas de bromistas de todo el mundo. Están escritas en distintos idiomas: muchas mencionan una calle del East End y una noche concreta entre septiembre de 1888 y finales de año. Se podría probar cualquier cosa con esta abundante documentación - siempre que, por supuesto, se acepte que el Destripador escribió todas las cartas recibidas por la policía y la prensa, y que entre asesinato y asesinato viajó hasta Barcelona y Filadelfia para enviar sus estrafalarios mensajes.

Pero el elemento más engañoso de las dos cartas de Liverpool es la yuxtaposición que hace Farson de las dos últimas frases de una de ellas con la referencia de la otra a los Minories. "¡Qué estúpida es la policía! He dado el nombre de la calle donde vivo" se cita para dar la impresión de que el autor de la misiva vivía en Minories. Lo que Farson no dice es que "la calle en la que vivo" se refiere simplemente a la dirección que figura en el membrete: Prince William Street, Liverpool.

Este análisis del libro de Farson no encuentra pruebas que incriminen a Druitt. No demuestra que Druitt estuviera cerca de las escenas de los crímenes, ni que fuera alguna vez al East End. Y no hay pruebas de que Druitt tuviera un motivo para matar prostitutas.

Montague John Druitt no era Jack el Destripador. Esta verdad queda clara por la pasión de este abogado por el cricket. El primer asesinato, el de Nichols, tuvo lugar en Whitechapel la madrugada del viernes 31 de agosto. *Ese día*, Druitt estaba jugando al críquet en West Country. El segundo asesinato, el de Annie Chapman, ocurrió hacia las 4.20 de la madrugada del sábado 8 de septiembre. Seis horas más tarde, Druitt estaba jugando al críquet en Rectory Field, en Blackheath, para el Blackheath Cricket Club.

"Por supuesto, esto no refuta las acusaciones contra Druitt", escribe Farson, antes de sugerir tímidamente: "Puede confirmar que sus nervios eran fuertes". Continúa:

> Era ciertamente pragmático, pues el viaje de Spitalfields a Blackheath era corto y fácil. No hay razón para que un hombre cometa un asesinato y no vaya a jugar un largo partido de críquet unas horas después. Dada la excesiva lentitud de este deporte, podría incluso considerarlo un modo de relajación.

Al hablar del estado mental del asesino, Farson olvidó evidentemente su descripción de un Druitt nervioso que mutilaba meticulosamente a Chapman y luego se iba a jugar al críquet. Primero cita a Dr Magnus Hirschfeld, autor de *Sexual Anomalies and Perversions*, quien señala:

> El asesino sexual no es consciente del siniestro deseo bestial de matar que yace silenciosamente en su interior y que, por desgracia, cobra vida a la primera oportunidad.

Farson continúa diciendo que Hirschfeld sugiere que el asesino sexual apenas es consciente de lo que está haciendo, y que asesina en un estado de intoxicación sexual. Luego cita a Colin Wilson, quien dice que después del asesinato cree que el asesino sufría

> Sospecho que Jack el Destripador era esclavo de su impulso asesino, como un drogadicto, pero siempre avergonzado de sí mismo. [...]
> Sospecho que Jack el Destripador era esclavo de su impulso asesino, como un drogadicto, pero siempre avergonzado de sí mismo.

He aquí el comentario de Farson:

> Estoy seguro de que Wilson tiene razón. Aparte de la cuestión de la responsabilidad asumida, esto no se opone a las conclusiones de Hirschfeld, sino que las lleva aún más lejos.

Pero esto difícilmente puede conciliarse con la primera observación de Farson sobre Druitt jugando al críquet sólo horas después de cometer un bárbaro asesinato...

En sus últimos capítulos, Farson borda las palabras de Sir Melville Macnaghten: "Por información privada estoy casi seguro de que su propia familia pensaba que él era el asesino". Farson examina esto desde la perspectiva del hermano de Montague, William Druitt, un abogado de Bournemouth que prestó declaración en la investigación de Montague. Farson escribe:

> Podemos suponer que William, que representaba a la familia, pensaba que su hermano había cometido los asesinatos. ¿Pero por qué? Su suicidio en el Támesis no es una prueba en sí misma. Pero en el punto donde el rastro parece más tenue, puedo ver que es fuerte. William debe haber tenido pruebas de la culpabilidad de Montague. Además, estas pruebas pueden haber sido decisivas; William no buscaba la fama, al contrario, difícilmente habría llamado la atención sobre sus sospechas sin una buena razón. Del mismo modo, la policía no habría aceptado su testimonio sin pruebas.

Debemos recordar que las notas de Sir Melville Macnaghten no expresan la opinión de la policía en su conjunto. En lugar de "policía", Farson debería haber escrito "Macnaghten". En segundo lugar, como muestran las notas *oficiales* de Macnaghten, éste no *estaba de acuerdo* con la afirmación de la familia de que Druitt fuera el Destripador. Simplemente informaba de sus sospechas, lo que en sí mismo era insignificante. Muchas familias tenían sospechas sobre alguno de sus miembros, como muestra el archivo de "Sospechosos" de Scotland

Jack el Destripador, la solución definitiva

Yard. Esto no convertía a todos en Jack el Destripador. Y, por último, si la policía hubiera tenido pruebas, como alega Farson, Macnaghten sin duda las habría incluido en sus notas.

Farson cita la carta encontrada en el bolsillo de Druitt tras su extracción del Támesis, que fue leída en voz alta durante las investigaciones:

> Desde el viernes, siento que me estoy poniendo tan enferma como mi madre, y que lo mejor para mí es morirme.

Pero esto no apoya los cargos contra Druitt: los debilita. ¿Un hombre que presuntamente cometió cinco asesinatos bárbaros acompañados de horribles mutilaciones durante un período de 10 semanas se habría molestado en sentarse y escribir, varias semanas después del último asesinato, para decir que estaba preocupado por su estado mental *desde el viernes*? La idea de que no hubiera estado mínimamente preocupado entre el 31 de agosto y el 9 de noviembre es casi cómica...

En una edición revisada de su ensayo, Farson reconoce la posibilidad de que Druitt no se suicidara, sino que fuera asesinado por su familia. Su razonamiento es en parte correcto. Los bolsillos de Druitt estaban llenos de piedras. Un nadador rara vez está dispuesto a elegir una muerte por ahogamiento, y una persona que no sabía nadar difícilmente habría necesitado añadir peso. Pero Farson vuelve a los lazos ficticios con los Minories y cita a un corresponsal diciendo:

> Esto significaría que ellos [la familia de Druitt] lo incapacitaron - ¿drogas? ¿una inyección? - que tenían conocimientos médicos y, por tanto, sabían cómo proceder, y que luego llevaron su cuerpo sin vida hasta el Támesis para lastrarlo con piedras. De los Minories al Támesis: ¿200 metros? Se hizo justicia, aunque al margen de la legalidad.

Sin embargo, como hemos visto, Druitt no tenía ninguna relación con los Minories. Y, si lo hubiera estado, nº 140 donde Farson afirma que vivía Druitt está mucho más lejos del Támesis que 200 metros - está más cerca de 800. Aunque el razonamiento de que Druitt fue asesinado es correcto, es difícil ver cómo su propia familia pudo instigarlo. Incluso si los Druitt hubieran sabido vagamente que Montague estaba loco de remate y que había cometido los asesinatos de Jack el Destripador, matarlo habría sido sin duda lo último que habrían hecho. Si hubieran tomado alguna medida, habría sido internarlo en un manicomio, como a su madre. Pero si su familia no disparó a Druitt, ¿quién lo hizo?

Sickert dijo al principio que Druitt había sido utilizado como chivo expiatorio, pero que no sabía cómo había sido elegido. Si esto fuera cierto, los actores de nuestra trama habrían estado buscando al mejor candidato para asumir la responsabilidad de los asesinatos. Y Druitt, solo en Londres, nervioso e infeliz, habría sido una elección perfecta. Por supuesto, habría sido inútil llevarle a juicio: su condena habría sido imposible, y la publicidad al respecto muy peligrosa. Pero si se suicidaba, y una nota encontrada en su cuerpo expresaba el miedo a su locura, entonces el caso estaría hecho.

El Inner Temple tiene registros que muestran que Druitt conservó su piso en el número 9 de King's Bench Walk hasta su muerte. Así lo confirma el directorio de correos de Londres. Es casi seguro que fue asesinado, que fue llevado desde *esta* dirección hasta el Támesis. King's Bench Walk va directo al Victoria Embankment. Pero, sin hechos sólidos, todo esto son especulaciones sin más valor que las afabulaciones de Farson sobre Druitt. Si Druitt fue un chivo expiatorio, debió ser elegido como tal. Alguien, en algún momento de la historia, debió señalarle. Si Sickert tenía razón en sus acusaciones, debe haber un vínculo entre Druitt y las otras partes del caso. ¿Pero dónde?

Hay una serie de vínculos que, tomados uno a uno, pueden eliminarse como coincidencias. Juntos, forman un marco...

1. Michael Harrison ha establecido que el tutor y posterior gobernador del príncipe Eddy, el canónigo John Neale Dalton, se educó en Blackheath, en la escuela donde Druitt comenzó a enseñar. Es imposible saber si Dalton siguió teniendo alguna relación con esta institución y si ejerció alguna influencia en ella. De nuevo, sólo cabe suponer que, de haberlo hecho, habría sido responsable de uno de los aspectos más desconcertantes de la triste vida de Druitt: su misteriosa dimisión de la escuela. Druitt enseñó allí durante al menos cinco años, y fue despedido poco antes de su muerte. Nadie ha podido averiguar por qué.

2. Thomas Toughill, que ha desarrollado su propia teoría sobre la identidad del Destripador, ha establecido otro vínculo, aunque indirecto, entre Druitt y Eddy. El hermano de Druitt sirvió en el mismo regimiento que el artista Frank Miles, y el hermano de Miles era escudero de Eddy.

3. Siendo Miles un segundo vínculo entre Druitt y Eddy, encontramos que Miles vivía en Tite Street en Chelsea y que al otro lado de la calle, en nº 9, vivía Sir Melville Macnaghten, el individuo

responsable de la aparición del nombre de Druitt en el caso de Jack el Destripador.

4. Al lado de la casa de Miles, en el 28 de Tite Street, se encontraba el artista Whistler, antiguo mentor de Walter Sickert, a quien visitaba con regularidad.

5. En el número 16 de Tite Street vivía Oscar Wilde, antiguo amante homosexual de Miles, y Wilde era otro amigo íntimo de Sickert, a quien éste veía a menudo.

6. Hesketh Pearson relató en su biografía de Wilde que otro visitante distinguido solía pasar por la casa de Wilde en Tite Street: el padre de Eddy, el Príncipe de Gales. En casa de Wilde se celebraban fiestas, y Sickert, el padre de Eddy y Miles se contaban entre los asiduos.

7. Macnaghten era un posible invitado a estas mismas funciones, aunque no es seguro. Además de su relación con Sickert en Tite Street, Macnaghten y Sickert eran miembros del Garrick Club.

8. Pero otro hecho vincula a Druitt con la Familia Real. Tras el sonado escándalo del divorcio de Mordaunt, en el que se vio implicado el Príncipe de Gales en 1869, Lady Mordaunt fue considerada, como era de esperar, demente e internada en un manicomio para el resto de su vida. Si realmente estaba loca es objeto de debate, pero lo cierto es que su reclusión fue una suerte para el Príncipe de Gales. Los registros de las administraciones de los manicomios muestran que sólo había 12 locos en todo el país con suficiente importancia o interés como para ser objeto de informes periódicos. Repasando los documentos y los años, hay un hecho que no se puede pasar por alto: dos nombres aparecen regularmente juntos en esta corta lista de internados: Lady Mordaunt y Mrs Ann Druitt, la madre de Montague.

9. Otra conexión interesante entre Druitt y Eddy es a través del mejor amigo de Eddy, James Kenneth Stephen, de quien Harrison pensaba que era el Destripador. Los hermanos de Stephen eran ambos abogados, como Druitt. Harry Lushington Stephen vivía en el número 3 de King's Bench Walk (Druitt estaba a pocos metros, nº 9) y Herbert Stephen estaba justo enfrente del piso de Druitt, en el número 4 de Paper Buildings.

10. Los Stephen son todos pacientes de Sir William Gull, el hombre al que Sickert identifica como el principal impulsor del caso de Jack el Destripador.

11. Druitt estaba rodeado de gente con estrechas conexiones con el relato de Sickert sobre los asesinatos del Destripador. Nuestro undécimo eslabón nos lleva más allá de los civilizados alrededores de King's Bench Walk y Paper Buildings hasta el propio 9 de King's Bench Walk. Varios abogados y procuradores compartieron el número 9 de King's Bench Walk con Druitt: uno de ellos era Reginald Brodie Dyke Acland, hermano del yerno de Sir William Gull.

12. El padre de Dyke Acland, Sir Henry Wentworth Acland, era el médico honorario del padre de Eddy y un íntimo de Gull.

13. Acland también era amigo de Holman Hunt, el pintor prerrafaelista cuyos estudios estaban en Cleveland Street.

14. El último eslabón es crucial. El abogado que fomentó la segunda parte del encubrimiento del escándalo de Cleveland Street, Edward Henslow Bedford, vivía en el número 9 de King's Bench Walk, el mismo edificio que Druitt. Los registros del Colegio de Abogados muestran que Bedford ejerció allí entre 1867 y 1898, y más tarde en el 52 de Arbour Square, Whitechapel, cerca de la comisaría de policía local. Durante su estancia en King's Bench Walk estuvo asociado en dos ocasiones, pero entre 1879 y 1898, cuando Druitt compartió el local, ejerció en solitario. El edificio no es grande: se trata de una casa de tres plantas; sin duda, Bedford y Druitt se conocían bien.

Parece más que una coincidencia que el hombre que desempeñó un papel destacado en la segunda parte del encubrimiento viviera en la misma dirección que el chivo expiatorio de su tercera fase. Bedford estaba en la mejor posición posible para calibrar a Druitt, para señalarlo a quienes llevaban las riendas de la trama y también para llevar a cabo su asesinato.

En resumen, un conjunto excepcional de hechos -todos ellos verificables mediante documentos a disposición del público- confirma que Druitt fue un chivo expiatorio, vinculándolo a distintas facetas del caso. También establecen vínculos claros entre cada etapa de la historia de Sickert, etapas que antes parecían no estar relacionadas. Druitt, Eddy, el Príncipe de Gales, J. K. Stephen, Sir Melville Macnaghten, Sir William Gull y todos los sucesos de Cleveland Street están relacionados entre sí, tal como argumentaba Sickert. Y, lo que definitivamente establece su credibilidad: el propio Sickert tiene conexiones con todos ellos.

Sir William Gull

CAPÍTULO IX

Todos los caminos llevan a Dorset Street

El hecho de que el inspector Abberline estuviera a cargo tanto del caso de Jack el Destripador como de la investigación del burdel de Cleveland Street sigue siendo un misterio, pero hay otros elementos que vinculan a Cleveland Street -y a la Familia Real- con los asesinatos del East End.

Hasta ahora se había olvidado la importancia del vínculo entre la familia real y Jack el Destripador: la reina Victoria se interesó apasionadamente por los asesinatos del Destripador. No se trataba, sin embargo, de una preocupación alimentada por un legítimo deseo de justicia y orden. Victoria tenía intereses específicos. En un año en el que los asesinatos eran moneda corriente en toda Inglaterra, se interesó vivamente por el *primer* asesinato del Destripador y ordenó al Primer Ministro que tomara medidas para evitar cualquier consecuencia adversa. Sólo alguien con información privilegiada puede rastrear el inicio de una serie de asesinatos en un solo asesinato, especialmente si el segundo asesinato aún no ha tenido lugar. En un telegrama a Salisbury, Victoria le recordó: "Me prometiste, cuando se produjo el primer asesinato, consultar a tus colegas al respecto.

Como demuestra esta indignada nota, a menos que la Reina hubiera ordenado a su Primer Ministro que actuara personalmente ante cada asesinato en Inglaterra -lo que difícilmente era el caso-, Victoria sabía que el asesinato de Nichols, en el mismo momento en que se produjo, era el primero de una serie. Si hubiera pedido que se actuara *tras la muerte de Chapman*, su preocupación habría sido comprensible, pues entonces estaba claro que se cernía el espectro de otro asesinato. Pero el asesinato era tan común en Whitechapel en 1888 que su preocupación específica por Nichols indica un conocimiento más profundo. El asesinato estaba tan presente en la vida del East End que cuando una mujer llamada Emma Smith fue asaltada por tres hombres y asesinada el lunes de Pascua de 1888, los periódicos no se molestaron en informar de ello. Dos testigos que hablaron en la investigación por Kelly dijeron haber oído el grito de "¡Asesinato!", pero era algo tan común en la zona que ambos lo ignoraron. Sólo en Whitechapel hubo casi 500 investigaciones sobre muertes misteriosas en 1887, el año anterior a la matanza del Destripador. Cullen escribió:

> Una lectura atenta de los periódicos de la época revela un asombroso número de noticias sobre mujeres agredidas o asesinadas a golpes, pisoteadas hasta la muerte, apuñaladas, apaleadas, rociadas con vitriolo, evisceradas o quemadas deliberadamente. El año anterior se produjeron 35 asesinatos sólo en los condados que rodean Londres (76 si se incluye el infanticidio) y de ellos sólo se dictaron ocho condenas, la mayoría de las cuales quedaron sin resolver para siempre.

Los crímenes vienen en oleadas, y 1888 fue la cresta de la ola en cuanto a crímenes de sangre, sobre todo en el East End, donde ocurrían a diario. A menos que la historia de Sickert sea cierta, es difícil explicar la preocupación de la reina Victoria por el asesinato de Nichols. En el momento en que la Reina pidió una respuesta, se trataba de un asesinato aparentemente inocuo, sin nada que lo distinguiera de otra docena de asesinatos cometidos en Whitechapel ese mismo año. No fue hasta más tarde cuando resultó ser el primer crimen de Jack el Destripador.

El propio Sickert mencionó otro vínculo entre los asesinatos y la calle Cleveland, que puede probarse. A cincuenta metros del cuchitril donde Mary Kelly fue asesinada estaba el Refugio de Mujeres Providence, dirigido por monjas. Este era el convento del East End donde Sickert dijo que Kelly había estado antes de mudarse a Cleveland Street. Uno de los fundadores y miembros del comité directivo era un abogado llamado Edmund Bellord. Era socio del bufete inmobiliario Perkins & Bellord, cuyas oficinas estaban situadas exactamente en Cleveland Street. Poseían importantes propiedades en la zona, incluida, por cierto, la casa de lord Salisbury junto a Fitzroy Square.

Quizás la conexión más importante entre el West End y el East End la hizo la propia Mary Kelly. En la investigación, el hombre con el que había vivido, Joe Barnett, dijo: "Cuando dejó Cardiff dijo que iría a Londres. En Londres estuvo primero en un piso de solteros del West End. Un hombre de mundo le pidió que fuera a Francia. Ella fue, pero me dijo que, como no le gustaba este episodio, no se quedó mucho tiempo. Pasó allí unas dos semanas.

Aunque muchos autores han visto esto como nada más que una fantasía por parte de Mary Kelly, sigue siendo notablemente coherente con la narrativa que Sickert ha estado predicando. No sólo parece innegable que el piso de soltero del West End era el estudio de Sickert en Cleveland Street, sino que Sickert también afirmó haber llevado a Kelly a Dieppe, lo que explicaría sus viajes a Francia con "un hombre de mundo".

Sickert mantuvo que su implicación personal en el caso terminó en Cleveland Street, pero que sabía quiénes eran los asesinos, el móvil de los asesinatos y cómo se llevaron a cabo. Creía que cuatro de las víctimas del Destripador se conocían entre sí, aunque no aportó pruebas que respaldaran esta afirmación. Eddowes, dijo, sólo fue asesinada porque la confundieron con Kelly. No sabía por qué. Sostuvo que los cuatro chismosos -Kelly, Chapman, Stride y Nichols- estaban chantajeando a alguien en relación con los sucesos de Cleveland Street, aunque de nuevo dejó un vacío en su historia al no especificar a quién. Este chantaje llamó la atención sobre estas prostitutas y condujo a su eliminación.

Ningún teórico ha sugerido que *alguna de las víctimas se* conociera entre sí, y mucho menos ha insinuado una asociación entre cuatro de ellas. Sus cuerpos fueron encontrados en una amplia zona que abarca Whitechapel, Spitalfields y Aldgate. A primera vista, no parece haber nada que las vincule, salvo que todas eran prostitutas. Pero si algunas de las víctimas se conocían entre sí, se arrojaría una luz totalmente nueva sobre el caso...

La primera observación -y esto parece haber escapado a los comentaristas- es que, aunque los cuerpos de las víctimas fueron encontrados en una zona que abarcaba tres distritos distintos, vivían en una pequeña zona de Spitalfields. Esta zona corrupta incluía Dorset Street, que tenía fama de ser la peor calle de Londres, donde la policía sólo iba de dos en dos, White's Row, Fashion Street, Flower y Dean Street, y Thrawl Street. Todas ellas eran calles pequeñas; la más larga (Fashion Street) sólo medía 165 metros, y Dorset Street apenas superaba los 90 metros. Aquí está la foto...

DORSET STREET. Annie Chapman vivía en una pensión amueblada compartida en nº 35. Mary Kelly vivía a 30 metros, en el mismo lado de la calle, en Miller's Court, esquina con nº 26. Durante la investigación de Kelly se reveló que antes de trasladarse a Miller's Court había pasado por otra pensión en Dorset Street. No se sabe exactamente cuál. Además de vivir tan cerca, Chapman y Kelly frecuentaban el mismo pub, el Britannia, en la esquina de Dorset Street y Crispin Street. Esta pista inédita no se ha descubierto porque la investigación de Chapman se refería al pub como el establecimiento de Ringer, mientras que el de

Kelly se describía con su nombre real: el Britannia. Como muestra la declaración inédita de Caroline Maxwell, citada íntegramente en el capítulo IV, el Britannia era propiedad de un tal Mrs Ringer y los lugareños se referían a él como "Ringer's".

FASHION STREET. Catherine Eddowes se alojaba a menudo en n° 6. Stride se alojaba a veces en una pensión amueblada de la misma calle, pero se desconoce el número. Fashion Street estaba a 45 metros de Dorset Street.

FLOWER Y DEAN STREET. Mary Nichols vivió durante un tiempo en un establecimiento llamado "White House". Estaba a pocos metros de n° 32, donde Stride dormía habitualmente. n° 55, la dirección principal de Eddowes, estaba un poco más allá de n° 32. Flower and Dean Street estaba a menos de 90 metros de Dorset Street.

CALLE THRAWL. El domicilio de Nichols era n° 18. Esto estaba cerca de n° 6, la dirección de la hermana de Eddowes, a quien Eddowes veía regularmente. Thrawl Street estaba a 165 metros de Dorset Street.

Teniendo en cuenta que había 233 pensiones comunes en Whitechapel, Spitalfields y Stepney donde Jack el Destripador podría haber encontrado a sus víctimas, sin duda debe ser significativo que matara a mujeres cuyas direcciones estaban tan próximas. Incluso sin más pruebas, parece muy probable que las víctimas se conocieran. Pero aún hay otras pistas que apuntan en esta dirección.

Timothy Donovan, empleado de la pensión amueblada del número 35 de la calle Dorset, declaró en la investigación Chapman que Annie había vivido allí durante los cuatro meses anteriores a su asesinato, excepto la semana inmediatamente anterior, en la que la había visto poco hasta el viernes por la noche. La conocía desde hacía 18 meses.

La dirección de la tercera víctima, Elizabeth Stride, ya se ha dado como Flower y Dean Street, y durante las investigaciones se reveló que también se había alojado en Fashion Street. De hecho, había dejado su equipaje en ambas calles, pero esto es sólo una parte de la historia. La casa que se suponía era la dirección habitual de Stride estaba en el número 32 de Flower and Dean Street, pero Elizabeth Tanner, representante de esta pensión amueblada, testificó en la investigación de Stride:

> Vi el cuerpo del fallecido en el tanatorio de San Jorge y lo identifiqué como el de una mujer que se había alojado en nuestra casa de *forma intermitente* durante los últimos seis años [la cursiva es mía].

De esta declaración se desprende claramente que Stride pasó poco tiempo en esta dirección. Esto se ve reforzado por el siguiente diálogo entre el juez de instrucción Wynne Baxter y el Sr. Tanner:

> EL FORENSE. - ¿Quién es ella [la fallecida]?
>
> TANNER. - Era conocida por el apodo de "Long Liz".
>
> EL FORENSE. - ¿Conoces su verdadero nombre?
>
> TANNER. - No.

La mayoría de las pensiones de Spitalfields estaban terriblemente abarrotadas, pero si Stride dormía continuamente en nº 32, el señor Tanner sin duda habría sabido su nombre. Si Stride no había vivido de hecho donde se creía hasta ahora, ¿cuál era su dirección? La respuesta se encuentra en otro extracto de la declaración de la viuda Tanner:

> EL FORENSE. - ¿Conoces alguna de sus relaciones masculinas?
>
> TANNER. - Sólo uno.
>
> EL FORENSE. - ¿Quién es él?
>
> TANNER. - *Vivía con él*. Lo dejó el jueves para volver y quedarse en nuestro centro, según me dijo [la cursiva es mía].

El hombre con el que vivía Stride era un trabajador portuario llamado Michael Kidney. El testimonio de Kidney confirma que pasaba la mayor parte del tiempo con Kidney, no en Flower y Dean Street ni en Fashion Street:

> Vi el cuerpo. Es Long Liz. *La conozco desde hace tres años y ha vivido conmigo la mayor parte de ese tiempo*. Solía dejarla en Commercial Street cuando me iba a trabajar. Esperaba que estuviera en casa, pero cuando llegaba veía que había ido y venido. Era propensa a marcharse cuando le apetecía. Durante esos tres años, se alejó de mí como mucho cinco meses. La cuidé como si fuera mi mujer. Fue la bebida lo que la hizo marcharse. Pero siempre volvía. No creo que me dejara el jueves para tomar una nueva pareja. Creo que yo le gustaba más que cualquier otro hombre. No volví a verla hasta que su cuerpo fue identificado en el depósito de cadáveres.

El testimonio de Kidney nos muestra cómo la dirección de Stride quedó registrada como 32 Flower and Dean Street. Cuando el Destripador la atacó, simplemente se vio envuelta en sus episodios de embriaguez que la condujeron a este lugar. Y el alojamiento temporal al que descendió fue tomado por su hogar permanente. En aquella época, los minuciosos métodos preconizados por Conan Doyle en las aventuras de Sherlock Holmes aún no habían sido adoptados por los policías de verdad; nombres, edades y direcciones se consideraban entonces, con cierto desdén, meras formalidades. Pero con nombres, edades y direcciones se puede detener a asesinos.

Long Liz Stride estuvo alejada de Kidney sólo cinco meses de tres años, y esos cinco meses fueron horribles descensos a la independencia de la borrachera. Entre 1885 y su muerte vivió con Kidney la mayor parte del tiempo. Pero, ¿dónde vivieron? Varios autores han confundido la información sobre la relación de Stride con Flower y Dean Street con el hecho de que cohabitaba con Kidney, y han llegado a la conclusión de que vivían juntos en Flower y Dean Street. Esto no es cierto. Un hecho clave que salió a la luz durante la investigación de Stride ha pasado desapercibido hasta el día de hoy. El *Daily News* del 6 de octubre daba como dirección de Michael Kidney el número 35 de Dorset Street, *la misma pensión en la que Annie Chapman había vivido durante cuatro meses antes de su muerte*. Fue en esta pensión donde Elizabeth Stride había vivido con Kidney. Era el edificio del que había salido unos días antes de su asesinato, al igual que Chapman. *Ambas víctimas habían vivido en el mismo edificio, y ambas se habían separado de él en los días previos a su muerte.*

Un informe de los archivos secretos del Ministerio del Interior, en el que se recoge el resumen del juez de instrucción Baxter sobre la investigación de Stride, confirma nuestra conclusión: "Durante los dos últimos años, el fallecido había vivido en una pensión ordinaria en Dorset Street, Spitalfields, con Michael Kidney, un trabajador portuario."

De repente vemos que tres de las cuatro víctimas del Destripador que, según Sickert, se conocían, eran de la calle Dorset. Dos de ellas vivían en el mismo establecimiento. Dos de ellas iban al mismo pub. El hecho de que se conocían parece obvio. La cuarta víctima, que según Sickert pertenecía al mismo círculo, aunque fue asesinada a una milla de distancia, en Bucks Row, vivía a menos de 100 metros de las otras y probablemente frecuentaba el mismo bar. La versión de los hechos de Sickert empieza a tomar forma. En una metrópolis del tamaño y el estilo del East End, es inconcebible que un asesino al azar pudiera haber disparado a cuatro mujeres que se conocían entre sí en lugares separados por casi 1.500 metros. Está claro que, fuera cual fuera el móvil de Jack el Destripador, él (¿o ellos?) conocía la identidad de las víctimas. No es de extrañar que tan pocos autores hayan planteado este punto: la mayoría de las teorías se basan en la hipótesis de un enfermo mental que lleva a cabo sus asesinatos al azar.

Otro elemento clave de la historia de Sickert es que el último objetivo previsto del Destripador era Mary Kelly. Se calcula que en 1867 había 80.000 prostitutas en Londres. De hecho, este número había aumentado en la década de 1880. De estas 80.000, Jack el Destripador mató a cinco. ¿Podría haber sido un accidente que dos de sus cinco víctimas, las dos últimas, se llamaran "Mary Ann Kelly"? Las probabilidades contra tal accidente son astronómicas, incluso si Kelly era un nombre común. Además, la verdadera Kelly y la víctima que simplemente llevaba su nombre fueron las únicas víctimas a las que se les mutiló el rostro. A pesar de su predilección por la versión francesa de su nombre, una fantasía perpetuada incluso en su certificado de defunción, la verdadera Kelly no era conocida por muchos en Dorset Street como "Marie Jeanette". Como demuestran las pruebas de su investigación, algunos la llamaban "Mary Jane" y otros "Mary Ann". ¿Podría ser una coincidencia que Catherine Eddowes, que vivía a sólo 50 metros de la verdadera Kelly, utilizara el nombre "Mary Ann Kelly"? Eddowes a menudo se llamaba a sí misma "Kelly" porque vivía con un hombre llamado John Kelly.

Este debe ser sin duda el eslabón perdido de la historia de Sickert, la razón por la que Eddowes fue confundido con Kelly y murió en su lugar.

Tras el asesinato de Eddowes, el Destripador no volvió a atacar durante más de seis semanas. Ella misma había dicho que era Mary Ann Kelly, y los asesinos pensaron que estaban tratando con la verdadera Kelly. Los detalles de este asesinato, como las misteriosas mutilaciones faciales, apoyan esta idea, como veremos en el capítulo X. Cuando se dieron cuenta de su error de identificación, Kelly tuvo que ser eliminado y los asesinatos del Destripador entraron en su espantoso crescendo final exactamente 39 días después de la ejecución de Eddowes. Veremos que esto también tiene importancia.

Todos los caminos de Jack el Destripador conducen a la calle Dorset. Dorset Street conduce inexorablemente a Cleveland Street. Una anciana monja del convento católico de Harewood Place, a pocos minutos a pie de Cleveland Street, tenía una interesante historia que contar cuando la BBC la entrevistó en 1973. En 1915 era novicia en Providence, justo enfrente del pub donde Kelly y Chapman encontraban clientes todos los días. Recordaba vívidamente a una monja anciana que había estado allí en la época de los asesinatos del Destripador y le dijo que "si no hubiera sido por la mujer de Kelly, ninguno de los asesinatos habría ocurrido".

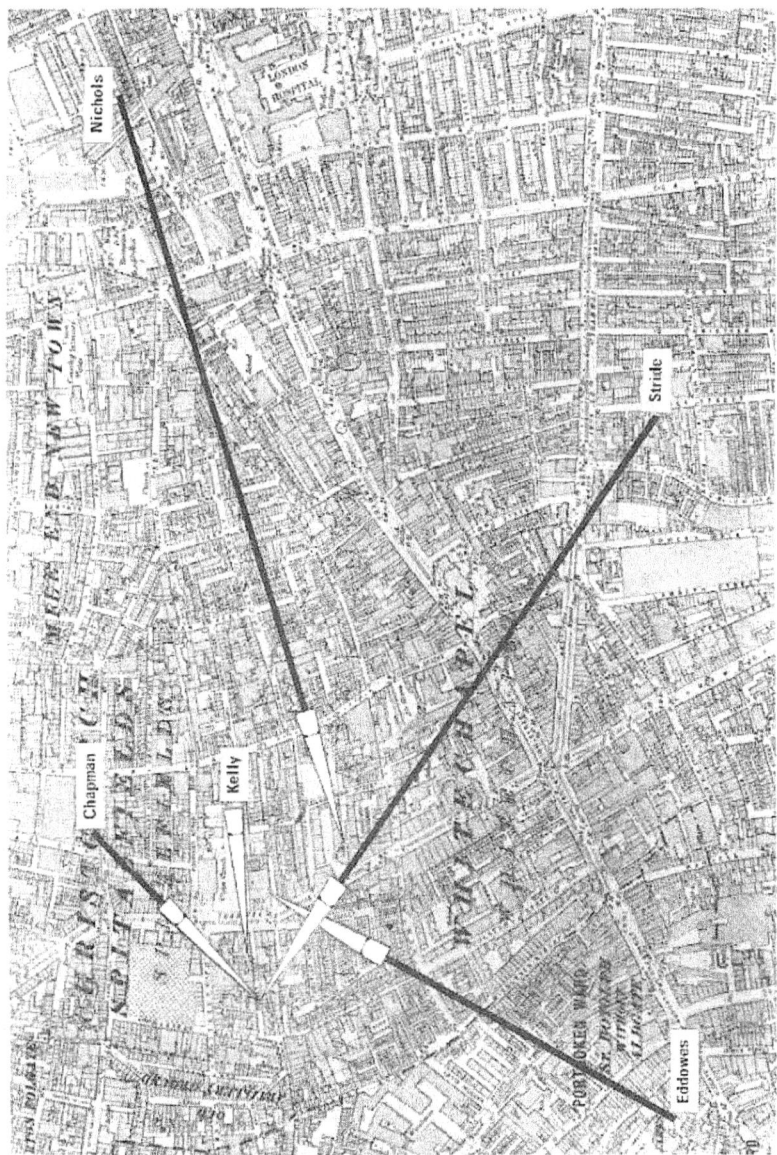

Todos los caminos llevan a Dorset Street

CAPÍTULO X

Los asesinos masones

La suposición de que los masones estaban detrás de los asesinatos de Jack el Destripador se presentó públicamente por primera vez en *Butchery*, el tercer episodio de la serie de la BBC Whitechapel Murders. Los guionistas Elwyn Jones y John Lloyd prestaron esta idea a su policía ficticio, el detective inspector jefe John Watt. Al hacerlo, desgraciadamente traicionaron la verdad para conseguir un efecto dramático. El diálogo entre Barlow y Watt sobre la tesis de la masonería estuvo separado por tres episodios (o tres semanas) de la historia de Sickert, que fue contada por su hijo en el sexto episodio. Todo parecía indicar que la historia de Sickert y la acusación a los masones no estaban relacionadas. De hecho, la acusación de los masones era parte integrante de la historia de Sickert. Fue simplemente a raíz de un comentario de Joseph Sickert que el investigador Ian Sharp acudió a la Biblioteca de Londres en St James's Square una tarde de enero de 1973 para ver si existía algún vínculo identificable entre la asociación más misteriosa del mundo y sus asesinatos en serie más enigmáticos. Las pistas que descubrió parecían susceptibles de corroborar, o al menos encajar, con la intervención de seis minutos de Sickert. Jones y Lloyd optaron en cambio por incluirlas en su guión como un elemento aparte de su investigación, y se sacrificó la verdadera importancia de las alegaciones de Sickert. La mención de Barlow y Watt a los masones se limitó necesariamente a unos minutos. Esta brevedad, aparte del hecho de que la idea se presentaba sólo como una teoría adicional que surgía de una corriente de conjeturas, arrojaba una mala luz sobre la tesis. Llegó a ser tan improbable como la enrevesada hipótesis de Donald McCormick de que un miembro de una secta rusa, los *Khlysts*, podría haberse sentido impulsado a matar y mutilar prostitutas, y tan insustancial como la sugerencia de Robin Odell de que el Destripador era un sacerdote judío impulsado por las rigurosas doctrinas del Talmud para librar al mundo del vicio de la prostitución.

Hubiera tenido más sentido presentar esta teoría sobre los masones con un auténtico deseo de explicar quién era el asesino o los asesinos, y por qué los asesinatos fueron cometidos por masones. Pero esta idea flotó como un pecio en nuestros televisores y, para la mayoría de nosotros, se hundió en el océano de las ideas olvidadas, el lugar del olvido al que está destinado todo lo que ha pasado por la confusa comunicación de la televisión.

La historia de Sickert también se vio afectada por el formato de la serie. Los telespectadores nunca habían visto una programación tan híbrida, con los hechos inextricablemente entrelazados con la ficción. Sabían que Barlow y Watt eran criaturas de la imaginación de un escritor; muchos se preguntaban si su investigación tenía o no elementos de ficción. Por todas estas razones, y por el hecho de que la serie se emitió en pleno verano, cuando todas las cadenas, ante la escasa audiencia, tenían por costumbre pasar de su basura, *Jack el Destripador* llegó con un quejido más que con un estruendo. Jones y Lloyd transcribieron sus seis guiones en forma de libro, y *El expediente del Destripador* se publicó en marzo de 1975. Pero el plan de los masones siempre estuvo divorciado de la historia de Sickert, y no fue más escudriñado que en la televisión.

La afirmación de Walter Sickert de que los asesinatos fueron ordenados por un grupo de masones fundamentalistas y llevados a cabo de acuerdo con un ritual masónico es, en efecto, un caso sensacional. De ser cierta, asestaría un golpe mortal a 85 años de teorías caóticas. Sin embargo, como el resto de la historia de Sickert, tenía forma de declaración gratuita, y el pintor no aportó ningún principio de prueba. Si Sickert hubiera mentido, esta única afirmación habría arruinado todas sus afirmaciones. Pero esta idea inicialmente infundada se convirtió en la prueba más contundente de las investigaciones de que hasta entonces había dicho la verdad. La demostración presentada por Ian Sharp y un servidor demuestra que los asesinatos fueron efectivamente masónicos. Una vez más, una verdad parece abrumar a todas las demás hipótesis sobre los asesinatos, ya que ninguno de los otros sospechosos acertados -aparte del príncipe Eddy- eran masones. Y el caso contra Eddy, como se ha demostrado, carecía de fundamento.

Investigar los secretos de la masonería es una tarea exigente y difícil, pero es posible. Se han producido suficientes revelaciones fiables sobre esta fraternidad oculta como para que el investigador concienzudo pueda hacerse una idea precisa de sus actividades. Antes de examinar los innegables vínculos entre la masonería y Jack el Destripador, conviene conocer un poco los antecedentes y la naturaleza de la masonería.

Es una sociedad secreta mundial que se originó en Inglaterra en la Edad Media. Se desarrolló junto a otros gremios o corporaciones. La falta de artesanos altamente cualificados para el mercado de la construcción obligaba a los canteros a viajar de un país a otro para ganarse la vida. Los albañiles tenían que ir allí donde había trabajo. Viajaban de un país a otro para ayudar a construir las magníficas catedrales y abadías cuya aparición puso fin a siglos de oscuridad. Su oficio estaba celosamente protegido de los intrusos. El aprendizaje era difícil y riguroso para los que lo conseguían. Los albañiles pronto se dieron cuenta de que su carácter itinerante les hacía especialmente vulnerables. Para protegerse de la explotación, formaron una especie de organización sindical primitiva. Era una época en la que muchas profesiones estaban creando gremios y, al igual que los verdaderos sindicatos 500 años más tarde, ninguno era nacional. Cada gremio se limitaba a una ciudad o distrito, y los canteros se organizaban en "logias" locales. Una peculiaridad de los albañiles, que influyó notablemente en su desarrollo, era que tanto los empresarios como los empleados podían afiliarse a las logias. Como los albañiles eran nómadas, en su gremio se alcanzaba un mayor grado de unidad nacional que en otros oficios. Esto garantizaba una mayor uniformidad de las condiciones de trabajo entre una región y otra, y a medida que la fuerza de los albañiles crecía en comparación con otras profesiones, también lo hacía su determinación de seguir siendo dominantes. Como un albañil no podía trabajar en un mismo lugar toda su vida, y como cada logia acogía constantemente a albañiles de otras provincias, el aspecto esotérico de sus habilidades se hizo más pronunciado. Las logias acordaron adoptar signos secretos, contraseñas y apretones de manos especiales, para que un albañil que llegaba a un país extranjero pudiera ser reconocido por sus hermanos como un verdadero artesano.

Con el paso de los siglos, los albañiles libres y franquiciados, o canteros libres, pasaron de ser una corporación a convertirse en una organización social. Se crearon logias en el extranjero, sobre todo en Francia. Con el tiempo, se admitió en la fraternidad a representantes cualificados de otros oficios y, más tarde, a miembros destacados de todas las profesiones de clase media y alta. En el siglo XVIII, los francmasones de sólo se relacionaban en la práctica con sus predecesores cualificados por el nombre y la forma de su ritual. Se había convertido en una sociedad secreta casi religiosa, cuya pertenencia era extremadamente difícil y muy deseada por quienes no podían ingresar. Los hermanos se ayudaban mutuamente en sus asuntos y dentro de la sociedad. Llegó a ser habitual que en muchas profesiones se ascendiera a un masón sólo por el hecho de serlo. Esta práctica sigue vigente hoy en día.

Para entonces, la leyenda y el mito se habían incrustado profundamente en el trabajo diario de esta asociación ocultista, y sus verdaderos orígenes quedaron oscurecidos por un cuento fantástico y un noble nacimiento 2.000 años antes. Hoy en día, los iniciados atribuyen los orígenes de la masonería al Imperio Romano, a los faraones, al Templo de Salomón, a la Torre de Babel e incluso al Arca de Noé. De todos los mitos inventados por la masonería, la construcción del Templo de Salomón es el más sagrado. La mayor parte del ritual secreto de la masonería se basa en este importante acontecimiento.

En sus propias palabras, la masonería es "un sistema particular de moralidad, enseñado bajo el velo de la alegoría por medio de símbolos". Pretende ser una organización basada en la práctica de la virtud moral y social.

Aunque todo iniciado está sujeto a un juramento de secreto que promete la muerte a quien traicione, la masonería puede considerarse bastante respetable en sus grados inferiores. Hay que reconocer que los masones del cuerpo se cuentan entre los donantes más generosos en términos de filantropía. Varios autores han explicado que no se puede ser masón y cristiano al mismo tiempo, y la Iglesia católica ha afirmado la excomunión de cualquiera que se una a esta fraternidad, porque Roma ha prohibido la masonería y la considera "subversiva y anticlerical". Ahora, en algunas circunstancias, los católicos creen que pueden conseguir que sus obispos les permitan hacerse masones, aunque los católicos en general siguen mirando con recelo a esta sociedad secreta. En cualquier caso, sólo cuando un masón se introduce en los grados superiores se convierte en un verdadero pagano.

A medida que los masones progresan hacia los niveles superiores, su divinidad experimenta un cambio fundamental. Nadie puede convertirse en masón si no cree en un Ser Supremo. Los masones le llaman "el Gran Arquitecto", que creó el universo en un movimiento de compás. Asociado como está en los primeros grados al juramento de honrar los preceptos de la Biblia, este dios es el sucedáneo benévolo de Yahvé y Alá; cualquiera que sea su nombre, es un dios de amor, el Padre Todopoderoso. Paso a paso, la personalidad de esta deidad cambia imperceptiblemente, hasta que en las altas esferas el estrafalario dios de los masones se llama Jahbulon. Esta extraña entidad es un personaje compuesto que toma prestado de Yahvé, el Dios de cristianos y judíos; de Osiris, el antiguo dios-madre egipcio de los muertos; y de Baal, el dios pagano que los hebreos identificaban con el diablo. Por lo tanto, aunque los masones profesan honrar a un solo dios, le han dado tres personalidades, una de las cuales es diabólica. Aunque es inapropiado afirmar que los Altos Masones son adoradores del diablo, sin embargo conceden gran importancia a este demonio en el gobierno del universo, lo consideran igual al Dios cristiano y le rinden homenaje. Esta ambigüedad religiosa fue utilizada contra los masones en la segunda mitad del siglo XIX, cuando Leo Taxil, un francés que desde entonces ha sido desenmascarado como mentiroso, afirmó tener pruebas irrefutables de la adoración masónica del diablo. Tanto si las "pruebas" de Taxil eran auténticas como si no, sus afirmaciones se basaban en hechos. Albert Pike, la principal autoridad masónica del SIGLO XIX y Gran Comandante del Consejo Supremo de la Jurisdicción Sur en Charleston, EE.UU., escribió en 1873 que al ganar suficiente antigüedad para descubrir a Jahbulon se sintió perturbado y disgustado:

> Ningún hombre o conjunto de hombres puede hacerme aceptar como palabra sagrada, como símbolo de la Divinidad infinita y eterna, una palabra híbrida, compuesta en parte por el nombre de un dios maldito, pagano y brutal, cuyo nombre ha sido durante más de 2.000 años el del diablo.

Sin embargo, esto es exactamente lo que los masones prominentes deben aceptar, y este es el dios que honran.

En el primer grado, el del aprendiz recibido, el iniciado jura, bajo pena de mutilación y muerte, obedecer no sólo los preceptos de la Francmasonería, sino también los de la Biblia y las leyes del país en el que se encuentra la logia. Cuanto más se asciende en la jerarquía, más se dejan de lado las leyes de la Biblia y de la sociedad: sólo las leyes de la masonería son sagradas. Tras pasar por lo que se denomina el "Arco Real", un francmasón sólo debe lealtad a sus hermanos masones.

Ilustremos esta progresión desde la pertenencia a la sociedad hasta la exención de las leyes comunes. Se trata de un extracto de los juramentos realizados para dos grados: el de Maestro Masón (el más alto de los grados inferiores) y el de Masón del Arco Real (el primer peldaño de una larga ascensión hasta el último escalón: 33).

En la ceremonia de iniciación de un Maestro Masón, éste jura que los secretos recibidos de otro Maestro Masón, "que me han sido confiados como tales, permanecerán inviolables y seguros en mi seno, como lo estaban antes de que me fueran confiados, salvo el asesinato y la traición, y los que se dejen a mi discreción"....

Así, hasta el rango de Maestro Masón inclusive, un iniciado tiene derecho a actuar como un miembro ordinario y responsable de la sociedad y a denunciar a las autoridades a cualquier francmasón que pueda estar implicado en un asesinato o traición. Pero esto ya no es así después del Arco Real. Durante la ceremonia de iniciación de un masón del Arco Real, éste promete "que los secretos de un hermano masón del Arco Real, que me han sido confiados como tal, permanecerán inviolables y seguros en mi seno como en el suyo, *asesinato y traición incluidos*"...

Este cambio fundamental entre los niveles transforma por completo la posición del masón en la sociedad. Ahora goza de mayor inmunidad que un rey o un presidente. William Morgan, un masón americano, autor de *Freemasonry Exposed*, publicado en 1826, dijo:

> El juramento prestado por los Masones del Arco Real no excluye el asesinato y la traición; por lo tanto, en virtud del mismo, se pueden cometer todos los delitos.

La verdad completa es aún más inquietante, pues en el mismo juramento el masón del arco real jura:

> Que ayudaré y asistiré a un hermano Masón del Arco Real si se encuentra en cualquier dificultad, y defenderé su causa, en la medida de mis posibilidades, para aliviarle de ella, si está en mi mano, *tanto si tiene razón como si no*.

De este modo, cuando un francmasón cruza el Arco Real, ya no sólo está obligado bajo pena de muerte a callar que un hermano masón está implicado en una traición o un asesinato: *también está obligado a ayudarle a ocultar sus crímenes*.

Sir Charles Warren, comisario de la Policía Metropolitana en la época de los asesinatos del Destripador, era uno de los masones más influyentes de la isla. En 1861 cruzó el Arco Real y desde entonces se había visto obligado a ayudar a cualquier masón destacado a escapar de las penas de los peores crímenes que pudieran cometerse. En los 27 años que transcurrieron entre su cruce del Arco Real y los asesinatos de Whitechapel, Warren se convirtió no sólo en uno de los masones más poderosos de Inglaterra, sino en uno de los más importantes del planeta. Una logia de Sudáfrica recibió su nombre; en Inglaterra fundó la logia de investigación masónica Quatuor Coronati y fue Gran Sojurador del Supremo Gran Capítulo; en 1891 se convirtió en Gran Maestre Provincial del Archipiélago Oriental.

Sólo su prominencia dentro de la masonería parece explicar su nombramiento como Comisario de la Policía Metropolitana en 1886, y también el hecho singular de que su estrepitoso fracaso en este cargo, reconocido por el gobierno, la prensa y la opinión pública, fuera recompensado con la nobleza en lugar de la deshonra. "Así", escribe el nieto de Warren, Watkin Williams:

> Al recibir las condecoraciones de la Orden de San Miguel y San Jorge y de la Orden del Baño, cuando aún sólo era teniente coronel de un regimiento, Warren alcanzó un récord que nunca antes se había logrado y que rara vez se ha igualado desde entonces, ni siquiera durante la Gran Guerra.

¡Todo esto por ser el peor comisario de policía de la historia de Scotland Yard!

Pero, ¿fracasó Warren en su misión? Si bien este puede ser el caso desde una perspectiva normal, hay una forma en la que su aparente incompetencia podría ser un logro digno de un título de caballero. Si los asesinatos de Whitechapel se cometieron según un rito masónico -y pronto demostraremos que así fue-, entonces Warren hizo un perfecto servicio a los masones al ocultar los hechos. A la luz de las pruebas dadas en este capítulo, es incluso concebible que sólo fuera nombrado comisario para ayudar a encubrir los asesinatos. Varias de sus acciones mientras ocupaba el cargo apoyan esta hipótesis. La primera es que obligó al lego James Monro, jefe del CID, a dimitir *justo antes de los asesinatos de Whitechapel*. La segunda es que nombró al albañil Sir Robert Anderson para suceder a Monro la *víspera del asesinato de Nichols*. El extraño comportamiento de Anderson al asumir el cargo, descrito ampliamente en nuestro último capítulo, también apoya nuestra hipótesis. La última acción por parte de Warren que podría sugerir que sólo pudo haber sido nombrado para proteger a los francmasones durante las travesuras de Jack el Destripador es que él también dimitió y desapareció rápidamente de los focos *sólo unas horas antes del asesinato de Mary Kelly*. Es casi como si supiera que el asesinato final era inminente. Su precipitada partida permitió sin duda que todas las pistas dejadas atrás fueran destruidas antes de que pudieran ser utilizadas. Warren no transmitió el mensaje de su dimisión, por lo que su orden de prohibir a cualquier persona entrar en la escena del crimen sin su permiso no fue rescindida hasta la tarde del día de la muerte de Kelly, unas tres horas después de que la policía llegara al lugar. Desde las 10:45 a.m. hasta la 1:30 p.m., los oficiales de policía se quedaron fuera de la habitación de Kelly, esperando órdenes de Warren. La conducta del comisario durante los asesinatos, analizada en detalle más adelante en este capítulo, apoya sin duda la suposición de que su única función era llevar a cabo un encubrimiento. Tras su dimisión, Warren se dedicó a tiempo completo a sus actividades masónicas.

Los asesinatos de Whitechapel no fueron los primeros que se atribuyeron a los masones. Hay pruebas que sugieren que Mozart fue envenenado, y muchos investigadores creen que los masones fueron los responsables. Mozart era masón, como la mayoría de los cortesanos austriacos de finales DEL siglo XVIII . Era bien sabido que los principales masones de Viena estaban furiosos porque Mozart abandonó su fraternidad al final de su vida. Y estaban indignados por lo que consideraban una traición a sus secretos en *La flauta mágica*. La muerte del compositor fue ciertamente extraña. Aunque se supone que la autopsia demostró que no había rastro de veneno, se estableció que el cuerpo se hinchó tras la muerte, lo que dio pie a especulaciones sobre un posible crimen. A día de hoy, nadie sabe dónde fue enterrado el cuerpo de Mozart. Iba a ser enterrado en el cementerio de San Marcos, a las afueras de Viena. Insólitamente, el pequeño grupo de familiares que asistió al funeral regresó a las puertas de la ciudad y no acompañó el cuerpo hasta el cementerio. Todos confesaron más tarde que la razón de su retirada era que había estado lloviendo y nevando. Pero los registros del Observatorio de Viena muestran que aquel día fue seco, agradable y frío. Y no hay rastro de la tumba de Mozart en este cementerio.

Quizá el asesinato más famoso atribuido a los masones fue el misterioso asesinato de William Morgan, autor de *Freemasonry Exposed (La masonería al descubierto)*. Tras los desesperados intentos de los masones por impedir que Morgan publicara su libro -intentos que incluyeron el encarcelamiento por cargos falsos (la sombra de Ernest Parke se cierne sobre él), el saqueo de su casa, el robo de documentos y amenazas contra su vida por parte de quienes dicen ser los pilares de la sociedad-, *la Masonería al descubierto se* publicó de todos modos. Poco después, Morgan fue secuestrado y asesinado, al parecer por masones. El asesinato está rodeado de misterio y cualquier prueba fue frenéticamente ocultada (!), pero la indignación nacional contra la masonería en Estados Unidos y el rápido surgimiento de un poderoso movimiento antimasónico parecen justificados por el testimonio de personas cercanas a Morgan.

Es poco probable que se llegue a saber con certeza si estos dos asesinatos fueron cometidos por masones. Todo lo que es cierto es que ambos hombres murieron prematuramente y que albergaban antipatía contra la fraternidad. Si fueron asesinatos masónicos, los masones no fueron responsables en su conjunto. En cada caso (de lo que puede establecerse tanto tiempo después), sólo habría sido obra de una logia extremista, o de miembros fanáticos de varias logias. Aunque ningún crimen pudiera esbozarse con el consentimiento de *todos los* masones, todos los iniciados avanzados deben compartir la culpa, pues cada masón que pasó por el Arco Real contribuyó deliberadamente al establecimiento de una matriz ideal para el crimen y la violencia. Su promesa de hacer la vista gorda, pero también de ayudar a encubrir el asesinato, la traición y cualquier otro crimen, facilita que se produzca un asesinato y que nunca se encuentre a los autores.

El velo de secreto que rodea a la masonería hace prácticamente imposible adivinar más que el funcionamiento y los rituales habituales de la sociedad. Pero la traducción de varios documentos originales, aparentemente robados a uno de los dirigentes más influyentes y de mayor rango de la masonería en Francia a finales del siglo pasado, da una idea de los planes y ambiciones de algunos de sus líderes. Estos documentos fueron recopilados y publicados por primera vez en Inglaterra por Eyre & Spottiswoode en 1920. Dichos *Protocolos* son explícitos: su ambición es el poder absoluto, al menos el de los masones de alto rango, y nada -ni siquiera la vida humana- puede interponerse en su camino. Sería absurdo sugerir que estos documentos demuestran que la masonería es demoníaca en su totalidad, o que los masones están todos dispuestos a apoderarse del planeta. Hemos demostrado que, en los niveles inferiores, los masones son -en general- ciudadanos corrientes respetuosos de la ley, con poco conocimiento de la lealtad total y las terribles exigencias impuestas a los iniciados de nivel superior. Pero con estos escritos fanáticos redactados como "protocolos" por masones prominentes, sólo hace falta un cenáculo extremista o demente para aplicarlos al pie de la letra. De los cientos de miles de masones que había en Inglaterra en la década de 1880, estos grupos de locos marginados tenían su lugar. Y fue un tipo muy particular de locura la que inspiró los asesinatos del Destripador. He aquí algunos extractos de los *Protocolos*:

    1. Nuestro lema debería ser: "Fuerza e hipocresía".

    2. Sólo la fuerza pura triunfa en política, sobre todo cuando se oculta en el talento indispensable a los estadistas. *La violencia debe ser el principio*, la astucia y la hipocresía la regla de aquellos gobiernos que no deseen poner sus coronas a los pies de los agentes de ningún nuevo poder.

El segundo protocolo describe casi exactamente el dilema al que se enfrentó Salisbury ante la mala conducta de Eddy y el chantaje de Mary Kelly y sus amigos. Estaba rodeado de "agentes de algún nuevo poder" -socialistas, anarquistas, republicanos- y abordó el problema, según Sickert, exactamente de la forma descrita en el protocolo. La violencia, en efecto, se convirtió en su principio, y la astucia y la hipocresía se combinaron en una asfixia casi perfecta.

> 3. Para lograr estos fines, tendremos que recurrir a mucha astucia y artificio.

Una vez más, se emplearon tantos trucos y artilugios en el campo de los asesinatos del Destripador que nadie podía acercarse a la verdad desde fuera (la posición de todos los investigadores). Fue necesario que Walter Sickert, habiendo atravesado el interior de esta enmarañada red, señalara el camino a seguir y mostrara que la araña que acecha es en realidad una cohorte de tarántulas.

> 4. En política, la clave del éxito reside en el grado de secretismo que se haya mantenido para conseguirlo. Las acciones de un diplomático no deben coincidir con sus palabras. Para llevar adelante nuestro plan mundial, que consiste en alcanzar nuestros fines deseados, debemos influir en los gobiernos de los gentiles [término masónico tomado prestado de los judíos para referirse a los no masones] mediante lo que se llama la opinión pública, predispuesta por nosotros por medio del mayor de todos los poderes: la prensa, que, salvo algunas excepciones insignificantes, en las que no vale la pena detenerse, está enteramente en nuestras manos. En resumen, para demostrar que todos los gobiernos gentiles de Europa están bajo nuestra esclavitud, manifestaremos nuestro poder a uno de ellos mediante *crímenes, violencia*, es decir, mediante un *reino de terror*.

Los documentos que contenían los *Protocolos* fueron robados 13 años después de los asesinatos de Whitechapel, pero apenas eran nuevos, ni siquiera en 1901. ¿Había ocurrido ya el reino del terror descrito en el Cuarto Protocolo cuando se robaron los documentos? *¿Ocurrió alguno en Whitechapel en 1888?* La impresión que Jack el Destripador causó en la gente del East End, y de hecho en todo el país, ha sido descrita con precisión como un reino *del terror*. Y fue provocado por el *crimen*, por *la violencia*. ¿Se habría cometido el asesinato de cinco prostitutas no sólo por el imperativo de autoconservación antes mencionado, sino también para demostrar el considerable poder de la masonería a los iniciados del mundo?

5. Debemos apropiarnos de todos los instrumentos que nuestros adversarios puedan utilizar contra nosotros. Debemos encontrar en las sutilezas y finezas del lenguaje jurídico una justificación para aquellos casos en que debamos pronunciar sentencias que puedan parecer demasiado audaces e injustas, pues es importante expresar estas sentencias en términos que parezcan máximas morales muy elevadas, y que al mismo tiempo tengan carácter jurídico. Nuestro régimen debe rodearse de todas las fuerzas de la civilización, en medio de las cuales debe actuar.

Aquí se invita a los masones a perdonar la manipulación de la ley para ocultar sus propios métodos inicuos. Es precisamente esta actitud, por parte de Salisbury y sus compinches, la que permitió que se aceptara la investigación descaradamente ilegal de Mary Kelly, y que se llevara a cabo la desviación de la justicia en el caso del burdel de Cleveland Street.

6. [En política, los gobiernos y las naciones se contentan con el lado aparente de todo. ¿Y cómo pueden tener tiempo para examinar el lado interior, cuando sus representantes sólo piensan en los placeres? [...] La nación tiene en gran estima el poder de un genio político; soporta sus actos más audaces y los comenta así: "¡Qué estafa, pero qué bien hecha y con qué valor!".

Aquí el código masónico aprueba el fraude y la ilegalidad, siempre que vaya unido al engaño o la audacia, como fueron los crímenes del Destripador.

7. Para ello, necesitamos contar con la ayuda de agentes audaces y atrevidos, capaces de superar todos los obstáculos que dificulten nuestro progreso.

Una vez más, se hace hincapié en la intrepidez y la audacia, cualidades que resumían las acciones del Destripador y dejaban atónitos a todos los que oían hablar de sus crímenes.

8. La policía es de extrema importancia para nosotros, pues puede *enmascarar nuestras empresas, inventar explicaciones plausibles* para el descontento de las masas, así como castigar a quienes se nieguen a someterse.

Tom Cullen, los investigadores de la BBC y yo llegamos a la conclusión de que la policía había ocultado la verdad. Sir Charles Warren, descrito en su biografía como un celoso cantero, sin duda echó tierra sobre los canteros al borrar las pintadas encontradas en una pared tras el asesinato de Eddowes, e *inventó una explicación plausible* para su inexplicable comportamiento.

9. El prestigio de nuestro poder exigirá que se inflijan castigos adecuados, es decir, que sean duros, incluso en el caso de la infracción más insignificante de ese prestigio, para beneficio personal.

Esta instrucción puede tomarse como una réplica exacta de los hechos descritos por Sickert. Kelly y las otras prostitutas estaban chantajeando (el "caso de la más insignificante infracción de ese prestigio para beneficio personal"), y de hecho fueron severamente castigadas. La masonería también exige que, en determinadas circunstancias, un masón sea enterrado dos veces, que muera de su mayor logro. Como se demostrará en los dos próximos capítulos, esto es lo que les ocurrió a dos de los hombres mencionados por Sickert como parte del trío asesino.

El traductor de los *Protocolos* afirmó que tenían la forma de actas tomadas de un gran libro de notas de lectura. Estaban firmadas, según él, por masones del más alto rango (33).

Hay que recordar que los Protocol*os* fueron discutidos desde el momento en que se imprimieron por primera vez. Hitler tergiversó su significado y afirmó que demostraban la existencia de una conspiración judía mundial, y luego los instrumentalizó en el vano intento de justificar su programa de exterminio. Debido principalmente a las atrocidades nazis, muchos autores han acusado a los *Protocolos de* ser falsos. La polémica continúa, y hay puntos fuertes en ambos bandos.

Un punto importante a tener en cuenta es que existieron durante mucho tiempo antes de ser finalmente publicados. Y tienen un parecido tan asombroso con los hechos del caso de Jack el Destripador que parece innegable que tuvieron influencia. Falsos o no, producto de mentes fanáticas o no, el hecho es que fueron tomados muy en serio por miles de personas. Demostraremos que Sir William Gull, propenso al fanatismo y casi con toda seguridad loco hacia el final de su vida, era exactamente el tipo de masón prominente que podía tomarse los *Protocolos al pie de la letra*, y lo hizo por todo el ritual y simbolismo de la masonería. Y es la supuesta conducta de Sir William Gull *como resultado de* los *Protocolos* y otras tradiciones masónicas, no la autenticidad de documentos particulares, lo que estamos discutiendo.

Por supuesto, incluso aceptando por un momento que no hay duda sobre la autenticidad de los documentos, seguiría siendo ridículo creer que forman un código que rige la vida de cada masón. La mayoría de los masones no superan el tercer grado[11], por lo que la inmensa mayoría nunca había oído hablar de los *Protocolos* antes de su publicación.

Pero lo que habrían comunicado a estos altos iniciados, que no sólo los leían sino que se los tomaban en serio, es fascinante e inquietante.

Dicen que los masones aprueban la violencia, el terror y el crimen, siempre que se haga de forma *inteligente*. Un extracto de las notas afirma que el humor es de suma importancia y que los crímenes más atroces pueden cometerse bajo su velo. La única carta del Destripador posiblemente auténtica sugiere que Jack el Destripador se comportaba precisamente de esta manera en sus actividades criminales, cometiendo sórdidos asesinatos con malicioso placer. Si la supremacía de la masonería resulta estar en peligro, se refuerza con una demostración de fuerza, con crímenes violentos, perpetrados para demostrar el poder continuado de los masones a los ojos de los hermanos en el extranjero. Si la influencia de los masones en los más altos niveles del gobierno se vio amenazada por la avaricia de Mary Kelly, es coherente con los *Protocolos* que se persiguieran diligentemente crímenes violentos para restablecer la autoridad masónica a la vista de los masones. Kelly y sus camaradas habrían sido sometidos al castigo reservado para aquellos que traicionan a la fraternidad. Esto es exactamente lo que ocurrió.

Es aquí donde convergen históricamente los tres elementos principales de la historia de Sickert: el peligroso contexto político, la conducta de los miembros de la Familia Real y el consiguiente temor de los masones a su propia supervivencia. El padre de Eddy, el Príncipe de Gales, fue nombrado Venerable Gran Maestre el 28 de abril de 1875. A medida que pasaban los años y la situación política en Inglaterra se volvía más peligrosa para el orden establecido, hay pruebas de que los hermanos masones del Príncipe estaban cada vez más preocupados por su vida libertina, que parecía empeorar en lugar de mejorar.

---

11 Los iniciados del tercer grado se denominan "Maestros Masones". El nombre da la impresión de una gran antigüedad. Pocos Maestros Masones o Masones por debajo del tercer grado se dan cuenta de que el rango que consideran tan avanzado está de hecho cerca del fondo de la escala masónica, que pasa este umbral una vez que el Masón cruza el Arco Real. El humilde rango del Maestro puede juzgarse por los majestuosos títulos concedidos a los iniciados 30 grados por encima de él. Los más altos masones, que se consideran arrogantemente "la mayor organización del mundo", llevan títulos tan paganos como Gran Comendador Inquisidor, Valeroso y Sublime Príncipe del Secreto Real y el claramente blasfemo Príncipe de Jerusalén.

En 1881, el Príncipe recibió una carta firmada "Un francmasón", pero parece más bien obra de un órgano representativo de la Gran Logia. La misiva contiene un ataque apenas disimulado contra su comportamiento y una advertencia sobre los peligros que podría atraer al trono y a sus compañeros ocultistas. La carta -en apariencia cordial, amistosa y llena de admiración- se convierte en una acusación amarga y sarcástica a la luz de la personalidad del Príncipe. La conducta sulfurosa del Príncipe de Gales era conocida en toda Europa y América, pero la carta de los masones hace referencia a su "historial intachable" y a su "vida sobria y virtuosa". En particular, afirma:

> Al escribirte, querido hermano, apenas me dirijo a ti como Príncipe de Gales, pues muchos de nuestros Príncipes de Gales han sido borrachos, libertinos, derrochadores, plagados de deudas y sin más honor [una descripción perfecta de Bertie]; pero tú, querido hermano, en lugar de serlo, pareces más respetable que el miembro erudito de la Real Sociedad Geográfica, o como un miembro serio de la Worshipful Company of Fishmongers.[12]

> Si Junius[13] viviera hoy, su pluma no se atrevería a repetir su virulenta crítica a otro Príncipe de Gales. Junius acusó a Jorge, Príncipe de Gales, de abandonar los brazos de su esposa por la ternura del libertinaje, de divertirse por las noches en el libertinaje y de burlarse de las aflicciones del pueblo con ostentoso despilfarro. Pero vuestro intachable historial, vuestra vida sobria y virtuosa, deben granjearos el aplauso, incluso del fantasma de Junius. Eres un caballero inglés, además de Príncipe de Gales; un marido bueno y amable a pesar de tu posición; contigo, el honor de tu esposa está a salvo de ataques y seguro de ser protegido. Las payasadas llenas de vicio de sus predecesores han sido bien purificadas y corregidas por los periodistas contemporáneos, y las plumas del Príncipe de Gales ya no son (como la flor de lis de los Borbones) el ornamento heráldico de una raza de príncipes *infieles e inmorales.*

La ironía es obvia. Si había una cualidad de la que Bertie carecía, *no era* que el honor de su esposa estuviera a salvo de sus propios errores. Si sólo hubiera tenido un mal hábito, habría sido abandonar los brazos de su esposa por los placeres de la libertad. Todo el país sabía de su libertinaje. Como el sarcasmo continuaba, la carta adquirió un tono de

---

12 La "Worshipful Company of Fishmongers" es un gremio medieval de Londres.

13 Junius fue el autor de una serie de cartas anónimas publicadas en el Woodfall's *Public Advertiser* de Londres entre enero de 1769 y enero de 1772. En general, se cree que fue Sir Philip Francis (1740-1818).

advertencia y llegó a subrayar que la masonería era más poderosa que los príncipes:

> Como laico eras apto para acercarte al Altar, pues tu reputación decía que eras sobrio y casto, de carácter noble y generoso, magnánimo y honesto. Estas son las cualidades, oh Alberto Eduardo, que ocultaban tu enfermedad como príncipe, cuando te arrodillaste en nuestra sala de audiencias. Los hermanos que te abrieron los ojos a la luz [alusión a la venda con la que se "engaña" al iniciado] pasaron por alto tu título de Príncipe de Gales en favor de tu ya famoso humanismo. Tu existencia contrasta agradablemente con la del príncipe Jorge de Gales. Pero como sois tan diferente de esos príncipes cuyos cuerpos son devueltos al polvo, mientras que su memoria permanece para los historiadores como un monumento de vergüenza, os escribo, no como a un príncipe británico, sino como a un hermano maestro albañil...

> De hecho, no le doy ninguna importancia a su título de Duque al escribirle, porque cuando vemos la propiedad de un Duque de Newcastle en manos de los oficiales del Sheriff, su título objeto de burla para los alguaciles, y el nombre del Duque de Hamilton un cancán familiar en Europa, es agradable poder pensar que el Duque de Cornualles y Rothesay [uno de los muchos títulos de Bertie] no es como esos otros Duques; que *este Duque no persigue a mujeres descoloridas, que no ha cornudado a una docena de maridos*, que no está cargado de deudas, que no disipa -a diferencia de esos duques- su oro en sucias alcantarillas, mientras permanece sordo a las justas demandas.

Mis cursivas en este pasaje indican los fragmentos más incisivos y sarcásticos, ya que estas palabras, aparentemente utilizadas para alabar a Bertie, describen mejor sus libertinajes. Luego viene la advertencia de que cambie de actitud:

> Sabemos, hermano, que nunca te habrías unido a la mayor organización del mundo si hubieras sido como ellos. Habría perjurio si lo fueras - perjurio que, aunque honrado imperialmente en las Tullerías, sería despreciado por el trabajador más bajo.

El príncipe sabía que la mayor amenaza para el orden establecido, y por tanto para los francmasones, era el obrero de a pie, al que alienaba constantemente con su actitud antisocial, y cuyo comprensible resentimiento era transformado en odio por los republicanos.

> Te escribo como a un compañero Maestro Masón, a un igual, siempre y cuando seas fiel a tu promesa masónica, pues eres inferior a mí cuando la olvidas. Te escribo como miembro de un cuerpo que enseña que el hombre es superior al rey; que la humanidad está por encima de iglesias

y credos; que el verdadero pensamiento es mucho mejor que la muerte o la dócil servidumbre.

> [... *Os habéis unido a los masones en el momento oportuno, pues la verdadera masonería va a llegar a ser más poderosa que la monarquía. [En Inglaterra, incluso en esta hora, estamos -si los portavoces de nuestros hermanos y de la cultura tienen razón- muy cerca de olvidar la utilidad de las cabezas coronadas* [...].

Los autores anónimos llamaron la atención del futuro rey sobre las familias reales europeas recientemente derrocadas y le advirtieron contra un destino similar. A lo largo de la carta, envuelta en un velo de bonhomía demostrativa, emerge claramente un sentimiento: el Príncipe de Gales debe poner fin a su vida disipada o el trono será derrocado, *y ésta es una amenaza insoportable para los masones*.

Pasemos ahora a los vínculos explícitos entre Jack el Destripador y la masonería. La masonería se basa en un sistema particular de ritos y símbolos, y en cada grado, además de los juramentos paganos y sangrientos, el iniciado debe hacer gestos específicos que detallan las penas por traicionar su promesa.

En la parte inferior de la escala, en el rango de aprendiz recibido, una de las penas por revelar secretos masónicos es ser degollado de izquierda a derecha. El "gesto de castigo" del aprendiz recibido es, pues, un movimiento de la mano a la altura del cuello, de izquierda a derecha. Durante años se aceptó universalmente que cuatro de las cinco víctimas del Destripador fueron degolladas exactamente de este modo. Desgraciadamente, desde la publicación en 1939 de *Jack el Destripador, de William Stewart. Una nueva teoría* de William Stewart, los hechos sobre Elizabeth Stride han sido algo confusos. Stewart creía que sólo hubo cuatro asesinatos, y a partir de ahí cometió el error de decir que la garganta de Stride fue cortada en dirección contraria a Nichols, Chapman, Eddowes y Kelly. Escribió:

> En cada uno de los asesinatos del Destripador, la víctima fue asesinada con la garganta cortada de izquierda a derecha. Esta característica por sí sola demuestra que el asesinato de Elizabeth Stride no fue obra de Jack el Destripador.

Es difícil entender cómo Stewart llegó a esta conclusión, pero estaba equivocado. Dos elementos de los archivos de Scotland Yard demuestran de manera concluyente que la garganta de Stride fue cortada de izquierda a derecha, exactamente igual que las otras víctimas, y precisamente de la manera imitada por el aprendiz.

La primera declaración es de Dr Bagster Phillips, que examinó los restos de Stride. Dijo:

> Afirmo que la agarraron por los hombros, la sujetaron y que el agresor estaba a su derecha cuando la golpeó. Soy de la opinión de que *el corte se hizo de izquierda a derecha en relación con la fallecida*.

El segundo, y más completo, de los dos informes es, de hecho, una copia de un informe médico de cuatro páginas de los archivos del Ministerio del Interior. Fue redactado por Dr Thomas Bond, cirujano asesor de la División "A" de la Policía Metropolitana, que realizó la autopsia del cuerpo de Kelly. Fue una de las pruebas clave enterradas durante la investigación de su muerte. En este informe, Bond se refirió a los asesinatos anteriores. Incluyó a Stride cuando afirmó que :

> En los cuatro primeros [asesinatos], la garganta parece haber sido cortada de izquierda a derecha.

Así se atestigua un primer paralelismo masónico: todas las víctimas de Jack el Destripador fueron masacradas según un ritual masónico ancestral.

Otra prueba importante de los archivos de Scotland Yard, que aún no se ha publicado, es la declaración de Dr Ralph Llewellyn, que examinó el cadáver de Nichols, de que le habían degollado *después de* mutilarle el abdomen. Para un médico era muy fácil determinar esto. La declaración de Llewellyn plantea una cuestión crucial. Si el corte de la arteria carótida no se hizo para matar a la víctima, ¿qué razón pudo haber para tal acción? Es innegable que la herida en la garganta de Nichols se infligió simplemente con fines simbólicos. En *The Complete Jack the Ripper*, Donald Rumbelow argumentó de forma convincente que las víctimas del Destripador eran estranguladas y luego mutiladas tras la muerte. La demostración de Rumbelow refuerza la tesis de que las gargantas fueron degolladas con cualquier intención menos práctica. Sin duda, es significativo que este acto formara parte de un ritual masónico.

Las mutilaciones posteriores se llevaron a cabo de acuerdo con otra tradición masónica. Nadie discute que estas heridas también fueron infligidas *post mortem*. Sólo tenemos detalles exactos de las mutilaciones de tres de las cinco mujeres: Chapman, Eddowes y Kelly. En el caso de la primera víctima, Nichols, Dr Llewellyn sólo le echó un vistazo superficial en el momento en que fue descubierta, por lo que no existe una descripción fiable de la forma exacta que adoptaron sus mutilaciones. Cuando Llewellyn le hizo la autopsia, el cuerpo ya había sido desnudado y limpiado por los empleados de la morgue. Al cuerpo de Stride se le practicó una incisión en la garganta antes de que pudiera cometerse cualquier mutilación. Pero las heridas de las tres mujeres cuyos cadáveres atendió el Destripador en su totalidad, y a cuyos cuerpos se les practicó la autopsia, guardan sorprendentes similitudes - y extraordinarios paralelismos- con los asesinatos rituales de la masonería. Un informe de la época sobre el cadáver de Chapman decía:

> Los intestinos, separados de sus uniones mesentéricas, habían sido extraídos del cuerpo *y colocados sobre el hombro del cadáver.*

Y Dr Frederick Brown dijo en la investigación Eddowes:

> El abdomen estaba completamente expuesto. Los intestinos fueron retirados en gran parte y colocados *sobre el hombro derecho.* Un trozo de intestino estaba casi desprendido del cuerpo y colocado entre el brazo izquierdo y el cuerpo.

En respuesta a las preguntas formuladas, Dr Brown fue bastante categórico al afirmar que los intestinos se habían colocado en el hombro "cuidadosamente".

Sin duda era masónico. Gran parte del rito y la alegoría masónicos se basan en el mítico asesinato por tres aprendices de albañil -Jubelo, Jubela y Jubelum- del gran maestro Hiram Abiff, responsable de la construcción del Templo de Salomón. Tras asesinar a Hiram, los aprendices huyeron, pero fueron encontrados cerca de la costa, en Jaffa, y ellos mismos fueron asesinados:

> *abriéndoles el pecho y extrayéndoles el corazón y las vísceras que quedan sobre el hombro izquierdo.*

Esta se ha convertido en la mejor manera de tratar con Maestros Masones traidores. La descripción de las lesiones de Chapman formaba parte de ese elemento que Dr Bagster Phillips trató desesperadamente de ocultar durante la investigación.

El elemento inverosímil del asesinato de Nichols fue que su destripamiento apenas se notó hasta que llegó a la morgue. Parecería que no había sido tan gravemente mutilada como las víctimas posteriores, pero, si no le habían dejado los órganos vitales a la altura del hombro, sin duda la habían "abierto en canal" de forma propiamente masónica. Y, según Dr Llewellyn, cuando la encontraron en Bucks Row, tenía las piernas estiradas, como si la hubieran estirado a fondo.

La única incoherencia es que el ritual masónico se refiere al "hombro izquierdo" y los intestinos de Eddowes fueron colocados en su hombro *derecho*. Esta contradicción podría explicarse por el hecho de que Mitre Square, donde se encontró a Eddowes, era el más precario de todos los lugares de asesinato. Fue masacrada con más cuidado que las otras víctimas, aparte de Kelly, y en menos tiempo. El momento del asesinato exigía que no se perdiera ni un segundo en abandonar el cuerpo. En la prisa por deshacerse del cadáver de forma masónica, es posible que se pasara por alto el problema de elegir *un* hombro *así*. Esto es muy probable, porque -según Sickert- Gull permaneció en el carruaje y el abandono real del cadáver fue llevado a cabo, según las instrucciones de Gull, por Netley.

Dr Brown habló en la investigación Eddowes de otra mutilación deliberada: "Se había extirpado un trozo triangular de piel de cada mejilla...". Estos dos triángulos tienen un simbolismo masónico preciso. El signo sagrado de la masonería son *dos triángulos*, que representan el altar del Santo Arco Real.

Las similitudes entre el asesinato de Mary Kelly y un asesinato ritual masónico son sorprendentes, como muestra un grabado de William Hogarth. *La Recompensa de la Crueldad, la* última pintura de las *Cuatro Etapas de la Crueldad* de Hogarth, una obvia caricatura de la profesión médica, muestra en realidad un asesinato ritual masónico en progreso, y guarda asombrosas similitudes con las mutilaciones de Kelly. Hogarth era masón y uno de los primeros en denunciar la fraternidad. Hay símbolos masónicos en muchos de sus grabados, pero esta obra en particular es la más franca. Hogarth trazó un paralelismo masónico en esta producción al representar a la víctima *tendida trabajosamente* sobre una mesa de disección con un tornillo en la cabeza levantado por cuerdas y una polea. Este tornillo o broca se llama "Lewis": hace referencia al partidario Lewis de dos de los elementos más importantes de la impedimenta masónica: la piedra de corte tosco y el escombro perfecto. Comparemos ahora las heridas de Kelly, tal como las describe el *Times*, con el destino de la víctima de Hogarth:

La pobre mujer yace de espaldas, completamente desnuda [...].

La víctima de Hogarth yace de espaldas completamente desnuda.

Le cortaron el cuello de oreja a oreja, hasta la columna vertebral [...].

La víctima de Hogarth tiene una "cuerda de remolque" masónica alrededor del cuello, que en el ritual masónico se define claramente como el corte de la garganta.

Le cortaron las orejas y la nariz, y le acuchillaron la cara hasta borrar por completo sus rasgos [...].

La víctima de Hogarth está siendo mutilada en la cara. Uno de los *tres* asesinos masones del grabado está cortando un ojo con un bisturí, lo que también hace referencia al asesinato de Eddowes, en el que los párpados fueron arrancados.

Se abrió el estómago y el abdomen [...].

Este es el caso de la ilustración de Hogarth.

La parte inferior del torso, incluido el útero, fue amputada [...].

Por los detalles del grabado no está claro si falta algún órgano (y, por supuesto, un hombre no tiene útero), pero la parte inferior del tronco sí está abierta.

El corazón de Kelly también fue extirpado, y la víctima de Hogarth fue sometida al mismo tratamiento. Por último, en una versión del grabado, la mano izquierda de la víctima descansa cerca de su pecho, la misma posición que Kelly. Así lo confirma una fotografía de los restos de Kelly en los archivos de Scotland Yard. El brazo izquierdo de Annie Chapman, el único otro asesinato en el que el asesino tuvo tiempo de disponer el cuerpo a su antojo, estaba en la misma posición. El brazo *derecho* de Elizabeth Stride yacía cerca de su pecho. Un último paralelismo entre el asesinato masónico representado por Hogarth y la masacre de Kelly es que la última víctima del Destripador tenía las piernas y los pies desollados.

La recompensa de la crueldad, de William Hogarth

Sickert dijo que los asesinatos fueron llevados a cabo por tres individuos. Hogarth representa a *tres asesinos masones*. De hecho, los masones consideran que el número 3 es un número perfecto, y los asesinatos masónicos simulados son tradicionalmente llevados a cabo por tres masones, en recuerdo del mito de Jubelo, Jubela y Jubelum. Tres años después de la muerte de Kelly, en 1891, se creó la Logia Clarence y Avondale, que lleva el nombre del Príncipe Eddy, en el Templo Masónico de Leytonstone, cerca de donde Kelly fue enterrado.

La mayoría de los autores han mencionado un extraño detalle sobre el asesinato de Annie Chapman, pero nunca se ha explicado adecuadamente. Algunos investigadores, como Farson, que se sintió confundido por él, han hecho pocos intentos por explicarlo. Otros ni siquiera lo mencionan, y otros -como Stewart- afirman de forma inverosímil que no tenía ningún significado. La opinión de Farson sobre este punto se acercaba a la verdad. Escribió:

> Aún más desconcertante fue un detalle singular que parecía inexplicable, aunque no pude evitar pensar que era importante: dos anillos de bronce y algunas monedas estaban cuidadosamente colocados alrededor de los pies.

Farson tenía razón al dar importancia a este gesto, pero se detuvo ahí. Esta colocación de anillos y otros objetos cerca del cuerpo era masónica, un acto con un simbolismo especial. El bronce es un metal sagrado para los masones, porque Hiram Abiff era un artesano del bronce. Supervisó la fundición de las dos grandes columnas huecas que se erguían a la entrada del Templo de Salomón, y que se convirtieron en el símbolo de la masonería. Dos anillos uno al lado del otro se parecen exactamente a dos pilares huecos de bronce en sección transversal. Otro aspecto masónico más evidente es que, antes de cualquier iniciación, un masón es despojado de sus accesorios metálicos, como monedas y anillos.

Aquí, una vez más, surge la trama. Los anillos fueron retirados poco después del hallazgo del cadáver de Chapman, y el forense Wynne Baxter fue informado de que habían sido robados por el asesino. Este es otro punto que parece haber escapado a todos los que han escrito sobre el Destripador. En la p. 61 de su libro, Rumbelow escribió:

> Como si participara en un elaborado ritual, el asesino había depositado a los pies de la mujer los dos anillos que se había quitado de los dedos, unos *peniques* y dos nuevos *farthings*[14].

Sin embargo, 11 páginas más tarde, en el resumen de lo que el juez Baxter dijo en la investigación Chapman, escribió:

> Faltaban dos cosas en el cuerpo, dijo. Los anillos de Chapman, *que no se habían encontrado*, y el útero, que había sido extraído del abdomen.

Estas dos citas son contradictorias, pero ningún autor ha señalado hasta ahora esta incoherencia, y mucho menos ha intentado explicarla. La primera pregunta que hay que plantearse es: ¿se *depositaron*

---

[14] Se trata de una moneda de un cuarto de penique antigua, retirada de la circulación en 1961 (Nota del editor).

realmente los anillos con monedas a los pies de Chapman, o este primer testimonio es falso?

Apenas hubo error, como confirman las declaraciones aparecidas en la prensa en el momento del asesinato. Las joyas y las monedas fueron vistas y advertidas por varios periodistas. La prueba más evidente es que las vio el primer periodista que llegó a la escena del crimen: Oswald Allen. En un reportaje que apareció en la *Pall Mall Gazette* sólo unas horas después de que se descubriera el asesinato, Allen escribió:

> Una característica curiosa de este crimen es que el asesino extrajo anillos de bronce de la víctima, y éstos, junto con otros pequeños objetos de sus bolsillos, *fueron meticulosamente colocados a los pies de la fallecida.*

¿Cómo puede explicarse la posterior desaparición de estos objetos? La primera persona en llegar a la escena después de la policía y los periodistas fue Dr Phillips, a quien ya se ha hecho referencia en nuestro Capítulo VIII como implicado en el encubrimiento. Durante la investigación Chapman, se esforzó por ocultar la naturaleza masónica de sus lesiones. Es el individuo con más probabilidades de haber suprimido las pruebas de los anillos de bronce.

Pocas horas después del asesinato de Chapman, el rumor del Delantal de Cuero se extendió por Londres. Hasta la fecha es imposible rastrear la verdadera fuente de este ruido, ya que parece haberse generado espontáneamente en varios lugares del East End. Curiosamente, la prenda masónica básica es el *delantal de cuero*. Esta prenda está hecha de piel de cordero, y los masones todavía se refieren a ella como su "delantal de cuero".

Este sorprendente vínculo entre los asesinatos de Whitechapel y los masones nos remite a la masacre de Catherine Eddowes en Mitre Square. Porque, en este asesinato, el *delantal* parece ser de nuevo importante. Un trozo del delantal de Eddowes fue cortado por el asesino. No fue arrancado en un frenesí, sino cortado cuidadosamente, con calma y deliberadamente. ¿Por qué lo hizo? Si la única razón para cortar el delantal era limpiar la sangre de las manos o del cuchillo del Destripador, entonces ¿qué buena razón podía tener para tardar tanto en cortar un trozo de tela? Otros elementos de su ropa bien acolchada habrían ofrecido una forma más fácil y rápida de limpiarse - sus voluminosas enaguas, por ejemplo. Una vez más, la explicación práctica no se sostiene. No había ninguna razón pragmática para este comportamiento. Por tanto, nos enfrentamos a la posibilidad de que el delantal fuera cortado con fines *simbólicos*, al igual que los cortes *post mortem*, las mutilaciones póstumas y la cuidadosa colocación de objetos a los pies de Chapman.

Incluso había un significado en los 39 días que quedaban entre el asesinato de Eddowes y el de Kelly. 39 es un número significativo para los masones, obtenido multiplicando el número "perfecto", 3, por su número "favorito", 13. ¿Cómo pudo un hombre atacar a Stride poco antes de la una de la madrugada, matarla, caminar casi un kilómetro y medio para encontrar a Eddowes, llevarla a Mitre Square, dispararle allí, deshacerse de su cuerpo de forma más que meticulosa y marcharse de incógnito, todo ello en 45 minutos? La explicación de Sickert de que Eddowes fue recogida en un coche por los tres asesinos, asesinada dentro y luego abandonada en Mitre Square, parece resolver el problema.

Una objeción a este argumento es que el vehículo habría sido necesariamente oído. Esto es cierto, pero oír no significa necesariamente darse cuenta o recordar. En los primeros escritos sobre el Destripador, se sugería que el asesino era un "hombre invisible", un tipo de individuo cuya presencia en la calle habría sido tan ordinaria que apenas se habría notado. Un policía, por ejemplo, habría desaparecido así del subconsciente de una persona. Lo mismo puede decirse del ruido de un coche. Por supuesto, nadie declaró haber oído pasar un coche por ninguna de las escenas del crimen. Esto se debe a que el ruido de los vehículos al pasar por las calles a altas horas de la noche era tan habitual en el East End en aquella época, y formaba parte de la vida cotidiana, que nadie le prestaba atención. Como demostró el testimonio de los testigos en varias investigaciones, las calles estaban -a todas horas del día y de la noche- repletas de taxis, vehículos de reparto y coches de comerciantes y trabajadores de mataderos. Bucks Row, donde los testigos declararon explícitamente que no oyeron nada en toda la noche, no sólo está atravesada por los ruidosos carros de los trabajadores por la noche: también estaba justo al lado de una vía férrea. Ninguno de estos ruidos permaneció en la mente de los testigos, y el ruido de las ruedas del coche de Netley no podría haberse distinguido del ruido de ningún carruaje que pasara.

El punto de vista de Sickert sobre este acoplamiento proporciona una explicación plausible para otro aspecto desconcertante del caso: el hecho aparentemente inexplicable de que el asesino o asesinos infundieran suficiente confianza en sus víctimas como para que éstas fueran voluntariamente en su dirección. Tras la muerte de Chapman, ninguna prostituta -ni siquiera una al límite de sus fuerzas- se habría metido en una plaza oscura con un desconocido. Pero cuando todo el país estaba alborotado con un Jack solitario, un maníaco peligroso escondido en la oscuridad, los últimos sospechosos habrían sido dos caballeros y su cochero que viajaban por el East End en su carruaje. Cabe imaginar el diálogo que habría descubierto a Eddowes y disipado sus temores:

- Buenas noches, señora. Este no es el momento ni el lugar para estar solo en estos días oscuros. ¿Podemos llevarla a casa?

Las prostitutas que rondaban el evanescente mundo de Whitechapel rara vez eran tratadas como seres humanos, y mucho menos como damas. El problema de atraer a las víctimas al coche se habría superado fácilmente jugando con su vanidad y recordándoles el terror sin rostro que acechaba fuera por la noche. Habría sido una ironía fácil convencer a las mujeres de que viajando en el carruaje estarían a salvo de Jack el Destripador. Sólo el hecho de que los asesinatos tuvieran lugar en un vehículo explica por qué se encontró tan poca sangre en la "escena" de cada asesinato.

Para Eddowes, Mitre Square estaba en la dirección equivocada desde la comisaría de Bishopsgate, de donde salió tras recuperar la sobriedad. A esa hora de la noche, su único destino razonable debería haber sido su pensión en Spitalfields. Sus propias palabras al salir de la comisaría confirman que tenía intención de ir a Spitalfields. En la investigación, el carcelero George Hutt dijo al representante de la policía local, el Sr. Crawford, que Eddowes, al salir, le dijo: "Encontraré un buen refugio en casa".

CRAWFORD. - Supongo que, con eso, ¿pensaste que se iba a casa?

HUTT. - Sí.

Que acabara yendo en dirección contraria a la que debería haber seguido, hacia Spitalfields, es una excelente pista de que fue secuestrada en Mitre Square. ¿Pero por qué? A primera vista, era el último lugar que habría elegido un asesino. Rumbelow describió los "enormes riesgos" que corría el Destripador al llevar a cabo su trabajo allí:

> Mitre Square tiene tres entradas: una desde Mitre Street, y pasajes desde Duke Street y St James's Place. En dos lados de la plaza había almacenes, propiedad de Kearley & Tonge, con un vigilante de servicio toda la noche. En el tercer lado, frente al lado donde se encontró el cadáver, había dos casas viejas, una de las cuales estaba desocupada y

la otra habitada por un policía. En el cuarto lado había tres casas vacías. Por la noche, cada 15 minutos, la plaza estaba al paso de un policía que patrullaba: a la 1.30 de la madrugada el lugar estaba tranquilo cuando pasó, a la 1.45 había encontrado el cadáver.

El *Times* pensó que :

> El asesino, si no está loco, parece no temer ser interrumpido durante sus atrocidades.

Aunque el asesinato apenas tuvo lugar en la plaza, sino en el interior del vagón, Mitre Square seguía representando un riesgo enorme en los pocos minutos que tardó Netley en arrojar allí el cadáver. ¿Por qué era tan importante el lugar donde se abandonó a Eddowes, donde se corrieron todos estos riesgos?

Hay que recordar que, según Sickert, los asesinos pensaron que habían encontrado a Mary Kelly y no a Eddowes. Este iba a ser el último asesinato, y por lo tanto el más abiertamente masónico. La Plaza Mitre tiene un sorprendente significado masónico. De hecho, es justo decir que es el lugar más masónico de Londres, aparte del templo principal de la Gran Logia. Mitre Square estaba literalmente plagada de referencias masónicas. Su nombre, para empezar, era totalmente masónico: *Mitre* y *Square*[15] son las herramientas básicas del masón, y desempeñan un papel importante en el ritual y el simbolismo masónicos. Eran las herramientas utilizadas originalmente por los canteros y, durante su ceremonia de iniciación, el aprendiz es presentado con las herramientas de un cantero y desafiado por el maestro: "Aplicamos estas herramientas a nuestra vida moral". En *The Builders. A Story and Study of Masonry*, Joseph Fort Newton describe la *escuadra* como "un símbolo de la verdad". El nombre "Mitre Square" apareció por primera vez en un mapa de personal de 1840. Debe su nombre a la Taberna Mitre, importante lugar de reunión de los masones en los siglos XVIII y XIX.

Existen otros dos vínculos esenciales entre la plaza Mitre y la masonería. En 1530 fue escenario de un asesinato que imitaba en muchos aspectos el mítico asesinato de Hiram Abiff, base de gran parte del simbolismo de la masonería. Al igual que el asesinato de Hiram, éste se llevó a cabo en un lugar sagrado, ya que en el siglo XVII Mitre Square

---

15 Estas dos palabras tienen un doble significado en inglés, ya que también se refieren a la *plaza*.

era el emplazamiento del Priorato de la Santísima Trinidad. Una mujer estaba rezando ante el altar mayor del priorato, igual que Hiram en el Templo de Salomón antes de su asesinato, cuando fue atacada por un monje loco. La mató y se suicidó clavándose el cuchillo en el corazón. La escena del crimen, la víctima rezando y la muerte violenta del asesino corresponden al acontecimiento legendario en el centro de la tradición francmasónica.

Esta singular santidad se consolidó dos siglos y medio más tarde, cuando Mitre Square se convirtió en el lugar de reunión de los masones afiliados a la Logia Hiram. Tan estrechos eran sus vínculos con la masonería que Mitre Square siguió siendo el centro de una floreciente actividad masónica hasta el SIGLO XIX. La Taberna Mitre, a la entrada de la plaza, se convirtió en el lugar de reunión de otras dos logias: la Logia Unión y la Logia Jaffa. Esta última está de nuevo estrechamente vinculada al asesinato de Hiram, ya que fue cerca de la costa, en Jaffa, donde se encontró a los tres aprendices de albañil. Prueba de que Mitre Square era especialmente sagrada para los masones son los nombres de las logias que allí se reunían. La Logia *Hiram* y la Logia *Jaffa tienen* una conexión especial con el tema esencial de la masonería, más que ninguna otra logia de Londres en aquella época. Las últimas logias, más modestas, tenían nombres como Ark Lodge y Prosperity Lodge. Sólo las logias más grandes se reunían en Mitre Square. Aparte de los hermanos de la Logia Hiram y la Logia Jaffa, Mitre Square seguía siendo un hervidero de actividad masónica. A pocos metros, el *Tailor's Arms* de Mitre Street era el lugar de reunión de la Logia de Judá.

Una de las principales logias del país, y casi con toda seguridad a la que pertenecía Sir William Gull, era la Logia Real Alfa. Se reunía casi siempre en el West End, y en particular en el *King's Arms* de Brook Street (Mayfair), cerca de la casa de Gull, en el número° 74. La logia sólo tenía dos lugares de reunión fuera del West End: Leadenhall Street y... la Mitre Tavern, estableciendo así un vínculo directo entre Gull y Mitre Square.

El bárbaro asesinato de 1530 casi podría verse como un vínculo entre la ejecución de Hiram y el asesinato de Catherine Eddowes. Porque aunque los paralelismos masónicos del primer asesinato de Mitre Square son fuertes, sus detalles también se asemejan al cuarto asesinato del Destripador. En ambos casos, fue una mujer la que cayó a manos de un asesino aparentemente enloquecido, y en ambos casos a la víctima se le disparó con un cuchillo. Así pues, existen puntos de contacto, no sólo entre el asesinato de Eddowes y la muerte de una mujer desconocida en 1530, sino también entre estos dos asesinatos y la mítica ejecución de Hiram Abiff. Parece probable que Mitre Square se convirtiera en un lugar tan importante para los masones precisamente por la matanza de 1530, y no fue casualidad que los asesinos que se ocultaban tras la identidad solitaria de Jack el Destripador eligieran Mitre Square como lugar para encontrar el cuerpo de -según pensaban- su última víctima.

Hanbury Street, donde se encontró a Chapman, era otra importante encrucijada masónica. La Logia Humber y la Logia Stability se reunían regularmente en el Black Swan y el Weaver's Arms, dos establecimientos de Hanbury Street, uno de los cuales está al lado de° 29, donde se encontró el cuerpo de Chapman.

Por último, la prueba más convincente de que todos los asesinatos fueron masónicos puede encontrarse siguiendo el rastro del trozo perdido del delantal de Eddowes. La tela, manchada de sangre, fue encontrada por el agente de policía Alfred Long tirada en el pasillo de Wentworth Dwellings, típicas residencias de Goulston Street. Estas viviendas han sido identificadas erróneamente por escritores anteriores como los Edificios Peabody. Encima del trozo de tela, en la pared del pasadizo, había un mensaje escrito con tiza. A día de hoy se desconoce el contenido exacto de la pintada. La frase se ha reproducido de distintas formas en casi todos los libros sobre el Destripador. Pero el Registro de Correspondencia de la Policía Metropolitana, una colección de cartas confidenciales que ahora se encuentra en la Oficina de Registros Públicos, recoge la versión original del mensaje. Una nota de Sir Charles Warren al Subsecretario Permanente del Ministerio del Interior, Godfrey Lushington, dice:

> Le envío una copia de la pintada dejada en la pared de Goulston Street.

Como anexos, encontramos en el registro del Ministerio del Interior un documento, reproducciones fotográficas. Este muestra el texto exacto y la disposición del mensaje, y hubo un claro intento de copiar el estilo de escritura original:

> Los judíos son
> Hombres que
> No será
> no Acusado
> para nada

Antes del descubrimiento de este graffiti en la pared, Sir Charles Warren apenas se había aventurado en el East End. El sonido del mensaje le hizo salir de Whitehall tan rápido como le permitía un coche. El comandante Smith, de la policía de la ciudad, que nunca tuvo buenas relaciones con Warren, ya había decidido intervenir. Al enterarse del mensaje de tiza, autorizó al inspector McWilliam a enviar a tres agentes a Goulston Street para fotografiarlo. El Destripador había dejado por fin una pista.

Números 108 a 119 de Wentworth Dwellings, Goulston Street - el lugar donde se encontraron las inscripciones murales. Se encontraron justo dentro de la entrada, en la pared de la derecha. Hasta 1975 los estudiosos de Jack el Destripador supusieron erróneamente que este edificio había sido demolido, ya que las pintadas se encontraron supuestamente en los edificios Peabody. Richard Whittington-Egan descubrió la verdadera ubicación durante su investigación para su libro A Casebook on Jack the Ripper. *Hasta entonces no se habían publicado fotografías del edificio.*

El asesinato había tenido lugar en la jurisdicción de la policía londinense, pero las pintadas de la pared eran de Warren. Cuando llegó la policía municipal con su engorroso equipo fotográfico, Warren ya había llegado. Les prohibió hacer fotografías, y lo hizo de una forma que no se ha explicado ni justificado adecuadamente. Era la única pista real dejada por Jack el Destripador. *Pero Warren la destruyó.* Más tarde dio la excusa de que temía que estallaran disturbios antisemitas por la referencia a los "judíos". Aunque esto fuera cierto, no explica por qué no permitió que los agentes municipales fotografiaran el mensaje. Las fotografías habrían proporcionado pruebas esenciales, y la pintada podría haber sido borrada después de ser fotografiada. Esto no explica por qué no aceptó el consejo de varios policías de alto rango que se encontraban en el lugar de borrar únicamente la palabra "judíos". Tampoco explica por qué no se limitó a cubrir el mensaje con una manta. Al fin y al cabo, estaba en la entrada de un edificio que podía precintarse fácilmente.

¿Qué intentaba ocultar Warren? ¿Qué razón tenía para destruir pruebas tan descaradamente? Y todo el episodio sigue siendo absurdo hasta que entendemos que sólo hay una razón para que un oficial de policía haga todo lo posible para derrotar a la justicia: es cuando el oficial jura lealtad a un maestro por encima de toda justicia. Hemos demostrado que Warren era un masón avanzado y poderoso. Hacía tiempo que había jurado ayudar a un hermano masón en un asesinato o traición enterrando todas las pruebas. Esto es claramente lo que Warren estaba haciendo en Goulston Street. Pero, ¿qué había en ese mensaje garabateado que pudiera apuntar a un masón? La respuesta está en el término "*Juwes*". No se trataba, como Warren intentó convencer a los críticos, y como muchos escritores han creído posteriormente, de un error ortográfico de la palabra *judíos*. *Porque los Juwes eran los tres aprendices de masón que mataron a Hiram Abiff y constituyen la base del ritual masónico.*

Es imposible establecer si algunos de los individuos menos conocidos del relato de Sickert eran masones o no. Los personajes principales seguramente lo eran. Warren, Gull, Anderson y Salisbury ocupaban puestos muy altos en la jerarquía masónica. Salisbury, cuyo padre había sido Gran Maestre Adjunto de toda Inglaterra, era tan prominente que en 1873 se dio su nombre a una nueva logia. La Logia Salisbury se reunía en el primer lugar de encuentro masónico de Inglaterra, la sede de los masones en Great Queen Street, Londres.

¿Puede haber alguna duda de que los asesinatos del Destripador, el encubrimiento posterior y también el encubrimiento del escándalo del burdel de Cleveland Street fueron llevados a cabo por un puñado de masones extremistas? Incluso lord Euston, la fuerza motriz de la parte final, bastante brutal, de la operación de Cleveland Street, era un destacado masón. Y, a pesar de que se le consideraba cliente del burdel homosexual, su carrera masónica fue brillante a raíz del escándalo. La virtud moral que los masones decían tener por sagrada era claramente de poca importancia cuando Lord Euston fue nombrado Gran Maestro de los masones de distinción. Su ascenso no fue un reconocimiento de sus virtudes: fue el premio masónico por el servicio que había prestado al silenciar a Ernest Parke.

CAPÍTULO XI

Sir William Gull

La mayoría de los expertos en el Destripador que se enfrentan a la versión de los hechos de Walter Sickert reaccionan con incredulidad. El sentimiento general fue resumido por Colin Wilson, autor de *A Casebook of Murder*, escribiendo tras la aparición de Joseph Sickert en televisión: "Desde mi punto de vista, ésta es la historia más improbable que jamás se haya contado.

Farson y Rumbelow han hecho desde entonces referencias a las emisiones en sus libros, como de pasada, y lo han refutado con una sola objeción de fondo. Su principal argumento contra toda la aventura de Sickert parece ser: *Sir William Gull difícilmente podría haber sido un miembro activo de la saga del Destripador, ya que sufrió un derrame cerebral en 1887.*

Hay muchas pruebas que apoyan la acusación de Sickert contra Gull. Sin embargo, antes de explicar el lado positivo del caso, demostremos que la única objeción a la implicación de Gull en los asesinatos carece de fundamento.

Las pruebas que dieron lugar a la idea errónea de que Gull quedó casi paralítico después de 1887 se encuentran en el *Dictionary of National Biography*. La entrada de Gull dice en parte:

> En otoño de 1887 sufrió una parálisis que le obligó a dejar de ejercer; un tercer ataque le causó la muerte el 29 de enero de 1890.

A partir de esta cita, parece imposible que Gull formara parte del trío de Jack el Destripador... Pero esta referencia a los achaques de Gull es una simplificación excesiva, y otras fuentes ofrecen un relato mucho mejor.

La verdad hay que buscarla en las palabras de Dr Thomas Stowell, cuya fuente de información fue la propia hija de Gull. Escribió que Gull tuvo "un ataque leve en 1887". Lo leve que fue este ataque queda demostrado en el siguiente extracto de *In Memoriam. Sir William Gull*, un cariñoso homenaje a Gull, publicado poco después de su muerte:

> Estaba entonces [octubre de 1887] en su casa de Escocia, planeando volver al trabajo casi inmediatamente después de sus vacaciones de otoño, y mientras paseaba solo por su parque le sobrevino una parálisis. *No perdió el conocimiento, pero sólo sentía una rodilla y pudo caminar hasta su casa sin ayuda* [la cursiva es mía].

No fue un ataque grave, contrariamente a lo que insinúa el *Diccionario de Biografía Nacional*. El supuesto "ataque" fue tan leve que Gull se fue *andando* a casa. Aunque dejó de tratar pacientes en 1887, siguió llevando una vida activa. Su yerno, Theodore Dyke Acland, explicó en *William Withey Gull. A Biographical Sketch* que:

> Sir William desempeñó un papel importante en la vida pública de su época. De 1856 a *1889* formó parte del Consejo de la Universidad y se fue jubilando gradualmente [la cursiva es mía].

Gull facilitaba religiosamente información personal todos los años a través de formularios, que se archivaban en el *Registro Médico*. La última vez que apareció en este registro fue en 1889, por lo que al menos hasta finales de 1888 -cuando se terminó la edición de 1889- se consideraba un médico en activo. ¿Por qué, entonces, si estuvo lo suficientemente bien hasta 1889 como para formar parte del consejo de la Universidad de Londres, dejó de ejercer la medicina en 1887? Los acontecimientos posteriores a la enfermedad de Gull se resumen en la edición de 1892 de la *Biographical History of Guy's Hospital de* Wilks y Bettany:

> Sir W. Gull había tenido dos o tres enfermedades cortas antes de la que marcó el comienzo de su fatal patología, pero en aquel momento se encontraba bien y disfrutando en Escocia, cerca de Killiecrankie, cuando le sobrevino una *ligera* parálisis del lado derecho y afasia. Esto ocurrió en octubre de 1887. Se recuperó casi por completo y regresó a Londres, donde permaneció varios meses con una salud relativamente buena. Los amigos que le vieron no percibieron gran diferencia en su estado y hábitos, pero él *confió que* se sentía como un hombre diferente, y abandonó toda práctica. Posteriormente sufrió tres ataques epileptiformes*, de los que se recuperó pronto*, pero el 29 de enero de 1890 sufrió una apoplejía repentina, cayó en coma y falleció tranquilamente [la cursiva es mía].

Este pasaje subraya la ligereza de la apoplejía de Gull en 1887. El comentario de Wilks y Bettany de que los amigos de Gull apenas notaron la diferencia tras la "apoplejía" de 1887 es otra señal de su benignidad. El hecho de que Gull "dijera" que se sentía un hombre diferente sugiere que pudo haber mentido a la gente para hacerles creer que se encontraba demasiado mal para seguir ejerciendo.

La verdad sobre la enfermedad de Gull en 1887 es que sufrió una parálisis leve, pero no una apoplejía en el sentido habitual. Pero aun suponiendo que su ataque de 1887 fuera un derrame cerebral, como él afirmaba, fue de una naturaleza tan insignificante que difícilmente pudo afectar a su modo de vida. Una apoplejía es una pérdida repentina de la conciencia, los sentidos y los movimientos voluntarios, generalmente causada por la rotura de un vaso sanguíneo en el cerebro. Ninguno de estos síntomas era visible en Gull. Hay dos tipos de ictus: agudo y leve. Dr Alan Barham Carter, experto en este tipo de enfermedades y autor de *All About Strokes*, define el ictus menor como el que se produce "cuando las secuelas son pequeñas, de extensión limitada y a menudo reversibles, de modo que no hay muerte celular [cerebral]".

Dr Barham Carter explicó que un hombre de constitución normal puede recuperarse totalmente incluso de un ictus agudo, en el que las células cerebrales quedan destruidas de forma permanente. Gull era algo más que una persona normal. Un escritor lo describió como de estatura media, pero "de gran fuerza y vigor", y el *Dictionary of National Biography rinde* homenaje a su "gran resistencia". Es cualquier cosa menos difícil aceptar que una apoplejía tan leve como la que sufrió Gull hubiera sido un obstáculo insignificante en la vida de un hombre de fuerza *excepcional*. Es importante señalar que su constitución apenas se había visto mermada por la enfermedad. Durante toda su vida gozó de muy buena salud, salvo un ataque de fiebre entérica.

Si Farson y Rumbelow hubieran preguntado por todo esto, nunca habrían tomado la enfermedad de Gull como una objeción a su participación en los asesinatos. Ningún autor entrevistó a Joseph Sickert antes de publicar críticas a su relato audiovisual de seis minutos. Teniendo esto en cuenta, no se les puede culpar por sacar las conclusiones que sacaron. No sólo se trataba de un relato que desafiaba lo imposible al resumir los hechos, de modo que se omitía información esencial, sino que muchos aspectos de la historia original quedaban realmente distorsionados en este proceso de miniaturización. Así, los espectadores escucharon :

> Ella [Mary Kelly] fue asesinada la última, de las cinco mujeres, de una manera que recuerda a un enfermo mental.

Walter Sickert nunca hizo esta declaración. Insistió en que todas las víctimas -salvo Eddowes- se conocían entre sí; que Nichols, Chapman, Stride y Kelly formaban parte de un sórdido intento de chantaje; y que Eddowes fue asesinado por error, al ser confundido con Kelly. Pero el mayor defecto del programa era que carecía de detalles. Apenas se explicó, por ejemplo, que Sickert dijera que los asesinatos -excepto los de Kelly y Stride- se cometieron en un coche en marcha y que, por lo tanto, Gull sólo habría necesitado hacer ligeros esfuerzos físicos para participar en los asesinatos. Sickert dijo que Gull primero dejó inconscientes a las víctimas dándoles uvas negras envenenadas. Luego, como estaban inmóviles en el carruaje, pudo llevar a cabo sus mutilaciones masónicas con la ayuda de Anderson. Esto significaba que los esfuerzos físicos de Gull eran insignificantes. John Netley se encargó entonces de la tarea más agotadora de depositar los cuerpos en la calle. En más de una ocasión contó con la ayuda de Anderson, pero Gull nunca bajó del coche.

La hipótesis que Farson y Rumbelow refutaron -la de un solitario Gull merodeando sigilosamente por los callejones del East End y masacrando a sus víctimas él solo, para luego desaparecer a pie- era obviamente descabellada. Pero Sickert nunca insinuó nada parecido.

Si había alguna duda sobre la capacidad física de Gull para sentarse en un coche y realizar su operación a cuatro mujeres en el espacio de 10 semanas, será útil tener en cuenta las exigencias físicas y mentales mucho mayores que realizan -no de forma puntual como en los asesinatos del Destripador, sino constantemente y bajo gran presión- los pacientes que sufren uno o más infartos cerebrales *agudos*. Para reiterar: en el peor de los casos, Gull sufrió el ictus más leve que es posible sufrir sin que pase desapercibido. Volvamos a dar la palabra a Dr Barham Carter:

> Muchos personajes famosos han sufrido ictus, pero los que mencionaré aquí se cuentan entre los que han hecho grandes aportaciones a la humanidad tras un ictus *agudo*, demostrando que esta calamidad no marca el final de la carrera de un hombre o una mujer.

Recordaba la apoplejía aguda sufrida por Louis Pasteur:

> El 29 de diciembre, Pasteur pudo caminar sin ayuda y, a partir de entonces, su lenta recuperación le condujo a un futuro extraordinario. Su empuje y entusiasmo no parecieron disminuir en absoluto, y formuló todas sus famosas teorías sobre la inmunidad y la vacunación en los años siguientes a su apoplejía.

Pasteur pasó *años* de intenso esfuerzo y duro trabajo para lograr sus revolucionarios resultados, tras sufrir un ataque *agudo* de apoplejía.

Dr Barham Carter hablaba de Churchill:

> Se recuperó muy bien de su apoplejía [aguda] de 1949 y ganó las elecciones de 1951, convirtiéndose en Primer Ministro. A pesar de *una sucesión de* apoplejías leves en 1950 y 1952, y una más grave en 1953, asumió todas las responsabilidades de su cargo admirablemente, y no hay pruebas de que hubiera perdido ni un poco de su juicio y empuje de toda la vida para entonces. De hecho, en aquella época asumió incluso la carga de los Asuntos Exteriores y se mostró muy feliz en sus decisiones relativas a nuestras relaciones con otros países.

En 1953 Churchill tenía 79 años, ocho más que Gull en el momento de los asesinatos de Whitechapel. Ciertamente, las funciones combinadas de Primer Ministro y Ministro de Asuntos Exteriores requieren más vigor y salud física que el papel atribuido a Gull en los asesinatos de Jack el Destripador, que se extendieron durante un periodo de dos meses y medio. Si aceptamos que un hombre de casi 80 años pueda ser Primer Ministro y Ministro de Asuntos Exteriores después de dos apoplejías agudas y una serie de accidentes leves, debemos estar de acuerdo en que un hombre unos años más joven es capaz de ser un Jack el Destripador impulsado después de una apoplejía tan leve que ni siquiera se desplomó...

Finalmente, basándose en la descripción de Sickert de los asesinatos, Dr Barham Carter dijo:

> No cabe duda de que un hombre físicamente robusto y activo de 72 años que sufrió un derrame cerebral leve podría haber llevado una vida perfectamente normal y haber cometido los asesinatos de Whitechapel de la forma descrita por Sickert.

Muchos autores han afirmado que Jack el Destripador era médico. De los 103 que han publicado teorías, que he revisado, más de una cuarta parte afirman que el Destripador era médico o estudiante de medicina. La mayoría de los teóricos que creen que un médico fue el responsable de los asesinatos basan su razonamiento en los comentarios de Dr Ralph Llewellyn y Dr Bagster Phillips en los que afirmaban para las investigaciones Nichols y Chapman que el asesino debía tener conocimientos de anatomía. La opinión fue ampliamente aceptada, y la sospecha de los hombres de ciencia en general fue hábilmente evocada por Dennis Halsted en su libro *Doctor in the Nineties*. Halsted era médico en el hospital londinense de Whitechapel en la época de los asesinatos, y también describió la "gran habilidad quirúrgica" desplegada por el Destripador. Que los médicos figuraban entre los principales sospechosos en el momento de los asesinatos queda confirmado por un documento del Ministerio del Interior dedicado a las acusaciones contra médicos y policías, y por el gran número de médicos que figuran en el archivo de "sospechosos" de Scotland Yard.

Dos médicos que examinaron el cadáver de Eddowes -el cirujano de división de la policía, George Sequeira, y el oficial médico de sanidad de la ciudad de Londres, Dr William Saunders- opinaron que no mostraba conocimientos anatómicos. Pero la opinión de que el asesino *sí* tenía conocimientos quirúrgicos está respaldada por pruebas más específicas de otros médicos.

En la investigación Nichols, Dr Llewellyn dijo: "El asesino también debe haber tenido algún conocimiento general de la anatomía.

Dr Phillips dijo de la investigación de Chapman: "Hay indicios de conocimientos de anatomía. El cuerpo no se encontró entero, y las partes que faltan son del abdomen. La forma en que se extrajeron estos órganos es una prueba de conocimientos anatómicos".

The Lancet, la revista de los médicos, observó que los asesinatos eran "obviamente obra de un experto - alguien, al menos, que tenía suficientes conocimientos de examen anatómico o clínico como para ser capaz de extirpar órganos pélvicos con un cuchillo".

Dr Frederick Brown, el cirujano de la policía municipal que realizó la *autopsia* de Eddowes, fue bastante rotundo: "Quienquiera que realizara este acto necesitaba un buen conocimiento de la ubicación de los órganos en la cavidad abdominal.

Brown no se desvió de su postura, a pesar de la opinión contraria de Sequeira y Saunders. Cuando se le preguntó, continuó: "Se requería mucha destreza y conocimiento de la ubicación del riñón para extraerlo. El riñón podía olvidarse fácilmente, ya que está cubierto por una membrana.

Este último comentario confirma finalmente que quienquiera que fuera el responsable de los asesinatos del Destripador, tenía *algún* conocimiento de anatomía, y probablemente mucho.

Teniendo esto en cuenta, varios teóricos desarrollaron sus tesis en torno a la posibilidad de que un cirujano fuera el culpable. Sin embargo, Sickert, al afirmar que Gull era el líder del trío, iba en contra de la opinión mayoritaria, ya que Gull era médico. A primera vista, parece mucho menos probable que un médico fuera el autor de las letales intervenciones quirúrgicas del Destripador que un cirujano, y si Sickert hubiera estado inventando historias habría sido mucho más creíble considerar a un cirujano como el asesino.

Como siempre, las afirmaciones más inverosímiles de Sickert se confirman al examinarlas más de cerca.

Colin Wilson cuenta en *A Casebook of Murder* que el asesino francés Eusebius Pieydagnelle apenas actuó hasta que su familia le obligó a dejar de ser carnicero (profesión a la que le atraía su fascinación por la sangre) para ser abogado, aunque descuartizar animales habría satisfecho por completo sus impulsos sádicos. Esto echa por tierra las teorías sobre los cirujanos locos. La sed de sangre de un cirujano loco se habría saciado en el curso de su trabajo diario.

En realidad, un médico es un candidato mucho más plausible, ya que rara vez habría realizado una intervención quirúrgica de envergadura. Aunque el asesino tuviera conocimientos de cirugía, parece evidente -incluso teniendo en cuenta las condiciones desfavorables en las que se realizaron las mutilaciones- que no tenía ni la experiencia ni la formación de un cirujano. El miembro de la sociedad cuya habilidad quirúrgica siempre debe ocupar un lugar secundario respecto a la del cirujano es, sin duda, el médico.

William Withey Gull nació en la parroquia de St Leonard, Colchester, el 31 de diciembre de 1816. Su padre era John Gull, un humilde propietario de barcazas en el río Lea. William era el menor de ocho hermanos, dos de los cuales murieron jóvenes. La familia se trasladó a Thorpe-le-Soken, en Essex, hacia 1820. Poco después, el hermano mayor de William obtuvo una beca para el Christ's Hospital, pero el orgulloso John Gull la rechazó, argumentando que ninguno de sus hijos dependería nunca de la caridad.

John murió de cólera en Londres en 1827. A partir de entonces, Elizabeth -la madre de William- crió a sus hijos lo mejor que pudo con medios limitados, enseñando a sus tres hijos y tres hijas que "todo lo que se hace, debe hacerse bien". El joven William fue educado en una pequeña escuela de pueblo, pero a lo largo de su vida insistió en que había recibido su verdadera educación de su madre, una mujer de gran inteligencia y perspicacia.

Una de sus frases favoritas de niño era:

Si yo fuera sastre

> Habría estado orgulloso de
> Ser el mejor de todos los sastres;
> Si yo fuera un calderero,
> No hay otros tinkers
> No podría arreglar una vieja tetera mejor que yo.

Los niños recibieron una estricta educación cristiana, y Gull observaba todas las fiestas litúrgicas, se vestía de negro durante la Cuaresma y obligaba a su familia a comer pescado y arroz con leche los viernes.

En 1832, el Sr Gull se trasladó con su familia a Thorpe, una propiedad cerca de Thorpe-le-Soken en manos de las autoridades del Guy's Hospital de Londres. La parroquia de Beaumont era adyacente a esta propiedad. Su vicario, el Sr. Harrison, era sobrino de Benjamin Harrison, tesorero del Guy's Hospital. Parece ser que el vicario apreciaba mucho al Sr. Gull, y uno de sus muchos actos de afecto en su comportamiento desinteresado y cortés era acoger a William en su rectoría para que fuera su tutor cualquier día. Durante este período feliz y tranquilo de su infancia, William desarrolló una fascinación por la vida salvaje. La influencia de Harrison erosionó gradualmente el deseo del adolescente de embarcarse, e inculcó en él la decidida ambición de convertirse en médico.

Su lema de los últimos años aún no se había expresado con palabras, pero su realidad ya formaba parte integrante de su carácter:

> Si tu objetivo está dentro de tus posibilidades,
> Asegúrate de llenarlo, aunque sea pequeño.

Una vez que tuvo la idea de dedicarse a la medicina, nada pudo desanimarle. Durante un breve periodo fue ordenanza en una pequeña escuela rural de Lewes, Sussex. Pero en 1837, poco antes de cumplir 21 años, conoció por fin a Benjamin Harrison y fue admitido como alumno en el Guy's Hospital. Le dieron dos habitaciones en el hospital, un sueldo anual de 50 libras y la oportunidad de estudiar. Decidido a triunfar y a demostrar su gratitud a Harrison, se aplicó con diligencia a sus estudios y en su primer año ganó todos los premios posibles. En 1841 se licenció en Medicina por la Universidad de Londres, obteniendo matrículas de honor en fisiología y anatomía comparada, cirugía y medicina.

Al año siguiente, Gull fue nombrado profesor de los fundamentos de la medicina en el Guy's Hospital y fue alojado en una pequeña casa de King Street con un sueldo anual de 100 libras. Su celo por la medicina le auguraba un rápido ascenso, al igual que su decisión -al mismo tiempo- de hacerse masón. En 1843 fue nombrado lector de filosofía natural en el Guy's Hospital. Ese mismo año se convirtió en director de un pequeño asilo para 20 lunáticos, que formaba parte de la misma institución.

Tres años más tarde obtuvo la medalla de oro en la licenciatura de Medicina de la Universidad de Londres, el más alto honor en medicina que podía conceder la Universidad. Durante los diez años siguientes fue profesor de fisiología y anatomía comparada en el Guy's Hospital. Mientras esperaba a ser elegido catedrático Fuller de Fisiología en la Royal Institution, se convirtió en miembro del Royal College of Physicians y en médico titular del Guy's Hospital.

En 1848 Gull se casó con Susan Ann, hija del coronel Lacy de Carlisle, y tuvieron un hijo, Cameron, y una hija, Caroline.

El nombre de Gull se hizo famoso a partir de 1871, cuando el Príncipe de Gales contrajo la fiebre tifoidea en Sandringham. La reina Victoria confiaba en que su médico favorito, Sir William Jenner, médico del rey, pudiera tratar a su hijo, pero Gull -entonces desconocido para ella- fue presentado a la princesa Alexandra, y Jenner sólo dio una segunda opinión. El Príncipe se recuperó con los remedios de Gull y en 1872 fue nombrado baronet y médico del Príncipe de Gales. Más tarde fue nombrado médico extraordinario y luego médico ordinario de la reina Victoria.

Se ha dicho de Gull que "pocos hombres han ejercido una profesión lucrativa con menos afán de aprovechar sus recompensas pecuniarias". Esto es indudablemente cierto: Gull dejó 344.000 libras esterlinas y tierras, un patrimonio sin precedentes en la historia de la medicina y un éxito material que rara vez ha sido igualado por los médicos desde entonces. Sir Edward Muir, el segundo cirujano de la Reina y Presidente del Real Colegio de Cirujanos, fallecido en octubre de 1973, sólo dejó 87.000 libras, una pequeña fracción de la fortuna de Gull, dado que la inflación ha erosionado el valor de la libra desde 1890. El marqués de Salisbury, un hombre más poderoso que Gull, que no sólo fue Primer Ministro de los tories, sino también el último de una larga estirpe de ricos Cecils que, como influyentes ministros, han desempeñado un papel importante en el gobierno de Inglaterra desde el reinado de Isabel I, dejó sólo 300.100 libras a su muerte en 1903. Para los estándares actuales, Gull, el hijo del propietario de la barcaza, habría sido multimillonario.

Gull tenía contactos definidos con influyentes políticos tories, ya que era amigo de Disraeli y el médico más importante de Inglaterra en la época en que Salisbury era Primer Ministro. Es seguro que conocía a Salisbury. El yerno de Gull, Theodore Dyke Acland, era íntimo de la familia Cecil y sirvió tanto a Gull como a Salisbury, habiendo firmado los certificados de defunción de ambos. En su calidad de médico del rey, Gull probablemente habrá oído hablar del hijo ilegítimo del príncipe Eddy.

Sorprendentemente, hay otras personas además de Sickert que señalan con el dedo acusador a Gull al referirse a los asesinatos del East End. Por ejemplo, en el Chicago *Sunday Times-Herald del* 28 de abril de 1895 se publicó un artículo con el título "Captura de Jack el Destripador". En él se relataba una historia contada por un conocido médico londinense, Dr Howard. Howard, con la lengua suelta por el alcohol, afirmó haber sido uno de los doce médicos londinenses que formaron parte de una comisión de investigación médica y mental sobre un colega médico implicado en los asesinatos de Jack el Destripador. Dijo:

> Jack el Destripador era nada menos que un médico de gran renombre e incluso era un hombre con clientela de la mejor sociedad del oeste de Londres.

> Cuando quedó absolutamente demostrado que el médico en cuestión era sin duda el asesino, y su demencia plenamente atestiguada por una comisión *de lunatico inquirendo*, todos los participantes quedaron obligados al secreto. Hasta la indiscreción de Dr Howard, esta promesa se cumplió estrictamente.

> Era un médico de gran reputación, con mucha práctica. Siempre había sido, desde que era estudiante en el Guy's Hospital, un viviseccionista ardiente y entusiasta.

El informe continúa diciendo que, tras la investigación, el médico (cuyo nombre nunca se menciona) fue relegado inmediatamente a un asilo privado en Islington:

> y ahora es el loco más intratable y peligroso encerrado en esta institución. Para explicar al público la desaparición del doctor, se inventaron una muerte y un funeral falsos.

En buen periodismo americano, el artículo termina con :

Ninguno de sus guardias sabe que el loco delirante, que se lanza contra las paredes de su celda acolchada y hace insoportables las largas vigilias nocturnas con sus gritos estridentes, es el famoso Jack el Destripador. Para ellos, y para los detectives visitantes, no es más que Thomas Mason, o el número 124.

Aunque hay que tener en cuenta el tratamiento sensacionalista que cualquier historia de este tipo iba a recibir en América en aquella época, existen algunas pruebas. Hubo, por ejemplo, un asilo en Islington - St Mary's Asylum - pero sus registros han sido destruidos. En 1896, un "indigente" de Islington llamado Thomas Mason murió, exactamente la edad que tendría Gull si su certificado de defunción fuera de ese año.

Es importante señalar que Walter Sickert nunca mencionó este recorte de prensa. Es poco probable que lo conociera. Por lo tanto, *si se refería a Gull,* sería una corroboración totalmente independiente de su relato.

El Dr Howard mencionado en el artículo sólo puede ser el Dr Benjamin Howard que figura en el *Registro Médico* en los años 1880-1890. Howard era un destacado médico estadounidense afincado en Londres. Obtuvo su título de médico en Nueva York en 1858, y el *Directorio Médico* muestra que viajaba con frecuencia al extranjero: a París, Viena y Berlín, así como a Estados Unidos, lo que concuerda con el artículo, publicado en América en 1895. La investigación de fondo sobre Howard descubrió un hecho reluciente en la oscuridad del caso del Destripador, uno que -de nuevo- desafía demasiado a la imaginación como para ser considerado una coincidencia. Y, si no es una coincidencia, significa que Walter Sickert tenía razón. La dirección londinense de Dr Howard era el St George's Club de Hanover Square, y esta institución dirigía el hospital de Fulham Road 367, donde murió Annie Elizabeth Crook. Este nuevo elemento muestra cómo los masones encargados de la operación pudieron conseguir el encarcelamiento de Annie Elizabeth. Si el médico Howard denunciaba efectivamente a Gull como Jack el Destripador, Howard se convierte en un vínculo directo entre Gull y Annie Elizabeth. Howard, casi con toda seguridad masón como muchos de sus colegas, bien podría haber sido uno de los miembros masones del Club de San Jorge cómplices de la neutralización de Annie Elizabeth tras separarla del príncipe Eddy. Por lo tanto, Howard habría sido una elección ideal para ser uno de los 12 médicos necesarios para crear una comisión secreta de expertos sobre Gull - *si Gull era el médico del que hablaba,* cosa que aún no hemos establecido.

Como Howard no nombró a su Destripador, es necesario identificar al sospechoso repitiendo su declaración punto por punto:

> Era nada menos que un médico de gran reputación y, de hecho, un hombre con una clientela procedente de la mejor sociedad del oeste de Londres.

Ninguna afirmación podría ser más cierta sobre Gull. Era el médico de la Reina y sus pacientes pertenecían a la realeza y la nobleza. Al propio Gull le gustaba presumir de que su consulta, en el 74 de Brook Street, en Mayfair (en el corazón del West End), probablemente tenía más pacientes que ningún otro médico.

> Desde que ingresó en el Guy's Hospital, [...]

Como hemos demostrado, Gull ingresó en el Guy's Hospital como estudiante en 1837. Esta pista reduce enormemente el campo de posibilidades, ya que sólo un número limitado de destacados médicos del West End estudiaron en el Guy's Hospital.

> [...] siempre había sido un ardiente y entusiasta viviseccionista

Gull fue excepcionalmente franco en su defensa de la vivisección, como atestigua su testimonio ante la Royal Commission on Vivisection de 1875. Fue el defensor más conocido de la causa en su país y en 1882 escribió un artículo de 16 páginas en *The Nineteenth Century* en el que expresaba su ardiente apoyo a la práctica de experimentos con animales. Argumentando que "el bien que podemos obtener para nosotros mismos mediante los experimentos fisiológicos debería pesar más que la inmoralidad del proceso", y que "nuestras susceptibilidades morales deben ser superadas y silenciadas ante el beneficio", fue un enérgico defensor de infligir dolor a los animales si con ello se conseguían avances para la medicina. En respuesta a una acusación de que el viviseccionista Claude Bernard había inventado un horno para poder observar la "cocción de perros vivos", Gull escribió:

> "¡Cocinar perros vivos! Qué horrible y repugnante" sería una exclamación natural. ¿Qué propósito podría haber detrás de algo tan cruel? Eso es lo que veremos.

Y continuó justificando en los términos más enfáticos este y otros experimentos en la causa de "la vida humana y el alivio de la miseria humana".

El relato de Dr Howard señala que el médico titulado de Jack el Destripador tenía una esposa que le sobrevivió, y se hace referencia a un hijo. Ambos datos se verifican en el caso de Gull, que también tuvo una hija.

Otro punto importante es que Howard describió al Destripador como un médico del West End. Por supuesto, en 1888 había muchos médicos en el oeste de Londres. Pero, de todos ellos, sólo uno desapareció -aparentemente, por muerte- poco después de las aventuras del Destripador. Era Sir William Gull. Este hecho se recuerda en los escritos de un hombre que -curiosamente- trataba de demostrar una opinión diametralmente opuesta. William Stewart, en su libro *Jack el Destripador. A New Theory*, quería establecer que el asesino *no podía* haber sido un médico del West End. Escribió:

> He recopilado una lista completa, a través del *Registro Médico*, de los médicos residentes en el West End antes de agosto de 1888, y he marcado el oeste de Londres con un cuadrado.
>
> En la esquina superior izquierda de mi cuadrado he colocado Harlesden; arriba a la derecha, Camden Town; abajo a la derecha, Charing Cross; abajo a la izquierda, Hammersmith. En la lista de practicantes de esta zona he añadido todos los que trabajaban en hospitales. Comparando esta lista con los obituarios de los practicantes del año siguiente a noviembre de 1888, comprobé que no faltaba ningún nombre entre los médicos del West End. En otras palabras, *todos* los médicos del West London que ejercían antes de los asesinatos seguían vivos y en activo al menos uno o dos años después.

No obstante, la última acusación de Stewart es errónea. Como hemos explicado, se supone que Sir William Gull murió en enero de 1890, sólo 14 meses después del último asesinato, por lo *que no estuvo vivo y activo durante uno o dos años después de los asesinatos*. Hay dos posibles razones para el error de Stewart. La primera es que fuera descuidado; la segunda es que por alguna razón no incluyera a Gull en su primera lista. La segunda posibilidad es más probable, porque la repetición de toda la investigación de Stewart demuestra que, aparte del error relativo a Gull, su conclusión era correcta. Ningún otro médico destacado del West End murió en los años siguientes a los asesinatos de Whitechapel. Así que Stewart hace el caso contra Gull aún más fuerte.

Dejó a Gull fuera de su primera lista porque, aunque pretendía demostrar que ningún *médico* del West End era Jack el Destripador, en realidad no examinó a todos los médicos, sino simplemente a todos los *practicantes*. Como Gull se había jubilado en 1887, no se le podía considerar médico y por esta razón Stewart no lo incluye en su lista. Por lo tanto, al encontrar la necrológica de Gull, no le pareció relevante. Pero aunque Gull se había jubilado, seguía viviendo en Brook Street y todavía se le podía considerar efectivamente un médico *del West End*, en palabras de Howard.

Así, Stewart eliminó cuidadosamente a todos los facultativos del West End mediante una meticulosa búsqueda, dejando fuera sólo a un puñado de médicos jubilados, entre los que se encontraba Gull. Una comprobación más minuciosa de los registros que la realizada por Stewart, y también una comprobación exhaustiva de las entradas del *Registro Médico* y *del Directorio Médico*, muestran que, de estos pocos sospechosos adicionales, sólo Gull murió poco después de los asesinatos. Estos hallazgos significan dos cosas. Junto con el hecho de que todos los detalles del relato de Howard apuntan hacia él, demuestran que Gull era sin duda el médico identificado con Jack el Destripador en el artículo de Chicago. Y lo que es más importante, demuestran que si el Destripador era médico, Gull sería el único sospechoso posible.

Otros han acusado a Gull de ser Jack el Destripador. Es el médico mencionado en otra acusación: la ya famosa historia del vidente Robert James Lees, que supuestamente identificó al Destripador gracias a sus poderes de adivinación y, tras el asesinato de Kelly, condujo a la policía hasta un médico del West End, que posteriormente fue encerrado en secreto en un manicomio.

No es necesario creer en la clarividencia para reconocer el valor del relato de Lees. Si llegó a sus conclusiones por medios sobrenaturales o naturales es objeto de debate, y muchos se inclinarán sin duda por esta última opinión. Pero el hecho de que supiera algo -probablemente a través de sus estrechos contactos con los tribunales- parece innegable. El verdadero significado de la historia de Lees pronto quedará claro, cuando se demuestre que su testimonio se corresponde en todos los detalles con un relato compartido por la propia hija de Gull.

Robert James Lees a la edad de ochenta y un años

La principal objeción a las alegaciones de Lees es que varios analistas han afirmado que apenas se hicieron públicas antes de 1931. Si tuviera algún mérito, el argumento se sostendría: los indicios de la historia deberían haberse conocido mucho antes. La objeción se desvanece ante el hecho de que el relato de Lees apareció impreso por primera vez 36 años antes de lo que los "jackólogos" han creído hasta ahora. Se publicó en la última parte de un artículo del Chicago *Sunday Times-Herald* en abril de 1895. Hasta que Ian Sharp la descubrió para la BBC, la nota nunca se había vuelto a imprimir. Apenas aparece en la exhaustiva bibliografía de la Asociación de Bibliotecarios sobre el tema: *Jack el Destripador o Los misterios del East End*. El artículo de Chicago quedó olvidado en este admirable repertorio, sencillamente porque permaneció en la sombra hasta 1973.

Incluso en 1895, siete años después de los asesinatos, ésta no era la génesis de la historia de Lees: sólo era la primera vez que se publicaba. La historia se difundió ampliamente, al menos en Londres, a partir de julio de 1889, nueve meses después de los asesinatos. Así lo confirma una nota del archivo de "Cartas" de los archivos de Scotland Yard. Es cierto que la nota procedía de un excéntrico que firmaba como "Jack el Destripador", pero el estado mental del autor es irrelevante. Lo único que importa son sus conocimientos. El contenido de la carta demuestra que la historia de Lees ayudando a la policía a encontrar a Jack el Destripador se conocía 33 años antes de lo que han afirmado sus críticos. La carta recibida por Scotland Yard el 25 de julio de 1889 dice:

> Querido jefe,
> No me atrapaste, como puedes ver, con toda tu astucia, con todas tus "Lees", con todas tus gallinas.
>
> Jack el Destripador

Para que esta historia adquiriera tal notoriedad en julio de 1889, debió de ser contada (o filtrada) unas semanas después del asesinato de Kelly, lo que corresponde a la participación de Lees en la caza del Destripador en noviembre de 1888, como sostiene su relato.

A pesar de que la historia se ha exagerado enormemente desde entonces, hasta el punto de que algunas versiones apócrifas mencionan más de 20 asesinatos, es posible volver a sus fuentes. He analizado todas las versiones de la historia que han sobrevivido, he eliminado las incoherencias y las invenciones de autores posteriores, y sólo he conservado los elementos que les son comunes. Después la he comparado con la historia original contada por el propio Lees, una historia muy distinta de la que nos ha llegado a través de la prensa sensacionalista. La historia original procede de la sobrina nieta de Lees, Mrs Emily Porter, de Wembley, que conoció muy bien al "tío James", fallecido cuando ella tenía 20 años. El relato que le hizo coincide casi totalmente con la historia que queda después de eliminar el brillo de los periodistas.

Lees era un clarividente muy respetado. Sus poderes adivinatorios estaban tan desarrollados que se dice que a los 19 años fue invitado a establecer contacto con el difunto príncipe Alberto delante de la reina Victoria. Lees se convirtió en el líder de los espiritistas cristianos en Inglaterra. Era íntimo de Disraeli y le ayudó en sus últimos días. Dirigió un centro espiritista en Peckham, fue un destacado socialista y amigo de Keir Hardie, más tarde líder del Partido Laborista.

La historia original y directa que contó Lees fue que en la época de los asesinatos del Destripador se encontraba en la cima de sus facultades. Un día estaba escribiendo en su despacho cuando se convenció de que el culpable estaba a punto de cometer otro asesinato. Acudió a Scotland Yard, pero apenas le prestaron atención, porque excéntricos y pseudodetectives incordiaban a la policía todos los días (véase el cap. XIV). Pero aquella noche sí hubo un asesinato del Destripador. Lees quedó tan conmocionado por la exactitud de su visión que, siguiendo el consejo de su médico, se fue de vacaciones al extranjero. Un día, a su regreso, su mujer y él subieron a un ómnibus londinense. De repente comenzó a experimentar las extrañas sensaciones que habían precedido a su primera visión. El ómnibus subía por Notting Hill. Cuando se detuvo en la cima, subió un hombre.

Lees se inclinó hacia su mujer y le dijo seriamente: "Es Jack el Destripador.

Su mujer se ríe y le dice que deje de bromear.

"No me equivoco", respondió, "puedo sentirlo.

El ómnibus recorrió Edgware Road y se desvió hacia Oxford Street a la altura de Marble Arch. En ese momento se bajó el desconocido y Lees decidió seguirle. Después de recorrer la mitad de Oxford Street, Lees le contó a un agente lo que había aprendido "sobrenaturalmente", pero de nuevo fue objeto de burlas. El policía incluso le amenazó entre risas con "encerrarle". Tras llegar a Apsley House, el Destripador -nervioso- subió a un coche y fue conducido rápidamente hacia Piccadilly. Finalmente, Lees encontró a un inspector de policía dispuesto a tomarle en serio. Tras el último asesinato, el 9 de noviembre, Lees concentró sus poderes en la visión del hombre que había visto. Condujo al detective a una casa del West End, el hogar de uno de los médicos más renombrados de Londres. Una vez dentro, el inspector habló con la esposa del médico. Durante su extenso interrogatorio, ella confesó que no creía que su marido estuviera cuerdo. Se había aterrorizado al comprobar que en cada uno de los asesinatos de Whitechapel él estaba ausente. Una vez acusado, el médico admitió que llevaba varios años desequilibrado y que últimamente no recordaba lo que había hecho en determinados momentos. El médico podía ser ferozmente cruel unas veces y extremadamente amable otras. Dijo que en una o dos ocasiones se había encontrado sentado en casa como si se hubiera despertado repentinamente de un largo letargo, y que en una ocasión había encontrado sangre en su ropa, lo que atribuyó a una hemorragia nasal. En otra ocasión se había desollado gravemente la cara.

En este caso, el relato de Lees coincide con el testimonio de Dr Howard, ya que, según Lees, el médico fue enviado con una identidad falsa por 12 médicos a un manicomio. Para ocultar la verdad, se anunció que el médico había muerto. Se llenó un ataúd de piedras y su funeral causó una gran conmoción.

Aunque Lees apenas nombró al médico que afirmó haber entregado a la policía, hay elementos en su relato que de nuevo apuntan directamente a Gull. Estos indicios, unidos al hecho de que Lees describía claramente al mismo médico que Howard, quien acusó a Gull, nos aseguran que también él quiso decir: "Sir William Gull es Jack el Destripador".

Las pistas en la historia de Lees que apuntan a Gull son...

1. La ruta que siguió el Destripador al escapar de Lees -empezando en Marble Arch, recorriendo la mitad de Oxford Street y bajando hacia Piccadilly- dibuja un amplio camino con la casa de Gull en el 74 de Brook Street casi en el centro. Pocos de los "médicos más reputados de Londres" vivían en esta zona relativamente pequeña, excluida Harley Street.

2. Otro elemento se encuentra en el momento del descubrimiento del médico por Lees. Fue poco después del último asesinato, el 9 de noviembre de 1888. Es curioso que Sir William Gull redactara su testamento sólo 18 días después de esta fecha, el 27 de noviembre de 1888. Apenas se sabe qué impulsó a Gull a preparar su testamento en ese momento. Fue más de un año después de su apoplejía en octubre de 1887, y no había tenido problemas desde entonces. De hecho, según su certificado de defunción, sólo había sufrido dos apoplejías en total, la segunda de las cuales resultó mortal. Habría sido comprensible que, poco después de recuperarse de la primera apoplejía, pensara en redactar su testamento, pero no fue así. Durante el resto de 1887 y a lo largo de 1888 se encontró muy bien, pero sólo unos días después de que Lees afirmara haber conducido a la policía hasta Jack el Destripador, Gull decidió inexplicablemente planificar el reparto de su patrimonio tras su muerte...

3. Un tercer hecho se refiere a la muerte y el funeral ficticios del doctor, tanto en la versión de Lees como en la de Howard. Se dice que este falso funeral causó "gran conmoción". El funeral de Gull causó tal revuelo que tuvo que organizarse una procesión especial, y entre los asistentes se encontraban muchos de los hombres más importantes de Londres: Lord Justice Lindley, Sir Joseph Lister, Sir Henry Acland, así como el mejor amigo de Gull al final de su vida, Sir James Paget, segundo cirujano de la reina Victoria. Gull fue enterrado junto a su padre y su madre en el cementerio parroquial de Thorpe-le-Soken. Multitudes procedentes de pueblos situados en un radio de 32 kilómetros del lugar de su entierro recorrieron el trayecto del féretro desde la estación hasta la iglesia.

4. El médico neutralizado gracias a Lees fue descrito por éste como un hombre a veces sorprendentemente encantador y otras veces frío y ferozmente cruel. Esto resume perfectamente el carácter de Gull. Vacilaba entre un talante cordial y benévolo, en el que la amabilidad estaba a la orden del día, y cambios de humor durante los cuales parecía tan humano como un muro de piedra... En su libro *Cómo murió Charles Bravo*, Yseult Bridges mostró exactamente lo duro de corazón que podía llegar a ser Gull:

> Dr Johnson, un hombre de edad avanzada que había alcanzado cierto reconocimiento en su profesión, era perfectamente ortodoxo en su actitud y sus métodos, y por tanto la antítesis de Sir William Gull. El primero, por ejemplo, se abstenía de decir a su paciente: "Está usted intoxicado", si no tenía pruebas tangibles de ello; o "Se está usted muriendo", porque era contrario a la ética de la profesión.
>
> Pero éste no dudó en anunciar ambos diagnósticos de forma abrupta. "Bajo mi propia responsabilidad y sin consulta previa", declaró ante los jueces [de la investigación Bravo], "advertí al señor Bravo de que se estaba muriendo".
>
> Charles se esforzó por responder. "¿Me estoy muriendo?", preguntó desesperadamente a Sir William.
>
> "Estás muy enfermo y, con toda probabilidad, no te quedan muchas horas de vida, pero, por supuesto, habrá esperanza mientras vivas".
>
> "¿De verdad no hay esperanza para mí?", volvió a decir, como si fuera incapaz de resignarse a su destino. Sir William sintió que el corazón le latía más deprisa. "Queda muy poca vida en ti. De hecho, tu corazón está como muerto[16].

Pero Gull fue elogiado por su amabilidad con sus pacientes y el 31 de enero de 1890 se publicó en *The Times* una carta firmada "R.A." en la que se describía cómo Sir William había tratado a un caballero "falto de salud y de riqueza". Gull le dio un primer remedio, que fracasó, y luego le eximió de pagar la suma de 30 guineas. También fue muy criticado por otro aspecto de su naturaleza. Un día reveló sus rasgos inhumanos con más franqueza que Bravo. Irónicamente, este episodio

---

16 A menudo se ha dicho en una versión aún más despiadada: "En realidad, ya estás medio muerto".

se relata en una de las biografías laudatorias que aparecieron tras su muerte: *In Memoriam. Sir William Gull.* Asistió a un pobre paciente con una afección cardiaca y, tras la muerte del hombre, se mostró extremadamente interesado en realizar una autopsia. El permiso le fue concedido con gran dificultad y con la condición de que no se "sustrajera" nada. Una hermana dedicada al difunto estuvo presente durante el examen para asegurarse de ello. En lugar de abordar esta más que delicada situación con toda la delicadeza posible, Gull arrancó deliberadamente el corazón del cadáver ante sus ojos, se lo guardó en el bolsillo y dijo: "Apelo a su honor para que no me traicione".

Al hacerlo, se marchó, con el corazón del hermano de esta mujer desconcertada en el bolsillo, y el cadáver mutilado tendido ante ella en la mesa de disección...

Sin dejarse influir demasiado por la obra de Robert Louis Stevenson *El Dr. Jekyll y Mr. Hyde,* publicada dos años antes de los asesinatos, es justo decir que la "doble personalidad" ha sido reconocida por los psiquiatras como una afección bastante común que ahora se denomina "esquizofrenia". Este trastorno es común entre quienes han sufrido violentas tensiones mentales y emocionales, aunque rara vez alcanza las horripilantes proporciones descritas por Stevenson. De vez en cuando, sin embargo, se produce un caso así, lo que ilustra que el carácter del médico descrito por Lees no es tan increíble como muchos podrían pensar. En octubre de 1974, un joven novio fue encarcelado por un juez de Old Bailey por violar a una niñera. El tribunal tuvo en cuenta el hecho de que el acusado era un hombre casado de 24 años aparentemente feliz y normal, pero que podía "convertirse" en un brutal abusador sexual. Su abogado dijo al tribunal que, aparte de los tocamientos a cinco mujeres, no era en absoluto malicioso ni desagradable. "Excepto cuando su patología se apodera de él, es un joven perfectamente normal. Estas cosas están casi totalmente fuera de su control. Hay otros casos de Jekyll y Hyde dignos de estudio: Edward Paisnel, la famosa "Bestia de Jersey", y, más recientemente, Peter Cook, el violador de Cambridge. Paisnel fue condenado a 30 años de cárcel en 1971 por 13 agresiones sexuales a niños: con una máscara grotesca y un disfraz excéntrico, había aterrorizado la isla de Jersey durante 11 años, obsesionado con la brujería y las atrocidades de Gilles de Rais, el primer Barba Azul. A pesar del lado malvado de su naturaleza, Paisnel era un hombre amable y generoso que amaba a los niños pequeños...

Como sugieren su comportamiento en la autopsia y el episodio Bravo, Gull no era un hombre normal. Se creía gobernado por sus propias leyes. Le importaban poco los sentimientos de los demás y no dudaba en herir a la gente. Adaptaba sus palabras a sus actos, pues uno de sus lemas era: "La moral y la religión no tienen una base sólida y verdadera".

Se ha escrito sobre él: "De todos los males, consideraba que la ignorancia era el peor.

Esto da una indicación de cómo podría haber mirado a una doncella ignorante, Mary Kelly, que se atrevió a poner en peligro a sí mismo y a sus compañeros masones con su lengua afilada. Como hombre arrogante, no se inclinaría ante ninguna autoridad que no fuera la de su mente. Por lo tanto, una vez que estaba preparado para tratar con Kelly de la manera que considerara adecuada, no dejaría que ningún obstáculo se interpusiera en su camino. Muchos pensaban que su asombroso parecido con Napoleón iba más allá de la mera apariencia. Se decía de él:

> Una vez formada una opinión y decidido a seguir un curso de acción, lo llevaba a cabo sin vacilar, sin preocuparse por las posibles consecuencias. Era inquebrantable en su noción del bien y del mal, y nunca se dejaba influir por los puntos de vista y las opiniones de los demás. Su penetración en las verdades que las mentes inferiores eran incapaces de percibir y de comprender, y una larga experiencia de cómo sus grandes capacidades le situaban generalmente en una mejor relación con las cosas, desarrollaron en él una confianza absoluta en la infalibilidad de su juicio personal en ciertos asuntos.

Los "ataques epileptiformes" de Gull mencionados por Wilks y Bettany son significativos en este caso. No tienen nada que ver con los accidentes cerebrovasculares. Los ataques epileptiformes están causados por un trastorno mental y se caracterizan por convulsiones en las que la víctima se desploma inconsciente y rígida, y aprieta las mandíbulas. Tras el ataque, puede haber un período bastante largo de trastorno en el que el paciente tiende a aislarse y a veces a volverse violento, una condición que resume exactamente los síntomas experimentados por el médico en el relato de Lees.

Pero todavía se puede argumentar que si Lees realmente había llevado a la policía a la casa de Sir William Gull, debería haber un registro de esto en los archivos secretos. Pero ya hemos demostrado que hubo encubrimiento. Por lo tanto, todos los documentos relativos a Lees y Gull deberían haber estado entre los elementos clave a destruir. Esto es exactamente lo que parece haber ocurrido. De todo el material de los archivos confidenciales del Ministerio del Interior y de Scotland Yard, sólo un expediente está incompleto. Se trata del expediente A49301 del

Ministerio del Interior, en el que consta que 33 de los 51 documentos habían sido destruidos o faltaban cuando se archivó el expediente en 1893. ¿Es sólo una coincidencia que éste sea el expediente que contiene las acusaciones contra *médicos* y policías?

Dos elementos hacen sospechosas las circunstancias que rodearon la muerte de Gull, elementos que se vuelven comprensibles cuando se aplican a un hombre que fue encerrado en secreto en un manicomio cuando todo el mundo pensaba que estaba muerto. Hacen más que demostrar que el médico de los relatos de Lees y Howard era Gull, y confirman que todo lo descrito en estos relatos ocurrió realmente.

1. En sus últimos años, Gull fue atendido por tres médicos: Dr Hermann Weber, Dr Charles Hood y su yerno Theodore Dyke Acland. Aunque no hay ninguna ley que prohíba a un médico pronunciar la muerte de un ser querido, en general se considera preferible no hacerlo. Esto es especialmente cierto cuando un paciente está siendo atendido por varios médicos, cuando sólo uno está emparentado con él, como era el caso de Gull. La buena práctica exige que el certificado de defunción lo firme un médico que no esté relacionado con el fallecido, porque más tarde podría insinuarse que el paciente no había muerto por las causas alegadas por el facultativo. Se considera más probable que los familiares tengan motivos para falsificar un certificado de defunción. En el caso de Sir William Gull, su certificado de defunción fue rubricado, en contra de la práctica, por su yerno. Las alegaciones de que Gull no murió en 1890, sino que fue internado en un manicomio, explicarían esta peculiar desviación de las convenciones.

2. No fue hasta finales de 1888 -poco después del último asesinato del Destripador- cuando Gull desapareció realmente de la escena. Esto contradice el mito de que estaba demasiado indispuesto para participar en sociedad desde octubre de 1887 hasta entonces, y sitúa su retirada de la vida social muy cerca de la fecha en que Lees condujo a la policía hasta Jack el Destripador. La razón aducida para su desaparición social durante 1889 solía ser que ese año sufrió nuevos derrames cerebrales. Esto era mentira. Su certificado de defunción afirma definitivamente que no tuvo ningún tipo de apoplejía entre la primera, en 1887, y la segunda, dos días antes de su muerte. En el certificado figura como causa de la muerte:

Hemorragia
Cerebral
Hemiplejia
1 ataque 10 Oct. 1887

2 27 Ene. 1890
Certificado por Theodore Dyke Acland

M.D.

Los hechos conocidos no concuerdan con un hombre quebrado después de 1887. Permaneció activo durante más de un año. Luego, sin razón aparente (y ciertamente no una enfermedad física), desapareció de la sociedad, y su muerte fue anunciada en enero de 1890. Pero los hechos *concuerdan* con una colocación bajo control tras el último asesinato de Whitechapel. Obviamente, habría sido demasiado peligroso anunciar la muerte de Gull inmediatamente después de los asesinatos. La coincidencia habría sido obvia, y habría sido descubierta - por ejemplo - por Stewart. Un plazo razonable habría permitido que recayeran menos sospechas sobre Gull y, en consecuencia, por supuesto, sobre sus hermanos masones. Pero había que explicar su repentina retirada de los focos tras el asesinato de Kelly. Se alegó, por tanto, que había sufrido nuevos derrames cerebrales, afirmación que, según consta en su certificado de defunción, es sin duda una pura invención.

El nombre por el que el médico fue declarado loco en la historia de Howard -Thomas Mason- recuerda la tradición masónica según la cual, en determinadas circunstancias, *un masón muere por su mayor logro*. Gull, dijo Sickert, estaba en su elemento cuando neutralizaba a los alborotadores haciéndoles parecer dementes. Ahora tenemos una demostración totalmente independiente de lo que fue el propio destino de Gull... ¿Qué nombre era más apropiado para un francmasón declarado loco que "masón", un juego de palabras horriblemente coherente con el humor evocado en los *Protocolos* masónicos?

Las pruebas se acumulan lentamente. El médico descrito por Howard es sin duda Gull. A partir de las pistas del relato de Lees, podemos ver que el médico al que se refería es, de nuevo, Gull. El hecho de que estos dos individuos describieran episodios diferentes pero concordantes del mismo drama refuerza este argumento. El hecho de que los relatos de ambos concuerden perfectamente con los hechos probados y las explicaciones de Sickert -de nuevo muy distintas de las de los demás- y que los detalles de los últimos días de Gull relatados en el pasado *no concuerden* con los hechos probados, como las indicaciones de su certificado de defunción, dan gran peso a las acusaciones contra él.

Para obtener una condena en un tribunal británico, la acusación debe probarse más allá de toda duda razonable. Sin embargo, el más que abarrotado banquillo de los acusados del juicio a Jack el Destripador exige, de forma más realista, una prueba inequívoca. En nuestro caso contra Sir William Gull, por fin podemos acercarnos a esa certeza tan esperada. Existen pruebas totalmente independientes de que la historia de Lees que involucra a Gull era perfectamente exacta.

Se encuentra en los escritos de un famoso cirujano y experto en el Destripador, Dr Thomas Stowell, Comendador de la Orden del Imperio Británico, Doctor en Medicina, Miembro del Real Colegio de Medicina, etc. Stowell dijo que había recibido confidencias de la hija de Gull, Caroline:

> Era la esposa de Theodore Dyke Acland, doctor en medicina, miembro del Royal College of Medicine, que en su día fue mi amable superior. Conocí a ambos íntimamente y a menudo disfruté de la hospitalidad de su casa en Bryanston Square durante muchos años.

Que Stowell no mentía lo confirma el hecho de que en su testamento Dyke Acland pidió que Stowell fuera nombrado administrador y albacea, y le dejó un valioso cuadro prerrafaelita. Stowell era claramente un amigo íntimo de la hija de Gull y de su marido. Continuó:

> La historia del Sr. Acland fue que en la época de los asesinatos del Destripador, su madre, Lady Gull, se sintió muy molesta una noche por la inoportuna visita de un agente de policía, acompañado de un hombre que decía ser médium. La irritaba su descaro: un sinfín de preguntas que parecían insolentes. Ella respondía a sus interrogatorios con evasivas del tipo: "No lo sé", "No puedo decírselo", "Me temo que no puedo responder a esa pregunta".
>
> Luego bajó el propio Sir William y, en respuesta a las preguntas, dijo que sufría de vez en cuando "lapsus de memoria desde que tuvo un ligero derrame cerebral en 1887"; confesó que una vez había encontrado sangre en su camisa.

La similitud entre esta historia y la relatada por Lees es asombrosa. No cabe duda de que se describe el mismo suceso. Ciertamente, *parece* haber una contradicción en el hecho de que Lady Gull reaccione con respuestas evasivas y la confesión de la esposa del médico en la historia de Lees de que no creía que su marido estuviera cuerdo. Pero la reacción inicial de la esposa en la versión de Lees debe haber sido exactamente la misma que la de Lady Gull en el relato de Caroline Acland; Lees estaba describiendo el "interrogatorio" de la esposa del médico, pero no habría sido necesario un interrogatorio extenso si ella hubiera estado dispuesta a responder a las preguntas en primer lugar. También está claro que la explicación de Caroline Acland no cuenta toda la historia. ¿Por qué Lady Gull dio respuestas *evasivas*? Si las preguntas del psíquico y del inspector hubieran sido tan impertinentes, seguramente las habría rechazado sin más. Si Lady Gull se mostraba evasiva, significaba que no deseaba comprometerse con la supuesta implicación de su marido en los asesinatos. Si él hubiera sido completamente inocente, ella habría sido cualquier cosa menos evasiva.

Obviamente, Caroline Acland no sabía nada más de lo que le contó a Stowell. No tenía ni idea de que su historia era poco más que un interesante relato sobre dos ridículas visitas que recibieron sus padres en la época de los asesinatos de Jack el Destripador. Ella amaba profundamente a su padre, e incluso llamaba Acland a su hijo Theodore William Gull, por lo que sugerir que Gull era el Destripador habría sido lo último que habría querido.

Lo más asombroso del artículo de Stowell era que, al parecer, intentaba demostrar que el Destripador era Eddy, el duque de Clarence. Citó la historia de Caroline Acland para apoyar su teoría de que Gull tenía sangre en la camisa después de examinar médicamente a Eddy tras uno de los asesinatos. Stowell estudió el caso de Jack el Destripador durante muchos años antes de publicar sus conclusiones en *The Criminologist* en 1970. Aunque nunca nombró a su sospechoso, salvo por la letra "S", se acepta generalmente que quería que sus lectores pensaran que estaba acusando al Príncipe sin decirlo realmente. Cuando le preguntaron en televisión, se negó en redondo a afirmar concretamente que su sospechoso era Eddy. ¿Por qué? Habiendo difundido una plétora de pistas que apuntaban en la dirección de Eddy, no había razón para que se negara a comprometerse... ¡a no ser que, de hecho, no sospechara en absoluto de Eddy! Aún más interesante fue el hecho de que el 9 de noviembre de 1970, el 82 aniversario del asesinato de Mary Kelly, apareciera en *The Times* una carta de Stowell en la que negaba haber dicho o siquiera pensado que Eddy fuera el Destripador. La redacción de esta curiosa e inexplicable carta debió de ser el último acto de Stowell, ya que al día siguiente un breve despacho del *Times* anunciaba la muerte de Dr Thomas Stowell *el 9 de noviembre*. Según su hijo, Dr Thomas Eldon Stowell, los documentos y notas que el anciano había acumulado a lo largo de toda una vida de estudio de los asesinatos de Whitechapel fueron destruidos, sin leer, tan pronto como murió.

La última afirmación categórica del viejo Stowell de que nunca *pensó que* Eddy fuera el Destripador adquiere un nuevo significado a la luz de otro pasaje de su artículo: "Se dijo que en más de una ocasión Sir William Gull fue visto en el distrito de Whitechapel la noche de un asesinato". Esto señala directamente a Gull, pero Stowell pretende explicar este hecho con una hipótesis endeble: "No me sorprendería que estuviera allí con el propósito de certificar la locura del asesino" (¡!).

En el mismo artículo, reveló que los rumores contemporáneos de los asesinatos afirmaban positivamente que Gull era el Destripador. Leído con atención, todo el artículo de Stowell está claramente diseñado para dar la *impresión de* que Eddy era su sospechoso. ¡Pero la única evidencia que dio apuntaba a Gull!

Como los archivos del viejo Stowell fueron inexplicablemente destruidos, apenas sabemos dónde descubrió sus pruebas incriminatorias contra Sir William Gull. Es inverosímil argumentar que Stowell inventó estas pruebas, porque si estuviera en la novela habría sido mucho más probable que inventara pruebas para apoyar sus acusaciones contra "S".

Sólo parece haber una pista sobre la causa del extraño comportamiento de Stowell tras descubrir los cargos contra Gull. Se encuentra en su testamento:

> Lego mi prenda masónica de la Gran Logia a la Logia Chelsea [...] mi hábito del Capítulo General y mis joyas P.Z. al Capítulo Chelsea [...] y el resto de mis libros masónicos y posesiones a la Logia Cornubia nº 450.

"P.Z." significa que Stowell era un Príncipe Zorobabel, el masón principal de un grupo de iniciados que pasaron el Arco Real. La función esencial de un Príncipe Zorobabel es realizar el rito final de la ceremonia de clausura de un capítulo del Arco Real. Al hacerlo, las palabras que Stowell habrá cantado bien pueden aplicarse a su deseo de guardar la verdad sobre la complicidad de Gull en los asesinatos de Whitechapel:

> Compañeros, no nos queda más que, según la antigua tradición, encerrar nuestros secretos a buen recaudo, uniéndonos en un acto de Fidelidad, Fidelidad, Fidelidad, Fidelidad.

Para el secreto masónico descubierto por Stowell, ¿había mayor seguridad que la de ocultarlo bajo una velada acusación del príncipe Eddy?

Ahora es difícil saber qué motivó realmente a Stowell a escribir su artículo. Aunque parecía querer que todo el mundo pensara que Eddy era el asesino, del contenido de su estudio y de su pobre excusa sobre la presencia de Gull en Whitechapel se desprende claramente que, en realidad, puede que quisiera incriminar a *Gull* sin asumir la responsabilidad de acusarle directamente. A su manera misteriosa y peculiar, Stowell estableció nuevas pruebas contra Gull. La primera prueba fue que Gull no estaba muerto cuando se suponía que lo estaba, lo que apoya aún más las tres declaraciones independientes de que Gull era el médico enviado al manicomio con un nombre falso. Stowell dijo a Colin Wilson que había encontrado en los papeles privados de Gull una indicación de que 'S' no había muerto de neumonía como se informó en 1892, sino de sífilis. Esto es bastante sorprendente, ya que se supone que Gull murió dos años antes, en 1890, ¡en cuyo caso no habría sabido mucho de la muerte de "S"! ¿Podría ser esta extraña declaración de Stowell otra acusación críptica de Gull, explicando en su propio método que 'Sir William no estaba muerto en 1890'?

Una mirada más atenta a la curiosa actitud de Stowell abre otra posibilidad. Su artículo puede haber sido diseñado, no para *encubrir* la culpabilidad de Gull, sino para revelarla de tal manera que no pudiera ser considerado responsable por sus superiores masones.

En una entrevista posterior a la publicación de su artículo, Stowell explicó que no quería nombrar a su sospechoso porque no quería avergonzar a la familia del autor, a la que tanto debía. Stowell no tenía ninguna relación con la familia real y probablemente no les *debía* nada. Pero estaba estrechamente relacionado con la familia de Sir William Gull, en la persona de Caroline Acland y su marido. Otro elemento que apoya la idea de que señalaba con su tímido dedo a Gull es la siguiente afirmación, tomada de su análisis:

> Para apoyar esta fantasía [que el asesino era un médico], no era raro que los propagadores de rumores apuntaran a uno de los miembros más renombrados de la profesión en ese momento - y tal vez de todos los tiempos - Sir William Gull, Baronet, Doctor en Medicina, Miembro del Real Colegio de Médicos y Miembro de la Royal Society.

Michael Harrison responde así a esta enigmática alegación:

> Por el contrario, cabría pensar que atacar a uno de los médicos más ilustres de su época habría sido la mayor insensatez.

Este análisis es exacto, pero no va lo suficientemente lejos. Un estudio exhaustivo del caso de Jack el Destripador no encuentra tales rumores. Hasta agosto de 1973, tres años después del artículo de Stowell, Gull no había sido denunciado públicamente como el Destripador. Desde entonces, sólo Sickert lo ha hecho. Entonces, ¿qué quería decir Stowell? Después de haber vivido una avalancha de discusiones y especulaciones sobre el Destripador desde 1970, ahora resulta difícil reconstruir el estado de ánimo de los lectores en el momento en que Stowell publicó su ensayo acusando a "S". En noviembre de 1970, nunca se había mencionado al príncipe Eddy ni a Gull en relación con los asesinatos del Destripador. Poca gente había oído hablar de ellos. Stowell hizo entonces la afirmación completamente falsa de que "no era raro que los propagadores de rumores apuntaran a... Sir William Gull".

La conclusión ineludible es que Stowell, al hacer una declaración deliberadamente falsa sobre un hombre que nunca había sido mencionado públicamente en el caso, estaba de hecho acusando a ese individuo. La denuncia de Gull estaba velada en el supuesto enfoque de Stowell sobre Eddy sólo para confundir a los superiores masónicos de Stowell. Pero cualquiera con un amplio conocimiento del caso de Jack el Destripador podía ver que estaba acusando a Sir William Gull.

Un resumen de nuestra demostración hasta ahora muestra que Sir William Gull era un masón influyente, que sufría ataques mentales durante los cuales se dice que se comportaba de forma extraña e incluso violenta; que se fraguaron muchas mentiras en torno a su muerte para que pareciera natural; que él mismo era un hombre impredecible y errático; que fue visto en Whitechapel las noches de los asesinatos; y que, según su propia confesión, se despertó en casa y encontró sangre en sus cosas.

Fue identificado como Jack el Destripador por Walter Sickert, Dr Benjamin Howard, William Stewart, Robert James Lees, Dr Thomas Stowell e incluso su hija Caroline.

Sir William Gull tenía una relación personal con las prostitutas del East End. El *Dictionary of National Biography*, en su entrada sobre Gull, deja este comentario de pasada: "Era íntimo de James Hinton". Esta declaración inocua oculta hechos que son esenciales cuando se consideran a la luz de la acusación de Sickert contra Gull. Gull era más que un buen amigo de Hinton. Hasta la muerte de Hinton en 1875, fue su mejor amigo durante toda su vida. Estaban tan unidos que en 1878 fue Gull el elegido para escribir la introducción a la biografía y correspondencia de Hinton. En este prefacio decía: "Hace ahora veinte años que comenzaron nuestras relaciones. Nuestros puntos de vista comunes sobre importantes temas humanos nos han acercado mucho.

Es interesante que Gull eligiera como mejor amigo y confidente a un hombre obsesionado con las *prostitutas de Whitechapel*. Su obsesión se manifestó en 1839-40, cuando trabajaba como vendedor en un negocio mayorista de tejidos de lana en el corazón de Whitechapel. Esta experiencia, escribió su biógrafa Ellice Hopkins, "se hundió en su joven corazón con una fuerza cruel, y la degradación de las mujeres le poseyó como una desesperación metafísica". Toda su vida, continuó Hopkins, Hinton estuvo "completamente loco" por la prostitución.

En 1855 ya era compañero habitual de Gull y se veían todas las mañanas, "deambulando, sumidos en discusiones, por las calles casi desiertas de Londres". Por aquel entonces, Gull era médico adjunto en el Guy's Hospital, justo al lado del puente de Londres, en la orilla sur del Támesis, en un lugar al que se podía llegar a pie hasta el East End. ¿Es posible que Hinton, con su obsesión consumidora por Whitechapel y sus criaturas envilecidas, aprovechara algunos de estos paseos matutinos para compartir con su amigo "importantes asuntos humanos"? Habría llevado a Gull a los mismos callejones por los que las prostitutas deambulaban borrachas en la oscuridad, los mismos en los que Jack el Destripador eliminaría a tan desdichadas mujeres en 1888. Durante unos años, antes de trasladarse a Brook Street, Gull tuvo una consulta en el número 8 de Finsbury Square, en el límite entre el centro de Londres y el East End. Conocía íntimamente el coto de caza del Destripador y, con toda probabilidad, estaba dotado de un conocimiento personal y extremadamente apasionado de la vida y el carácter de las prostitutas de Whitechapel.

Es imposible decir hasta qué punto Gull podría haber tenido que ver con la obsesión de Hinton. Aunque su razón para crear a Jack el Destripador fuera masónica, también pudo haber en su desequilibrada mente un elemento parecido a lo que se describió en el *Times* como "un fanático con el orgullo de haber recibido de lo alto la misión de erradicar el vicio por medio del asesinato".

Nunca lo sabremos.

Tumba de Gull en Thorpe-le-Soken

En marzo de 1974 visité el cementerio parroquial de Gull en Thorpe-le-Soken, Essex. Se supone que comparte su tumba con su esposa. Casualmente, su lápida lleva la misma inscripción que la pared del Working Lads' Institute de Whitechapel, donde tuvieron lugar las dos primeras investigaciones sobre el Destripador: "Y lo que el Señor pide de ti es que hagas justicia, ames la misericordia y camines humildemente con tu Dios". Esta era la referencia bíblica favorita de Gull. La tumba me fue mostrada por un amable mayordomo, un funcionario eclesiástico de 66 años, el Sr. Downes. Antes que él, su padre había sido capellán en el mismo lugar, y recordaba que su padre le había contado que de niño había caminado 30 kilómetros desde su casa en Clacton con una multitud de aldeanos afligidos para asistir al funeral de Gull.

Las observaciones de Downes, mientras observábamos la tumba, recordaban la historia de Dr Howard de que el famoso médico que estuvo detrás de Jack el Destripador había sido encerrado en un manicomio mientras se escenificaba un simulacro de muerte y funeral. Downes no tenía ni idea de por qué me interesaba Gull, así que me quedé de piedra cuando me dijo: "Es una tumba grande, de unos tres metros y medio por tres, demasiado grande para dos personas. Algunos dicen que hay más de dos personas enterradas allí. Esta tumba es lo bastante ancha para *tres*.

Guardó silencio un momento y luego dijo pensativo: "Las fosas comunes para dos personas no suelen ser tan anchas.

Luego, medio en broma, reflexionó: "Por supuesto, es *posible que haya* alguien más enterrado aquí, pero no sabemos quién.

Insistí en que me diera más información, pero enseguida cambió de tema, no porque pareciera saber nada macabro, sino porque tenía a Gull en alta estima. Gull era la única celebridad de la que Thorpe-le-Soken podía presumir, y Downes no quería ni siquiera considerar seriamente la posibilidad de que algo "no del todo correcto" pudiera haber ocurrido. Pero incluso si no sabía nada espeluznante sobre el entierro, o la conexión entre William Gull y el Destripador, sus confidencias eran las de un hombre honesto enfrentado a un fenómeno extraño: una tumba para dos personas lo suficientemente grande para tres.

Hay pruebas de que Gull era el médico al que se referían Howard y Lees, y que fue internado en un manicomio con el nombre de Mason. Al mismo tiempo, se celebró un funeral falso y se colocó un ataúd lleno de piedras en su tumba. Pero, ¿qué ocurrió cuando Gull murió de verdad? O bien fue enterrado en algún lugar bajo el nombre de Mason, o bien se hizo justicia y fue enterrado en secreto en la tumba que le correspondía, ocupando el tercer lugar de la tumba.

En sus últimos años, Sir James Paget -otro masón- fue el compañero y amigo más cercano de Gull. Paget fue el segundo cirujano de la reina Victoria. Recordemos que, al examinar la operación emprendida para sofocar el episodio Annie Elizabeth Crook-Prince Eddy, resultaba difícil comprender cómo -tras su encarcelamiento- Annie fue trasladada de hospicio en hospicio sin ningún procedimiento o formalidad administrativa normal. La explicación es la conveniente presencia, en el despacho de los tutores que cuidaban de Annie Elizabeth, de un tal reverendo Henry Luke Paget. El reverendo Paget era uno de los miembros elegidos del Consejo Tutelar de St. Pancras, del que Annie Elizabeth dependió durante la primera mitad de sus 31 años en instituciones. De los tutores, sólo uno podría haber dispuesto el traslado de Annie Elizabeth para que no se aplicaran las normas. Paget fue vicario, luego deán rural, de St Pancras, luego obispo sufragáneo de Ipswich (1906), obispo sufragáneo de Stepney (1909) y obispo de Chester de 1919 a 1932. Sobre todo, era hijo de Sir James Paget, gran amigo de Gull. A juzgar por sus antecedentes familiares, y siguiendo el ejemplo de los miembros más destacados de la jerarquía eclesiástica inglesa de la época, es casi seguro que era masón, aunque la Gran Logia se negó a permitirme el acceso a sus archivos para verificar ésta y otras suposiciones.

* * *

En los meses siguientes a la entrega de este libro a la editorial se plantearon dos cuestiones importantes. Como el manuscrito final ya estaba en manos de la imprenta, fue imposible introducir cambios en el cuerpo del texto, por lo que nuestras nuevas pruebas se insertaron aquí, al final del capítulo correspondiente, en la fase de corrección de pruebas.

En 1975, Richard Whittington-Egan descubrió en una librería londinense una carta manuscrita de Dr Benjamin Howard, cuyo testimonio resultó apoyar la historia de Sickert. La carta, reproducida en la obra de Whittington-Egan A Casebook on Jack the Ripper, *iba dirigida al periódico* The People, *que había publicado un artículo basado en la historia del Chicago* Sunday Times-Herald. *En su carta, Howard negaba cualquier conocimiento del testimonio que se le atribuía, e incluso negaba haber estado en América en el momento en que supuestamente se hicieron sus revelaciones. Whittington-Egan concluye que este desmentido elimina la versión atribuida a Howard.*

Por el contrario, Dr Howard difícilmente habría reconocido que se había emborrachado y roto su solemne juramento de secreto sobre los procedimientos de una junta médica masónica. Me parece perfectamente posible que Howard negara enérgicamente esta traición a los secretos masónicos. Y, aunque hay que felicitar sinceramente a Whittington-Egan por haber encontrado esta carta, su existencia no es en absoluto sorprendente.

El segundo punto, quizá una coincidencia pero no por ello menos digno de mención, podría proporcionar la identidad del inspector de policía a quien Lees condujo hasta el Destripador. Los orígenes de la familia de Lees estaban en Bournemouth. Al jubilarse, el inspector Abberline se trasladó a Bournemouth. Esto en sí mismo no es sorprendente: Bournemouth era, y sigue siendo, una ciudad popular para aquellos que buscan una jubilación cómoda. Lo interesante es que Abberline murió en 1928, habiendo nombrado albacea testamentario a un tal Nelson Edwin Lees. No he podido averiguar si Nelson Edwin Lees tenía alguna relación con los Lees medianos. Si es así, y parece una posibilidad muy probable teniendo en cuenta la coincidencia de lugar y la relativa rareza del nombre, la historia de Lees se ve reforzada.

CAPÍTULO XII

El abominable cochero

John Netley, el segundo miembro del trío del Destripador de Sickert, es un hombre sin rostro. Es el único personaje nombrado por Sickert que es realmente desconocido. Como tal, es una de las mejores pruebas de la veracidad de la historia. Hasta ahora, el examen de todo el relato de Sickert ha demostrado ser exacto. Si el viejo pintor hubiera mentido sobre quién estaba implicado en los asesinatos, el punto más débil de su relato habría sido sin duda John Netley, la misteriosa figura de la que ningún "jackólogo" había oído hablar antes.

Recordemos la descripción que hace Sickert de Netley y su papel en el asunto.

Este joven no tardó en involucrarse en el asunto: recogía a Eddy en un lugar acordado de antemano y lo llevaba a sus reuniones secretas con Sickert y Annie Elizabeth en Cleveland Street. Netley no era funcionario de palacio, pero disponía de coche propio. Sickert no explicó cómo había conocido a Eddy. En su punto de encuentro, Eddy bajaba del carruaje real y subía al vehículo de Netley para despistar a los criados principescos que pudieran haber recibido la orden de vigilar su carruaje.

Cuando Gull y sus hermanos masones extremistas organizaron la eliminación de las prostitutas amenazándolas con el chantaje, Netley fue invitado a participar en la operación. Según Sickert, no fue necesaria la coacción. Sickert creía no estar lejos de la verdad cuando afirmaba que, dado que Netley era un hombre pequeño -hecho al que era muy sensible-, habría hecho cualquier cosa para alimentar su *ego* y alcanzar un estado en el que se sintiera, no igual a los demás hombres, sino superior. Estaba dispuesto a participar en cualquier proyecto, incluso en uno detestable, para alcanzar sus fines. Era terriblemente ambicioso y, aunque era un mujeriego imparable, se decía que había participado en actividades homosexuales con invertidos adinerados para ayudarle de alguna manera a alcanzar las alturas que imaginaba. ¿Qué alturas? A Sickert eso le interesaba poco. No sabía si Netley era masón, pero tanto si lo era como si no, estaba dispuesto a hacer cualquier cosa si podía ayudar a esta sociedad secreta en su propio interés. A Sickert no dejaba de sorprenderle que Netley fuera tan insensible al hecho de ser despreciado por quienes lo utilizaban para *sus* fines.

Los asesinos lo reclutaron, en primer lugar, porque ya estaba implicado en el caso y, en segundo lugar, porque conocía Cleveland Street y a sus habitantes. Pensaron que sería muy valioso para llevar a cabo las discretas investigaciones iniciales en el barrio tras la desaparición de Kelly. Por último, era un hombre de clase trabajadora, y sería eficiente y apenas visible al realizar sus pesquisas, utilizando un retrato de Kelly, en el East End.

Durante los asesinatos, Netley condujo a sus cómplices por el East End en su coche. Mientras él conducía, los dos asesinos masones llevaban a cabo sus sucias acciones en la relativa oscuridad del vehículo. Después, Netley colocaba los cuerpos de las víctimas en el lugar donde los encontraban. Este fue el caso de Nichols, Chapman y Eddowes; Kelly fue asesinada en su dormitorio y Stride fue asesinada donde se encontró su cuerpo.

Walter Sickert no estaba seguro de lo que le había ocurrido a Netley después de los asesinatos. Todo lo que sabía era que este abominable cochero albergaba de algún modo la idea de que vender su cuerpo a homosexuales adinerados ya no era el mejor camino hacia el poder. Tal vez porque había echado un vistazo a las actividades de la masonería, ahora deseaba vincularse con masones influyentes, en lugar de con sus títeres en la aristocracia. Lo consiguió, y cambió su lealtad a Eddy por la de la masonería sin el menor escrúpulo, en consonancia con su actitud durante los asesinatos. Esta criatura canalla y repulsiva, cuyo principal atributo era su complejo de inferioridad, se lanzó a la caza solitaria de Alice Margaret, la hija de Eddy y Annie Elizabeth. En el momento álgido de los asesinatos del Destripador, dijo Sickert, la niña fue atropellada por el coche de Netley en Fleet Street o en el Strand. Estuvo a punto de morir, pero tras varios meses en el hospital (St Bartholomew's) se recuperó.

Este accidente se repitió en febrero de 1892. Esta vez Netley condujo su carruaje hacia Drury Lane justo cuando Alice Margaret cruzaba la calle con un pariente mayor que pudo ayudarla a escapar. La niña no sufrió heridas graves en esta ocasión, ya que se encontraba fuera de la trayectoria de las ruedas cuando el borde del coche la golpeó. Fue trasladada inconsciente al hospital, pero salió al cabo de un día, tras haber sido tratada por conmoción cerebral. La mujer que la acompañaba describió más tarde a Sickert al conductor de la furgoneta. Éste comprendió enseguida que se trataba de Netley. Con sardónica satisfacción contó a su hijo que, tras atropellar a Alice Margaret en esas circunstancias, el coche chocó contra un bordillo y una rueda resultó dañada. Incapaz de volver a poner en marcha su máquina, y desesperado por no ser detenido, Netley fue visto saltando de la cabina y, en medio de la confusión que había provocado, corrió entre la multitud hacia el puente de Westminster, con varios transeúntes en su persecución. A pesar de su pequeño tamaño, Netley era el más rápido, y perdió a sus perseguidores mucho antes de llegar al Támesis. Sickert supo más tarde que, por alguna razón desconocida, Netley se arrojó al río desde el muelle de Westminster y se ahogó. Ese fue el fin de Netley, dijo el viejo pintor, y se cerró el último capítulo del misterio de Jack el Destripador.

Fue difícil investigar sobre Netley. Para empezar, no había pruebas de que existiera.

Tras seis semanas de investigación, Karen de Groot descubrió el certificado de nacimiento de Netley. Nació en mayo de 1860 en Kensington y fue bautizado como John Charles Netley. En el certificado constaba que era hijo de un conductor de ómnibus, lo que hacía al menos probable que se convirtiera en algo parecido. Era una época en la que seguir los pasos de su padre era más común que hoy.

Aunque un hombre no haya hecho nada en toda su vida, una cosa es casi segura: debe dejar constancia de su nacimiento y otra de su muerte. No cabe duda de que John Netley existió. Ahora tocaba examinar el elemento más concreto del relato de Sickert sobre Netley: su supuesto suicidio en el Támesis en febrero de 1892.

Pero, según los registros de Somerset House, ningún John Netley murió en 1892; y ninguna muerte de este tipo -se demostró más tarde- ocurrió en 1891 o 1893. La policía del Támesis no registró ningún suicidio en todo febrero de 1892.

No había nada parecido a una explicación, hasta que Karen de Groot encontró este sucinto relato en *The Observer* del 7 de febrero de 1892:

> Ayer, poco antes de la una, un intento de suicidio en el muelle de Westminster. Un joven bien vestido se quitó las botas y el abrigo, los escondió bajo un asiento de la sala de espera, se arrojó al agua y quedó a la deriva unos metros. Rescatado por el Sr. Douglas, el capitán, se defendió. Llevado al hospital de Westminster, dio el nombre de *Nickley*, pero se negó a dejar su dirección.

Este episodio encaja tan bien con las afirmaciones de Sickert que parece más que una coincidencia. El intento de suicidio relatado en *The Observer* tuvo lugar en el mismo lugar y en el mes exacto en que Sickert dijo que Netley saltó al Támesis. Es cierto que el hombre rescatado por el capitán dio su nombre como Nickley, no Netley. Pero aparte de la evidente similitud entre los dos nombres, también estaba el hecho de que el nombre *Nickley* era ficticio. Nadie llamado Nickley vivía en aquella época, y menos aún alguien que pudiera describirse como un hombre joven. Suponiendo que el "joven bien vestido" del artículo *del Observer* tuviera entre 14 y 35 años, comprobé los 84 registros de nacimiento de Somerset House que cubrían todos los meses entre 1857 y 1878, pero ningún Nickley nació durante ese periodo. Los registros saltan casi invariablemente de Nickless a Nicklin. El apellido *Nickley* ni siquiera aparece en el *Dictionary of British Surnames*. La extraña actitud del joven que daba este alias (tan parecido al de Netley) y se negaba a dar su dirección, era coherente con que tuviera algo que ocultar, como era más que seguro en el caso de Netley. El intento de suicidio de "Nickley" coincide honestamente con el supuesto suicidio de Netley; la conclusión de que fueron un mismo acto es irresistible. Que Sickert creyera que Netley se había ahogado es comprensible: esta parte de la historia se basa obviamente en lo que otra persona le había contado. Los registros del Hospital de Westminster, donde fue llevado "Nickley", se han perdido, por lo que es imposible confirmar el episodio más que por la nota del *Observador*.

Aún quedaba mucho camino por recorrer. Todavía no hemos establecido que Netley fuera taxista o que tuviera algo que ver con Cleveland Street y los asesinatos de Whitechapel; los dos atentados contra la vida de Alice Margaret tampoco han sido probados; y si Netley no murió en el Támesis en 1892, ¿cuándo murió?

No parece haber constancia de los dos ataques al niño. Los registros de la policía y del hospital -como habían sobrevivido a dos guerras- eran inútiles. Durante mucho tiempo pareció imposible verificar la historia de los dos accidentes, hasta que un ejemplar del *Illustrated Police News* del sábado 6 de octubre de 1888 vino en nuestro rescate. Se recordará que Sickert sostuvo que el primer atentado contra la vida de Alice Margaret tuvo lugar en Fleet Street o en el Strand, en pleno apogeo de los asesinatos del Destripador. El informe decía:

> Poco después de las cuatro de la tarde del lunes [dos días después del "doble asesinato"] una niña fue atropellada por un carruaje en Fleet Street, frente al hotel Anderton. La niña fue introducida en un coche y trasladada al hospital St Bartholomew inconsciente con una rueda sobre

el cuerpo. Dada la gravedad de las heridas, es poco probable que la joven víctima se recupere.

Una vez más, aunque no se dan nombres, la historia es demasiado coherente con la versión de los hechos de Sickert para ser una mera coincidencia. La hora y el lugar del accidente son exactos. Sickert afirmó que Alice Margaret estuvo a punto de morir como consecuencia de la colisión. La nota lo confirma. Por último, dice que fue trasladada al hospital St Bartholomew, exactamente igual que la niña del artículo.

Nuestras lagunas empiezan a cerrarse, pero aún no tenemos ni idea de lo que le ocurrió a Netley tras ser dado de alta del hospital después de su intento de suicidio en 1892.

Aquí es interesante recordar el contenido de las leyes masónicas descritas en nuestro capítulo X. Los *Protocolos* establecen que un masón debe, bajo ciertas circunstancias, morir por su mayor logro. Hemos demostrado que Sir William Gull, en su elemento cuando se trataba de hacer que los alborotadores parecieran tontos en nombre de los masones, fue él mismo tratado de esta manera e internado bajo el nombre de Thomas *Mason*.

Milagrosamente, en su investigación, Karen de Groot descubrió que cuando Netley murió, fue en un "accidente" tal que él también parece haber sido finalmente víctima de aquellos a los que deseaba desesperadamente servir. Porque Netley, cuyos principales logros en nombre de la masonería fueron llevar en su coche a los asesinos masones, y luego utilizar el coche en intentos infructuosos de eliminar a Alice Margaret, *murió bajo las ruedas de su propio vehículo*. El "accidente" no ocurrió hasta 1903: sin embargo, parece que un suceso similar ocurrió alrededor de 1897, pero él se recuperó. El elemento sorprendente de esta historia es el lugar de la muerte de Netley. La improbable idea de que un hombre muriera bajo las ruedas de *su propio coche* es bastante difícil de aceptar. Pero cuando nos enteramos de que murió en *Clarence* Gate (Regent's Park), el recuerdo del retorcido humor masónico que caracterizó la neutralización de Gull no puede desvanecerse de nuestras mentes.

La noticia de la muerte de Netley se publicó en dos periódicos locales. El *Marylebone Mercury and West London Gazette* del 26 de septiembre de 1903 informó:

COLISIÓN MORTAL EN EL PARQUE

El miércoles por la tarde, el juez de instrucción Danford Thomas llevó a cabo una investigación sobre el cadáver de John Netley, de 43 años.

Se demostró que el fallecido era empleado de los Sres. Thompson y McKay, ayuda de cámara de la Great Central Railway Company. El domingo por la tarde conducía una de sus furgonetas de dos caballos por Park Road (Regent's Park) cuando una de las ruedas del carruaje chocó contra una piedra y él fue arrojado al suelo desde su asiento. Mientras el fallecido yacía en el suelo, uno de los caballos le golpeó en la cabeza y una rueda le pasó por encima del cuerpo. No llevaba ningún látigo.

Dr Norris, del 25 de Park Road, dijo que le llamaron y vio al fallecido tendido muerto en la carretera, cerca de Clarence Gate. Tenía heridas graves en la cabeza. La muerte, debida a la fractura de cráneo, fue instantánea. El jurado emitió un veredicto de muerte accidental.

El *Marylebone Times del día anterior* citaba al padre de Netley diciendo que su hijo se había caído de un vehículo unos seis años antes, pero que se había recuperado totalmente de las consecuencias de su accidente.

El hecho de que Sickert conociera una versión falsa de la muerte de Netley corrobora que decía la verdad. Si Sickert era un bromista que creó una historia sensacionalista para mantenerse a la vista del público (algo que no era realmente necesario para un hombre considerado el mejor pintor inglés desde Turner), entonces habría estado bajo presión para que los detalles fueran correctos, y sin duda habría utilizado la muerte en Clarence Gate para "vender" su historia.

La verdad sobre Jack el Destripador ha quedado ya tan oscurecida por absurdas especulaciones que resulta peligroso apartarse de los hechos ciertos. Pero hay lagunas inevitables en nuestros datos, que ahora pueden ser detectadas. Por ejemplo, sólo la especulación informada puede ayudar a explicar la muerte de Netley. Si era masón, ¿por qué querían deshacerse de él sus antiguos amos? La respuesta debe estar en los repetidos intentos de Netley de ganarse el favor de los masones con actos tan escandalosos como sus atentados contra la vida de la joven Alice Margaret. Su "ayuda", aparte de su implicación en las aventuras del Destripador, no fue solicitada y sin duda escandalizó a los jerarcas masones en cuyo nombre creía equivocadamente estar actuando. El hecho de que en 1903 no fuera más que un cochero sugiere que su fortuna había sufrido un revés. ¿Cometió él también el terrible error de intentar chantajear a los masones con su conocimiento de los asesinatos del Destripador?

CAPÍTULO XIII

Atentamente, Jack el Destripador

> *"No soy carnicero,*
> *No soy judío,*
> *Ni siquiera un marinero extranjero,*
> *Pero soy tu amigo feliz,*
> *Atentamente, Jack el Destripador".*

"Este 'extraño verso', así descrito por Sir Melville Macnaghten, es una de las comunicaciones más sabrosas recibidas en Scotland Yard durante el reinado de terror del Destripador. Llegados a este punto, es importante echar un vistazo desapasionado a este revoltijo de correspondencia dirigida a la policía y a la prensa desde todos los rincones del planeta. Se calcula que Scotland Yard recibía casi mil cartas a la semana en el momento álgido de los asesinatos. La mayoría eran de particulares que daban consejos sobre cómo atrapar al Destripador. Cientos más procedían de excéntricos con un perverso sentido del humor, que enviaban breves notas groseras firmadas "Jack el Destripador".

Casi todas las teorías publicadas hasta la fecha se han basado en gran medida en que muchas de estas cartas procedían del asesino. Las misivas llegaban de todo el mundo en todos los estados, tamaños y formas imaginables. Algunas estaban en sobres normales, otras en sobres hechos a mano, otras en tarjetas postales, cuando no garabateadas al estilo telegrama. Estaban en todos los estilos posibles de escritura, a veces muy refinados, otras veces a la manera de personas educadas que juegan a ser analfabetas, cuando no son auténticos bromistas de clase baja. El único denominador común en la gran mayoría de estas correspondencias es el eslogan - "Querido jefe"- y la firma - "Jack el Destripador"-.

Se trataba de una imitación de las dos primeras palabras recibidas. Del hecho de que el segundo, una tarjeta postal, se refiriera al contenido del primero, una carta sucia, se concluyó que procedían del mismo autor. La caligrafía difiere notablemente, pero como el segundo mensaje se recibió antes de que se publicara el primero, es casi seguro que ambos procedían, si no del mismo individuo, del mismo grupo de personas.

He examinado cuidadosamente el contenido del archivo de "Cartas" de Scotland Yard, y creo que sólo una de los cientos de cartas recibidas es realmente probable que sea de Jack el Destripador.

De ser cierto, esto neutraliza muchas teorías anteriores sobre el Destripador, incluida la elaborada hipótesis de Harrison que acusaba al tutor del Príncipe Eddy, James Kenneth Stephen. La tesis de Harrison se basa casi por completo en una comparación entre la poesía de Stephen y el "estilo" detectado en la llamada correspondencia del Destripador. Cita poemas, postales y cartas como si fueran de Jack el Destripador, que sin duda son de autores diferentes.

Donald Rumbelow estaba cerca de la verdad cuando escribió:

> Pocas de las cartas firmadas "Jack el Destripador", o que supuestamente proceden de él, tienen verdadero interés; de hecho, un despiadado proceso de clasificación sólo deja dos.

De hecho, Rumbelow consideró auténticos *tres* mensajes, pero los dos primeros procedían de la misma mano, de ahí el número dos. Se trataba de la carta enviada el 28 de septiembre y de la postal posterior, del mismo grupo de bromistas, recibida después del doble asesinato. El segundo acto de confianza de Rumbelow es la carta *"Desde el infierno"*, recibida el 16 de octubre. La primera carta es importante porque fue la primera en la que se utilizó el nombre de Jack el Destripador:

25 Sept. 1888

Querido jefe,

Sigo oyendo que la policía me ha pillado, pero no lo harán pronto. Me reí a carcajadas cuando hicieron ademán de decir que iban por buen camino. Esto del Delantal de Cuero no es más que una gran broma. Voy a por las putas y no voy a parar de desgarrarlas hasta que me encierren. Buen trabajo, mi último trabajo. Ni siquiera le di tiempo a la chica para chillar. ¿Cómo podrían atraparme ahora? Me encanta mi trabajo y quiero volver a hacerlo. Pronto oirás hablar de mí y de mis divertidos jueguecitos. Guardé un poco del líquido *rojo* en una botella de cerveza de mi último trabajo para poder escribir con él, pero se ha vuelto espeso como el pegamento y no puedo usarlo. Tinta roja servirá, creo. *Ja, ja*. El próximo trabajo le cortaré las orejas a la señora y se las enviaré a los policías, sólo por diversión. Guarda esta carta bajo el brazo hasta que termine algún trabajo más, luego sácala. Mi cuchillo está tan bien afilado que quiero usarlo enseguida si se presenta la oportunidad. Buena suerte.

Atentamente,
Jack el Destripador

No te importa que use un apodo.

A continuación, en la esquina derecha del espacio restante:

> No conseguí publicar esto hasta que me quité toda la tinta roja de las manos. Muy mala suerte. Dicen que ahora soy médico. *Ja, ja.*

La postal recibida tras el doble asesinato decía:

> No estaba bromeando querido viejo jefe cuando te di la punta. Oirás sobre el trabajo de Saucy Jacky mañana doble evento esta vez el número uno chirrió un poco no pude terminar de inmediato. No había tenido tiempo de cortar las orejas para la policía gracias por guardar la última carta hasta que volviera al trabajo de nuevo.
>
> Jack el Destripador

Las dos últimas frases son referencias directas al contenido de la primera carta, que no se había publicado cuando se recibió este segundo mensaje. Rumbelow cree que se trata de la obra del asesino por la misma razón que la mayoría de los principales investigadores sobre el tema. Escribió:

> La segunda carta se envió el 30 de septiembre, el día del "doble suceso". [...] Los hechos del 'doble asesinato' apenas se conocieron hasta que se publicaron en los periódicos al día siguiente, el lunes 1 de octubre, y durante al menos 24 horas debieron de limitarse a Whitechapel y parte del centro de Londres. Sólo el asesino podía saber que no había podido terminar su trabajo con la primera víctima y tuvo tiempo de "cortarle las orejas".

Pocos autores apasionados por el Destripador han prestado suficiente atención a los detalles. La mayoría han tomado la palabra a sus predecesores, sin molestarse en comprobar ellos mismos los hechos básicos. De ahí el persistente error -resuelto en el cap. ix- en cuanto a la dirección de las víctimas. Esta actitud también explica uno de los mayores malentendidos sobre los asesinatos, a saber, que la postal de *"Saucy Jacky"* se envió el domingo 30 de septiembre, cuando sólo el asesino podía conocer los detalles de los asesinatos.

Donald McCormick, Tom Cullen, Robin Odell, Daniel Farson y Donald Rumbelow afirmaron erróneamente que la postal se había enviado el domingo 30 de septiembre. Si alguno de ellos hubiera mirado el matasellos, habría visto escrito "OC1", lo que significaba que bien podría haber sido enviada el lunes 1 de octubre, cuando todos los detalles del doble asesinato eran universalmente conocidos. Esto parece confirmarlo el departamento de registros de Correos, que informa de que en 1888 se recogían las cartas en los buzones todos los domingos. Esto significa que cualquier carta enviada en domingo debía ser cancelada ese mismo día, por lo que si el mensaje del "doble suceso" se hubiera enviado en domingo, como se nos pide que creamos, casi con toda seguridad habría sido cancelado el "30 SEP".

La otra carta seleccionada por Rumbelow iba dirigida al Sr. George Lusk, presidente del Comité de Vigilancia de Whitechapel, creado para patrullar las calles tras el asesinato de Annie Chapman. Adjunto a la carta había un trozo de riñón, este último decía:

Desde el infierno,

Sr. Lusk
Señor,
Te he enviado la mitad del *rin* que le quite a *una consarved* para ti *la otra mitad* la frei y me la comi estaba muy *buena*. Podría enviarte la *chuleta* sangrienta que se lo llevó si *esperas* un *poco* más.
    Firmado   Atrápame cuando
                       puedes
        Sr. Lusk

Nótese que esta carta supuestamente auténtica no está firmada como "Jack el Destripador". Esta misiva, más que ninguna otra, causó pánico en el East End, ese reino del terror tan querido por los masones. No creo que la escribiera un analfabeto, aunque el autor se esforzó en que lo pareciera. Un analfabeto habría escrito "*coûteau*" en lugar de "*couto*", o "*atendez*" en lugar de "*attandez*". Y alguien que creyera que "plus" se escribe "*plusse*" sólo habría sabido probablemente que el sonido "*pouré*" *se* traduce por "pourrait", que el autor ha escrito correctamente.

La carta "desde el infierno" del Destripador

Se consideró que el trozo de riñón adjunto a la carta era una prueba decisiva de que esta comunicación procedía realmente del asesino o asesinos. La primera reacción de la prensa, antes de un examen adecuado, fue decir que se trataba del riñón de un perro, o que la carta era de un estudiante de medicina bromista. Lo que finalmente convenció a mucha gente de que la carta debía de ser del Destripador fue el muy publicitado resultado de la autopsia del riñón realizada por Dr Openshaw, conservador médico del Museo del Hospital de Londres. Se supone que Dr Openshaw dijo que se trataba de un riñón "lleno de ginebra", como el que podría haberse encontrado en un alcohólico (como muchos de sus compañeros, Eddowes era una borracha), que había sido extirpado en tres semanas (Eddowes había sido asesinada dos semanas y dos días antes de que Lusk recibiera el riñón), y que atestiguaba un estado avanzado de la enfermedad de Bright (el riñón restante en el cadáver de Eddowes estaba exactamente en las mismas condiciones). Lo que parecía una prueba decisiva de que se trataba efectivamente del riñón de Eddowes era el hecho de que junto a los restos habían quedado cinco centímetros de arteria renal. La arteria renal debe medir casi siete centímetros y medio, y dos centímetros y medio de arteria estaban con el riñón dirigido a Lusk.

Cualquiera que esté convencido de que la identidad del asesino ha sido revelada en una teoría ya conocida, sólo necesita eliminar de su mente la "evidencia" de toda la correspondencia, aparte de la carta a Lusk, para ver que el caso contra la mayoría de los sospechosos está bien derrotado.

La autenticidad de la carta de Lusk parece confirmada por las conclusiones de un experto canadiense en grafología, C. M. MacLeod, que escribió en *The Criminologist* en 1968: "Si sólo hubiera un verdadero Jack el Destripador, me inclinaría por el autor de la Muestra 1 (la carta a Lusk).

Pero si esto es cierto, ¿quién escribió la carta? Más de un asesino ha utilizado la macabra identidad de Jack el Destripador. La identidad del autor debe ser encontrada por el mismo análisis de escritura. El Sr. MacLeod escribió:

> Habría buscado a este asesino entre hombres como los cocheros, que podían tener una buena excusa para estar en cualquier sitio a cualquier hora. Habría buscado a un hombre muy promiscuo y al que le gustara comer y beber; que pudiera atraer a las mujeres de la clase de sus víctimas con un irresistible encanto animal. Diría que, de hecho, era un homosexual reprimido (sugerido por las marcas en el espacio inferior hacia el lado equivocado de la carta) y se presentaba como un "hombre de verdad"; un tipo bullicioso que se dedicaba a ir de bares y denigraba a las mujeres como objetos para usar y tirar.

Al afirmar además que "nuestro autor era capaz de concebir cualquier atrocidad y ejecutarla de forma organizada", MacLeod podría ser acusado de ser una ocurrencia tardía. Pero su esbozo de la personalidad del asesino basado en su letra es notable, revocando cualquier duda sobre quién escribió la carta *"Desde el infierno"*. Es una descripción perfecta de Netley.

CAPÍTULO XIV

Loco y misógino

A pesar de todas las lacras que azotan a la sociedad moderna, es poco probable que en una muestra amplia de la humanidad -en cualquier gran ciudad- aparezca un gran número de lunáticos, misóginos o maníacos sexuales. Mirando a Jack el Destripador desde una perspectiva contemporánea, parecería razonable pensar que si un hombre tiene un odio profundamente arraigado hacia las mujeres, *esto por sí solo* debería situarlo entre los principales sospechosos. La mayor parte de la simpatía que ha despertado la teoría de Michael Harrison se basa en el hecho innegable de que James Kenneth Stephen odiaba a las mujeres. He aquí algunas frases de Stephen:

> Si todo el mal que han hecho las mujeres
> Se colocó y enrolló en un fardo,
> La tierra no podía soportarlo,
> El cielo no podía envolverlo,
> No podía iluminarse ni calentarse con el sol;
> Tal masa de maldad
> Misteriar al diablo
> Y le daría muchas almas mientras la rueda del tiempo avanza.

Dado que la misoginia es un fenómeno raro en estos días, parece posible argumentar que cualquiera que comparta la aversión de Stephen por el sexo femenino es inevitablemente un Destripador en potencia. Sin embargo, este argumento se cae por su propio peso ante las pruebas contenidas en el archivo de "Sospechosos" de Scotland Yard. Éste revela que en 1888 los lunáticos, los maníacos sexuales y los misóginos eran moneda corriente.

Reúne varias historias asombrosas y ofrece una bella descripción del mundo en el que operaba Jack el Destripador, así como una inquietante visión de los efectos que los asesinatos de Whitechapel tuvieron en muchas mentes. Un informe de cinco páginas escrito por un hombre que se dirigía a Scotland Yard el Boxing Day es un ejemplo sorprendente:

Me gustaría llamar su atención sobre la actitud de Dr Morgan de ... Street (Houndsditch) hacia los asesinatos. Pero mi sospecha es que se ocupa principalmente del último asesinato, cometido en un interior.

Hace tres semanas estuve en el Hospital de Londres, en una sala privada (Davis), con un tal Dr Evans, enfermo de tifus y que solía recibir la visita casi todas las tardes de Dr Davies, cuando los asesinatos eran un tema habitual de conversación.

Dr Davis [*sic*] siempre insistió en que el asesino era un hombre de potencia sexual muy débil, que sólo podía excitarse mediante algún estímulo fuerte - como la sodomía. Insistía en que el asesino cogía a las mujeres por detrás, de hecho, *por ano*. En aquel momento no tenía mucha más información que yo sobre el hecho de que la autopsia revelara que se había encontrado semen en el recto de la mujer, mezclado con sus heces [esto es totalmente falso].

Muchas cosas, que parecería inútil escribir, me parece que le relacionan con el caso: por ejemplo, es un misógino. Aunque es un hombre de estatura vigorosa y (por los rasgos de su rostro céreo) de imperiosas pasiones sexuales, sus allegados *suponen*, sin embargo, que nunca ha tocado a una mujer.

Una noche, en presencia de cinco médicos, discutió tranquilamente el asunto y defendió su argumento de que el asesino no actuaba para obtener muestras uterinas (matrices), sino que -en su caso- lo hacía por lujuria asesina y deseo sexual, algo que no era desconocido para los médicos. Representó toda la escena (de una forma que *realmente aterrorizó a* los cinco médicos): cogió un cuchillo, "incisó" a una mujer imaginaria, la degolló por detrás; luego, cuando obviamente estaba tumbada, la desgarró y acuchilló por todo el cuerpo en un estado de frenesí total.

Antes de esta actuación yo había dicho: "Después de que un hombre haya hecho una cosa así, debería producirse en él una reacción, y debería desplomarse, y de inmediato ser apresado por la policía, o atraer la atención de los curiosos debido a su agotamiento..." El Dr D... dice: "¡No! Estaría perfectamente bien después de su crisis y tan manso como un cordero. Se lo demostraré". Comenzó entonces su actuación. Al final se detuvo, se abrochó la chaqueta, se puso el sombrero en la cabeza y salió de la habitación en absoluta calma. Su rostro estaba ciertamente pálido como el de un muerto, pero eso era todo.

Hace sólo unos días, después de que el director de la *Pall Mall Gazette me* informara *positivamente de que* la *última* mujer asesinada había sido sodomizada, pensé: *¿Cómo lo sabía?* Su actuación fue la más vívida que jamás había visto. Henry Irving era, en comparación, un aficionado. Y otra cosa... Sostuvo que el asesino no quería especímenes de úteros, sino que los cogía y los cortaba en su locura como *únicos órganos sólidos que* su agarre atravesaba en el abdomen de las víctimas.

Puedo decir que Dr Davies ha sido durante algún tiempo médico residente en el hospital londinense de Whitechapel, que últimamente ha fijado su residencia en Castle Street (Houndsditch); que ha vivido durante varios años en el distrito de los asesinatos; y que anuncia su intención de marcharse pronto a Australia si no tiene pronto éxito con su nueva clientela.

Roslyn D'O Stephenson

P.D. He planteado esta cuestión a un pseudodetective llamado George Marsh, 24 Pratt Street, Camden Town, con quien he llegado a un acuerdo (adjunto), para compartir cualquier recompensa que pueda surgir de mi información.

R.D'OS

P.-P.-S. Pueden encontrarme en cualquier momento a través del Sr. *Prince Albert* Islands en St Martin's Late -en pocos minutos- cerca de donde vivo, pero no deseo dar mi dirección.

R.D'OS

A este testimonio se adjunta una hoja de papel rasgada fechada el 24 de diciembre de 1888:

Por la presente acepto devolver a Dr R. D'O Stephenson (también conocido como "Muerte Súbita") la mitad de cualquier recompensa o compensación recibida como resultado de su información sobre la conexión de Dr Davies con un asesinato premeditado.

Roslyn D'O Stephenson MD
29 Castle Street WC
Calle San Martín

Uno sólo puede preguntarse por la cordura del autor de este singular documento. Aparte del dudoso contenido de la acusación, hay tantas rarezas que es difícil saber por dónde empezar el análisis.

Las incoherencias comienzan con el hecho de que Dr Roslyn D'O Stephenson (¿es ése su verdadero nombre?) obviamente no estaba dispuesto a dar la dirección de su sospechoso, ya que se refiere a "Dr Morgan Davies de ... Street (Houndsditch)". Pero más adelante desvirtúa sus intenciones al explicar que Dr Davies ha encontrado una casa en *Castle* Street, rellenando así su laguna... A continuación menciona en una posdata que ha hecho un trato con un hombre por el que obviamente siente poco respeto, llamándole como lo hizo "pseudodetective". A continuación, expresa su deseo de no dar su propia dirección, pero adjunta un acuerdo *en el que se especifica su domicilio*. La dirección en sí es curiosa, ya que también es una calle Castle, pero en la zona de Whitechapel y no en Houndsditch. El acuerdo adjunto a la declaración es absurdo, ya que se trata de una promesa de pago de dinero a Dr R. D'O Stephenson... ¡pero firmada por el propio Dr R. D'O Stephenson! La situación se vuelve aún más cómica cuando, unos papeles más adelante en el expediente, descubrimos otro testimonio, esta vez del "socio" de Stephenson. Fue prestado en Nochebuena. La declaración fue tomada por el inspector J. Roots de Scotland Yard:

> El Sr. George Marsh, ferretero (en paro desde hace dos meses) del 24 de Pratt Street, Camden Town, llegó aquí a las 7 de la tarde e hizo la siguiente declaración.

> "Hace aproximadamente un mes, en el *Prince Albert* (Upper St Martin's Lane), conocí a un hombre llamado Stephenson con el que hablé de los asesinatos de Whitechapel. Desde entonces le he visto allí dos o tres veces por semana y cada vez hemos hablado de los asesinatos en confianza. Quiso decirme cómo podría capturar a nuestro hombre. Le contesté simplemente que haría lo que pudiera y que tarde o temprano le atraparía. Le dije que era un detective aficionado y que llevaba semanas buscando al culpable. Me explicó cómo se habían cometido los asesinatos. Dijo que los había cometido un misógino de esta manera:

> "El asesino convencía a una mujer para que se metiera en un callejón oscuro o en un piso y, para excitarse, se la "follaba" y al mismo tiempo la degollaba con la mano derecha, de pie sobre la izquierda.

> "Estaba imitando la escena. Por lo tanto, soy de la opinión de que es el asesino de los seis primeros casos, si no el único último.

> "Hoy Stephenson me dice que el asesino es Dr Davies de Houndsditch (no sé su dirección, aunque he estado allí) y que quería verme. Ha redactado un acuerdo para compartir la recompensa por la detención de Dr Davies. Sé que este acuerdo carece de valor, pero era para conseguir su letra. Le emborraché, pensando que conseguiría más pistas, pero fracasé, porque fue a ver a Dr Davies y también al señor Stead, de la

Pall Mall Gazette, con un artículo por el que quería dos libras. Escribió este artículo en la *Pall Mall Gazette en relación con las* pintadas sobre los judíos. Obtuvo £4 por él. He visto cartas del Sr. Stead en su poder sobre este tema; también una carta del Sr. Stead negándose a darle dinero para encontrar al asesino de Whitechapel.

"Stephenson me mostró el alta de un paciente del Hospital de Londres. El nombre 'Stephenson' está borrado y el de Davies está escrito en tinta roja. No sé la fecha.

"Stephenson se encuentra ahora en la pensión amueblada del número 29 de Castle Street, St Martin's Lane, y lo ha estado durante tres semanas. Su descripción es la siguiente: 48 años, 1,70 m, cara llena, tez amarillenta, bigote denso -de color ratón- depilado y levantado, pelo castaño tendiendo a gris, ojos hundidos. Suele llevar monóculo para mirar al recién llegado. Ropa: traje gris y sombrero de fieltro castaño - todo bien usado; aspecto militar: dice haber estado en 42 batallas: bien educado.

"El contrato que me dio es que debo cooperar con ustedes y proporcionar la ayuda que necesite la policía.

"Stephenson no es un borracho: es lo que yo llamo un *bebedor habitual* y una *esponja*: puede beber desde las 8 de la mañana hasta la hora de cierre, pero seguir fresco".

A pesar de que la nota marginal de Roots indica que se adjunta el acuerdo de Stephenson, no hay rastro de él en el expediente. Existe un último informe sobre este episodio: un esbozo de la personalidad de Stephenson realizado por Roots tras su visita a Scotland Yard el día de San Esteban. Bajo el título "Asesinatos de Whitechapel, Marsh, Davies y Stephenson", Roots dice:

> En relación con la declaración del Sr. George Marsh, del 24 de este mes, sobre la probable implicación de Dr Davies y Stephenson en los asesinatos de Whitechapel.
>
> Tengo que informar que Dr Stephenson vino aquí esta tarde y escribió el testimonio adjunto de sus sospechas contra Dr Morgan Davies, de Castle Street en Houndsditch; también me dejó su acuerdo con Marsh en cuanto a la recompensa. Lo adjunto.
>
> Cuando Marsh llegó aquí el día 24, tuve la impresión de que Stephenson era un hombre al que conocía desde hacía unos veinte años. Ahora sé que mi impresión está justificada. Es un hombre que ha viajado mucho,

culto y capaz, un doctor en medicina licenciado en París y Nueva York, un oficial del ejército italiano -combatió a las órdenes de Garibaldi- y un publicista. Dijo que había escrito el artículo sobre los judíos en la *Pall Mall Gazette*, que ocasionalmente trabajaba por su cuenta para ese periódico y que ofrecía sus servicios al señor Stead para localizar al asesino. Me mostró una carta del señor Stead, fechada el 30 de noviembre de 1888, sobre este tema, y dijo que el resultado fue la negativa del periódico a seguir por ese camino. Había llevado una vida bohemia, bebía mucho y siempre llevaba drogas para despejarse y evitar *el delirium tremens*.

Fue candidato a la secretaría del orfanato en las últimas elecciones.

Estas pruebas se transmitieron al inspector Swanson, pero no parece que se tomara ninguna medida para investigar a Dr Morgan Davies (que *sin duda debería haber* figurado en la lista de sospechosos si el Destripador seguía en libertad, por inverosímil que pareciera la historia de Stephenson), y no parece que se realizaran más entrevistas con Stephenson o Marsh. Esto es extraño, sobre todo teniendo en cuenta que, según el contenido de su propia declaración y las sospechas levantadas por Marsh, Stephenson tenía más probabilidades que Davies de ser el asesino. No sólo su comportamiento ante Marsh fue idéntico al que atribuyó a Dr Davies, sino que su propia declaración parece estar plagada de pistas deliberadas que apuntan hacia él mismo. El hecho de que él y su sospechoso vivieran en calles con el mismo nombre; que una vez se refiriera a su sospechoso como "Dr D...", que podría haberse referido fácilmente a él; y que se refiriera a sí mismo con el apodo de "Muerte súbita": todo ello apoya el argumento de que habría sido investigado *si Jack el Destripador siguiera en libertad*.

El valor de estas extrañas alegaciones y contraalegaciones va más allá de una inmersión psicológica en las secuelas de la saga del Destripador y una mirada entre bastidores a los problemas ordinarios de los hombres de Scotland Yard. El hecho crucial es que las docenas de documentos del archivo de Sospechosos demuestran que la policía *sabía que* los asesinatos de Whitechapel habían terminado con la muerte de Kelly el 9 de noviembre. Esto es cierto, porque después de esa fecha la policía no presentó cargos. Las detenciones no cesaron inmediatamente. Para el policía de a pie y sus superiores en la comisaría, Jack el Destripador siempre andaba suelto y podía volver a atacar en cualquier momento. Pero era evidente que Scotland Yard sabía algo, de lo contrario no habría habido razón para acumular informes sin tomar ninguna medida para investigar a los sospechosos. Farson sugirió que la policía dejó de actuar en el caso porque sabía que Druitt era el asesino. Esto es falso, ya que los registros de Scotland Yard muestran que no se llevó a cabo ninguna investigación real sobre el caso tras la muerte de Kelly, siete semanas antes de que se encontrara el cuerpo de Druitt. Las pruebas contra Stephenson y Davies, por ejemplo, se presentaron en Nochebuena y el Boxing Day, respectivamente, y Druitt no fue recuperado del Támesis hasta el 31 de diciembre. A menos que la policía ya supiera quién era el asesino o los asesinos, probablemente no habría escuchado el testimonio de Marsh acusando a Stephenson el 24 de diciembre sin hacer nada por investigar. Parece que no se habría tomado absolutamente ninguna medida, ni siquiera para obtener una evaluación del carácter de Stephenson, si el sospechoso no se hubiera presentado voluntariamente dos días después.

Otro relato de un misógino procede de la oficina del Jefe de Policía de Rotherham (5 de octubre de 1888). El archivo "Sospechosos" contiene las cartas recibidas de Rotherham, pero no hay copias de las respuestas del inspector Abberline. Sin embargo, se puede adivinar el contenido de las mismas. Las cartas de Rotherham se refieren a lo siguiente:

Señor,

Tengo el honor de informarle de que acabo de recibir la visita de un individuo llamado James Oliver, residente en 3 Westfield View, Rotherham, soldado raso en el 5 Lancers, que ha sido licenciado de la vida civil, y que está firmemente convencido de que sabe quién cometió los asesinatos de Whitechapel. Estaba bastante sobrio y dio su testimonio con claridad y circunspección. Es de tal naturaleza que considero que debe ser transmitido a usted sin demora.

Afirma que un hombre llamado "Dick Austen" sirvió con él en las Tropas Reales de los 5 Lanceros, que antes de alistarse en el ejército había sido marinero: ahora tendría unos 40 años - 1,70 m, un individuo activo y extremadamente fuerte, pero en modo alguno pesado o gordo. Ojos y pelo claros. Tuvo, durante su servicio, largos bigotes rubios, puede que le hayan crecido gruesas bacantes y barba. Su rostro era agradable, severo y sano. Le *faltaba un poco de nariz*. Sin estar loco, no estaba en sus cabales, "era demasiado brusco para ser normal". Solía ser muy moderado, pero a veces saltaba de la cama por la noche y se paseaba por los barracones. Nunca decía de dónde era y a menudo decía que no tenía amigos.

A veces se jactaba de lo que había hecho en el pasado para mostrarse violento, pero aún más a menudo de lo que era capaz de hacer, "como si no sirviera para nada".

En el regimiento tenía fama de no haber estado nunca con mujeres y cuando sus compañeros hablaban de ellas en el cuartel solía apretar los dientes: era un misógino empedernido. Decía que si tuviera la oportunidad *mataría a todas las prostitutas y las destriparía*, para que cuando dejara el ejército no tuviera otro destino que la horca.

Había pasado por grandes penurias y momentos difíciles en distintas partes del mundo, habiendo sido marinero en grandes veleros. Era un hombre ágil y muy vivaz, y un buen estudiante. Oliver cree que puede conseguir una muestra de su letra.

Era muy convincente. Sus manos eran largas y delgadas.

Le cayeron 12 meses por irrumpir en la sala de informes y romper las hojas de calificaciones.

Se cree que recibió su paga aplazada (unas 24 libras) y dijo que quería establecerse en Londres.

Es un hombre muy frugal y vivirá de pan seco. "Solía ahorrar su dinero y vivir de lo que conseguía en los barracones.

Probablemente debería ir siempre bien vestido, pero es más frecuente que aparezca la descripción de un marinero que la de un soldado.

La idea de Oliver es que probablemente habrá trabajado en los muelles o a bordo de un barco; si fue el asesino, podría haber realizado viajes cortos en algún buque y cometido los asesinatos poco antes de embarcar. Las fechas de los asesinatos concuerdan con esta teoría.

"Siempre le persiguió el deseo de vengarse de las mujeres, melancólico.

Le advertí a Oliver que no dijera nada al respecto, y me dijo que aún no le había contado a nadie sus sospechas, excepto a su mujer.

También le prometí que, a menos que sus sospechas resultaran ser correctas o de gran ayuda, su declaración sería tratada como confidencial.

Tengo el honor de ser, Señor, su más humilde servidor...

L. R. Barick [?], Capitán

En esta etapa, después de sólo cuatro asesinatos del Destripador, tales pistas estaban siendo explotadas, como lo demuestra un informe de Abberline:

> Con referencia a la carta adjunta del Jefe de Policía de Rotherham, deseo informar que solicité una inserción en nuestras hojas de enlace preguntando si se sabía algo sobre Austen, dando su descripción y otros detalles... pero sin resultado hasta ahora.
>
> Quizá merezca la pena pedir al Jefe de Policía de Rotherham que vuelva a ver a James Oliver y le anime a aclarar la fecha del licenciamiento de Austen en el 5 Lancers, el nombre del cuartel del que fue licenciado y cualquier otra información.

Otra carta de Rotherham, fechada el 19 de octubre, decía:

Señor,

> Tengo el honor de acusar recibo de su carta de ayer, relativa a mi carta del 5 de este mes, y de informarle a su vez de que he visto a James Oliver esta mañana: no puede decirme la fecha ni el lugar de la partida de Austen, pero -como ya dije en mi anterior misiva- insiste en que Austen desea vivir en Londres. Una solicitud a 5 Lancers en Aldershot debería revelar el día y el lugar de la disolución, y si tenía derecho a paga diferida o de reserva; entonces podríamos conocer sus movimientos. Oliver dice que se hicieron varias fotos de grupo de su tropa: no tiene copia de ellas, pero podría -si encontráramos una foto- señalar a Austen. Necesitaría una copia de alguna carta atribuida al asesino, porque Oliver -como se ha dicho antes- cree poder identificar la letra de Austen.
>
> Tengo el honor de serlo, etc.

La última carta de esta correspondencia salió de Rotherham el 24 de octubre:

Señor,

> En respuesta a su carta de ayer con un anuncio de la Policía Metropolitana, tengo el honor de informarle de que he mostrado el facsímil del manuscrito a nuestro hombre, Oliver, quien dice que la letra es muy parecida a la de Austen, sobre todo en la carta (escrita con pluma de acero). No encuentra tan parecida la postal (escrita con bolígrafo), aunque evidentemente es fácil ver que fueron escritas por la misma

persona. Por supuesto, la firma de Austen podría obtenerse de los registros militares de la paga de los 5 Lanceros, aunque esta fuente sólo nos daría una pequeña muestra.

Tengo el honor de serlo, etc.

Y ahí se acabó el asunto. No se llevaron a cabo más investigaciones sobre el paradero de Dick Austen. En el capítulo VIII demostramos que la verdad sobre Jack el Destripador había sido suprimida. Para que la operación tuviera éxito, era imprescindible contar con la ayuda de la persona encargada de la investigación: el inspector Abberline. Obviamente, Abberline no estaba implicado en ninguna conspiración cuando se hizo cargo del caso, pues sus notas en los archivos de Scotland Yard dan fe de sus incansables esfuerzos por seguir la pista del Destripador. Los expedientes dedicados a los dos primeros asesinatos, los de Nichols y Chapman, están repletos de informes. El archivo sobre Stride es más pequeño que los anteriores, pero aun así registra una serie de elementos que demuestran que hubo una investigación por parte de Abberline. Eddowes, por supuesto, fue asesinado en territorio policial de Londres, por lo que su caso no fue investigado por Scotland Yard. Pero en el expediente de Kelly no hay ningún informe real ni nada sobre la investigación del asesinato. La única aportación de Abberline al expediente es un informe de la investigación inicial sobre Kelly, que no tiene ningún interés. Este expediente muestra que Scotland Yard no hizo prácticamente nada para seguir la pista del asesino después de la tercera semana de octubre. El estudio de los papeles de Abberline demuestra que debió de participar en el complot por esas fechas. No hay otra explicación para el hecho de que, en pleno reinado del terror del Destripador, toda actividad policial seria se detuviera sin más. Sólo la implicación de Abberline en la conspiración en la época de Jack el Destripador explicaría su reaparición menos de un año después para cubrir a nivel policial el caso de Cleveland Street. Hay que recordar que en el caso de Cleveland Street, Abberline permitió voluntariamente que testigos clave abandonaran su burdel homosexual y huyeran del país, mientras sus hombres custodiaban el edificio...

Warren dimitió el día antes de la muerte de Kelly. Cuatro días después, Abberline abandonó el caso. Y, aunque después de la muerte de Kelly hubo tres asesinatos similares a los del Destripador en Whitechapel, Abberline nunca volvió. *Sabía* que las acciones de Jack el Destripador eran cosa del pasado.

Sir Charles Warren

CAPÍTULO XV

Los secretos de los archivos

Cuando Roy Jenkins se convirtió en Secretario de Interior en 1974, insistió en tener control personal sobre todos los archivos confidenciales de su departamento. Entre otros cambios, esto significaba que las solicitudes de autores e investigadores para ver archivos cerrados tenían que ser revisadas por él y no, como antes, por altos funcionarios. Su política general ha consistido en permitir el acceso a los documentos a los investigadores serios, en lugar de denegarlo, como se hacía antes. Esta actitud, aunque impopular entre algunos funcionarios, es un gran paso adelante. Gracias a ello, he podido examinar los archivos del Ministerio del Interior sobre los asesinatos de Whitechapel, que debían permanecer secretos hasta 1993.

Con los archivos de Scotland Yard y del Ministerio del Interior en mi haber, por fin dispongo de la documentación sobre la que los jacksmiths han estado especulando durante casi 90 años. El primer punto interesante es que la afirmación de Daniel Farson en la edición revisada de su *Jack el Destripador de que los archivos del* Ministerio del Interior confirmarían a Montague Druitt como principal sospechoso es falsa. No se menciona a Druitt.

Los primeros capítulos de este libro muestran el inmenso valor de las fuentes para emprender una investigación sobre una base sólida. Basándose simplemente en los informes de los agentes de policía encargados de la investigación, ha sido posible eliminar las distorsiones que la historia del Destripador ha sufrido a manos de periodistas, cineastas y escritores infieles -como Leonard Matters-. Los archivos también contienen información importante que apenas se había analizado hasta ahora. El extendido rumor de que contienen explícitamente la solución al enigma carece de fundamento. Ningún archivo, amarilleado por los años y sellado oficialmente, revela la identidad de Jack el Destripador. Las pruebas ocultas en los cientos de documentos secretos ahora disponibles son más sutiles, pero demuestran que puntos fundamentales de la historia de Sickert son perfectamente exactos.

El viejo Sickert se explayó en su descripción de los asesinatos, y será útil recordar lo esencial de su relato.

Según él, Mary Nichols fue secuestrada en el coche de Netley, tiroteada ritualmente durante una carrera por las calles del East End y su cuerpo depositado en Bucks Row, donde fue descubierto.

Annie Chapman fue igualmente masacrada en el vehículo y abandonada en un pasadizo entre el número 29 de Hanbury Street y un patio trasero de Netley y Sir Robert Anderson, cuya implicación en el caso se analizará en nuestro último capítulo.

Elizabeth Stride era un caso especial. Estaba borracha y caminaba por la acera cuando el carruaje se detuvo y Gull se ofreció a llevarla. En su estado de embriaguez, fue impermeable a los corteses llamamientos de Gull a su vanidad. Netley aparcó entonces su carruaje en una calle lateral y, dejando a Gull sola dentro, él y Anderson siguieron a la tambaleante figura de Long Liz -según Sickert-. En el cruce de Berner Street, Netley abordó a Stride y caminó con ella hacia las zonas más oscuras de la calle, mientras Anderson vigilaba al otro lado de la carretera. El tiempo apremiaba, ya que la negativa de Stride a subir al coche y las acciones de los asesinos les habían llevado más tiempo del esperado. De alguna manera, esta tríada ya sabía que la mujer que iba a ser su última víctima se encontraba en una celda de la comisaría de Bishopsgate y que, como la mayoría de los borrachos detenidos por la policía de la ciudad, era probable que la soltaran en cualquier momento después de medianoche. Sickert declaró que Netley había entrado con Stride en el patio en penumbra situado detrás del International Workers' Educational Club, en el número 40 de Berner Street, la había tirado al suelo y le había cortado el cuello con un cuchillo. A continuación, los dos hombres regresaron a su vehículo y se dirigieron a toda velocidad hacia la calle Bishopsgate (actual Bishopsgate propiamente dicha), donde tenían la intención de esperar a que su última víctima saliera de la comisaría. Nuestro viejo pintor nunca explicó cómo supieron los asesinos que estaba detenida por embriaguez pública.

Cuando el carruaje llegó a Bishopsgate, Eddowes (a quien los asesinos creían Kelly) había sido liberada, y se cruzaron con ella de regreso a su tugurio de Spitalfields. No fue difícil atraerla al interior del coche, donde se llevó a cabo el diabólico acto de matarla y mutilarla de forma masónica con un regusto de venganza. Con la esperanza de que no pudiera ser identificada, le arrancaron parte de la nariz y le acuchillaron la cara. Este fue el último asesinato, en la mente de los asesinos, y por lo que ellos sabían, esta víctima era la causante de todo el asunto. Una vez terminado el trabajo dentro del coche, Netley se dirigió a Mitre Street. Él y Anderson arrastraron a Eddowes fuera del coche y lo dejaron en la esquina más cercana de la plaza Mitre, por suerte también la más oscura, donde le arrojaron los intestinos por encima del hombro, un guiño masónico.

No tardaron en darse cuenta de que habían eliminado a la persona equivocada, pero no pudieron disparar a Kelly de inmediato debido al aumento del pánico y la vigilancia por parte de la policía y los residentes locales tras el doble asesinato. Cuando por fin la encontraron, Kelly fue abordada por Netley, a quien se la presentó. Ella también estaba borracha. Sickert nunca dio a conocer a su hijo todos los detalles de la masacre de Kelly. La había conocido como amiga y ayudante, e incluso después de tanto tiempo esos recuerdos eran demasiado dolorosos para él, según le había explicado.

Hay pruebas que apoyan la afirmación de Sickert de que tres de las mujeres no fueron asesinadas donde se encontraron sus cuerpos. El informe del inspector Spratling sobre el asesinato de Nichols que figura en los archivos de Scotland Yard señala que entrevistó a tres personas que se encontraban en Bucks Row la noche en que fue asesinada: "nadie había oído un solo grito por la noche, ni nada que les hiciera pensar que el asesinato se había cometido allí".

Así lo confirmó el inspector Helston, quien informó *a The Times la* mañana del asesinato de que "mirando el lugar donde se encontró el cuerpo, parece difícil creer que la mujer fuera asesinada allí. No había manchas de sangre ni aquí ni allá". Dr Llewellyn, que fue llamado a Bucks Row para examinar el cuerpo de Nichols, observó que había poca sangre en la cuneta: "no más de dos copas de vino, o media pinta alrededor del cuerpo". Rumbelow sugirió que esta aparente falta de sangre podría deberse a que la ropa de Nichols la había absorbido, pero los cuidadosos y detallados registros de su asesinato en los archivos secretos no aportan pruebas a favor de esta teoría. Es poco probable que su ropa absorbiera mucha sangre. De haber sido así, habría sido inmediatamente obvio, y la policía nunca habría pensado -como lo hizo- que el asesinato se había cometido en otro lugar. Es cierto que el inspector Spratling declaró en la investigación que no había visto marcas de ruedas en la carretera, pero esto no refuta el relato de Sickert. En Bucks Row había día y noche idas y venidas de vagones de recogida de grasas alrededor de los mataderos. Si las propiedades de la carretera eran tales *que* no dejaban marca alguna, con toda probabilidad tampoco podría verse la del carro de Netley.

Annie Chapman no fue asesinada en el patio trasero del número 29 de Hanbury Street, donde fue encontrada. Así lo confirma un informe del inspector jefe Swanson de los registros del Ministerio del Interior. Se refirió a un John Richardson que, a las 4.45 de la mañana, había ido al patio y se había sentado en los escalones cerca de donde más tarde se descubrió el cuerpo. Richardson estaba seguro de que si el cuerpo hubiera estado allí lo habría visto. El informe médico indicaba que Chapman llevaba muerto al menos 25 minutos cuando Richardson bajó al patio. El relato de Swanson decía:

> Si la opinión experta de Dr Phillips es correcta en cuanto a la hora de la muerte, es difícil entender cómo Richardson no vio el cuerpo cuando pasó por el patio a las 4.45 a.m., pero como se examinó su ropa, se registró su casa y se escuchó su testimonio aunque no aportó ni una sola prueba, nuestras sospechas no pudieron recaer sobre él, aunque la policía dirigió su atención especialmente a su persona ....Él [Phillips] fue citado y vio el cuerpo a las 6.20 a.m. y luego dio la opinión de que la muerte se había producido unas dos horas antes (4.20 a.m.).

Las palabras exactas de Phillips fueron: "Yo diría que la fallecida fue asesinada hace al menos dos horas, *y probablemente incluso antes*. Annie Chapman fue asesinada como muy tarde a las 4.20, pero a las 4.45 su cuerpo aún no estaba en el patio del 29 de Hanbury Street. ¿Dónde estaba? Sólo Sickert nos da una respuesta. Varios escritores han informado incorrectamente de que no había sangre, excepto inmediatamente alrededor del cuerpo de Chapman. El reportero del *East London Advertiser*, que probablemente fue uno de los primeros en llegar al lugar de los hechos, afirmó que se había encontrado sangre no sólo en el pasadizo que conducía al patio, sino también en Hanbury Street. Esto concuerda con que el cuerpo fuera transportado desde el coche de Netley hasta este patio, ya que éste es otro elemento crucial que nadie ha explicado todavía. Faltaban el útero y sus apéndices. ¿Fue este sangriento trofeo tomado por un asesino solitario enloquecido, o simplemente dejado inadvertidamente en el lugar donde fue asesinada - el vehículo de Netley?

Teniendo en cuenta la descripción que hace Sickert del asesinato de Stride, una declaración hasta ahora inédita que se conserva en los archivos del Ministerio del Interior es de suma importancia. Un informe del inspector jefe Swanson afirma:

El día 30, a las 12.45 horas, Israel Schwartz, del número 22 de Helen Street, Back Church Lane, declaró que a esa hora, cuando tomaba Berner Street desde Commercial Road y se dirigía al pórtico donde se cometió el asesinato, vio a un hombre que se detenía y hablaba con una mujer, que estaba de pie en el pasadizo. El hombre intentó sacar a la mujer a la calle, pero la rodeó y la tiró a la acera, y la mujer gritó tres veces, pero no muy alto. Al pasar por el lado opuesto de la calle, vio a un segundo hombre de pie encendiendo su pipa. Al parecer, el hombre que había tirado a la mujer al suelo llamó al que estaba al otro lado de la calle - "Lipski"- y entonces Schwartz se alejó, pero al darse cuenta de que le seguía el segundo individuo, corrió hacia el puente del ferrocarril, y el hombre no le siguió hasta allí. Schwartz no puede precisar si los dos hombres estaban juntos o se conocían. Llevado al depósito de cadáveres, Schwartz identificó el cuerpo como el de la mujer que había visto y describió al primer hombre, que lo dejó caer: unos 30 años, 1,70 m, tez clara, pelo oscuro, pequeño bigote castaño, cara llena, hombros anchos; ropa: chaqueta y pantalones oscuros, sombrero negro grande, nada en las manos.

El segundo individuo: 35 años, 1,70 m, tez fresca, pelo castaño, bigote castaño; vestimenta: abrigo oscuro, viejo sombrero negro de fieltro duro, ala ancha, llevaba una pipa de espuma de mar en la mano.

El testimonio de Schwartz, que Swanson consideró fiable, ofrece un inquietante paralelismo con la versión de Sickert sobre el asesinato. Por supuesto, este último no mencionó que Netley había llamado a un "Lipski", un insulto de moda para los judíos después de que un israelita de ese nombre fuera ahorcado por asesinato en 1887[17]. Sickert tampoco dijo que Anderson hubiera seguido a nadie durante su vigilancia del lado opuesto de la calle. De hecho, no mencionó a nadie que pasara por Berner Street mientras se producía el ataque de Stride. Sin embargo, a pesar de estos detalles pasados por alto, no se puede negar que la escena descrita por Sickert fue exactamente la que declaró Schwartz. E incluso teniendo en cuenta una nota al margen de la declaración de Schwartz, escrita por el Secretario de Interior Matthews, según la cual "la policía aparentemente no sospecha del segundo hombre que Schwartz vio al otro lado de la calle", ¿puede haber alguna duda de que este individuo estaba al acecho, exactamente como dijo Sickert? No tenemos ninguna descripción física real de Netley, aparte de la declaración de Sickert de

---

17 Otros informes de los archivos de la Oficina de Interior aseguran que cuando el agresor de la mujer gritó "Lipski" se dirigía a Schwartz y no al hombre que estaba al otro lado de la carretera, como Schwartz había creído inicialmente.

que era pequeño y la prueba de su partida de nacimiento que muestra que tenía 28 años en el momento de los asesinatos. El agresor visto por Schwartz tenía "unos 30 años, 1,70 m", lo que es coherente.

A pesar de que el inspector jefe Swanson especuló con la posibilidad de que el hombre que Schwartz vio abordando a Stride no fuera su asesino, la lógica dicta que sí lo era. Se vio al hombre rodear a Stride y arrojarla a la acera, en el mismo lugar en el que fue descubierta muerta sólo 15 minutos después. Es inverosímil que este hombre la abandonara y que, por casualidad, apareciera otro individuo para llevar a cabo el mismo tipo de agresión contra la misma mujer en el mismo lugar. La cronología de la violencia que presenció Schwartz confirma que la escena que presenció era la del asesino en acción. Durante la investigación de Stride en el Vestry Hall de Cable Street, Dr Blackwell dijo: "Miré el reloj cuando llegué allí (a la escena del crimen) y era justo la 1.10 de la madrugada".

Cuando se le preguntó por la hora de la muerte de Stride, respondió: "De 20 minutos a media hora antes de que yo llegara.

Retrocediendo en el tiempo desde la llegada del médico a la 1.10, vemos que es improbable que la muerte se produjera después de las 12.50, cinco minutos después de la agresión denunciada por Schwartz. Según el peritaje de Blackwell, es más probable que la hora de la muerte se sitúe a menos de 10 minutos de las 00:50, lo que establecería el asesinato *casi exactamente en el* momento en que Schwartz vio cómo agredían a Stride.

El testimonio de Schwartz constituye una prueba irrefutable de que la descripción que Sickert hace del asesinato de Stride es exacta. Es imposible que Sickert se las arreglara para que su relato coincidiera con las observaciones de Schwartz, porque hasta ahora el relato de Schwartz nunca se había hecho público. A pesar de ser la única persona que había presenciado el asesinato del Destripador, *Schwartz no fue invitado a testificar en la investigación*. Otra prueba crucial suprimida.

La afirmación de Sickert de que Gull desmayó a cuatro de las víctimas haciéndoles comer uvas envenenadas es otro aspecto singular del caso que se solapa con otros hechos hasta ahora desconocidos recogidos en archivos confidenciales.

Las uvas tienen un vínculo probado con Jack el Destripador y siguen ligadas al folclore del caso. Cullen mencionó el caso de una anciana polaca, Annie Tapper, que le contó que había vendido racimos de uvas a Jack el Destripador cuando era una niña de nueve años. Cullen explicó que la presencia de uvas en la leyenda del Destripador se basaba en un informe "falso" según el cual se habían encontrado uvas en las manos inertes de una víctima. Robin Odell tiende a estar de acuerdo con Cullen sobre la inexactitud del informe de las uvas. En su opinión, "la mayoría de los jackólogos siguen la línea de la investigación de Stride, que estableció que tenía *cacho en la mano* cuando la encontraron muerta, *no uvas*".

Es cierto que durante la investigación de Stride se afirmó que se le había cerrado la mano con el kosher. Entonces, ¿cómo surgió esta historia de la uva? La respuesta se encuentra en un reportaje publicado por el *Times* el lunes 1 de octubre: "Su mano derecha estaba firmemente sujeta con uvas, y en la izquierda sostenía algunos dulces." Ahora bien, es extraño que el *Times* se equivocara en un detalle así, porque en todo lo demás su cuidadosa descripción de los restos de Stride era perfectamente exacta. En otro reportaje, el *Evening News* confirmó el hallazgo de uvas en la mano derecha de Stride, y ese periódico incluso encontró un testigo que afirmaba haber vendido uvas a un hombre que había visto con Stride. Sin embargo, en la investigación, Dr Phillips, el médico que había intentado ocultar el elemento masónico en las investigaciones de Chapman, hizo todo lo posible por desacreditar los informes de que se habían encontrado uvas.

Dijo: "Estoy convencido de que la fallecida no ingirió ningún hollejo o semilla de uva en las horas previas a su muerte.

Pero reconoció que las marcas del pañuelo de Stride eran manchas de fruta.

La existencia de las uvas está confirmada por una declaración oficial en el expediente del Ministerio del Interior. El inspector jefe Swanson escribió:

> dos detectives privados que trabajaban en colaboración con el comité de vigilancia y la prensa, mientras buscaban en una alcantarilla del patio, *encontraron un rabito de uva que estaba entre las demás cosas barridas tras el registro policial* [...].

Sólo la cuestionable pericia del médico masón Phillips puso en duda la verdad, una verdad adelantada no sólo por el *Times* y el *Evening News*, sino por la propia policía. Como muestra nuestra cita de los archivos del Ministerio del Interior, el índice de la uva fue *arrojado* literalmente *a la cuneta*. Podemos acercarnos a averiguar quién fue el responsable recordando que Phillips fue un participante activo en el encubrimiento, y también la persona con más probabilidades de haber disipado el simbolismo masónico en torno a Annie Chapman.

El *Evening News* informó de que Matthew Packer, un verdulero de Berner Street, había vendido uvas a un hombre que acompañaba a Stride poco antes de su asesinato. *Pero no fue citado para las audiencias.* ¿Por qué no se le citó?

La explicación de esta desviación de la justicia podría ser que la historia de Packer era probablemente falsa, que él o el *Evening News se la habían inventado.* Pero éste no es el caso. Los archivos de Scotland Yard contienen documentos que demuestran sin lugar a dudas que Packer era considerado por la policía como un testigo clave y que su declaración fue tomada muy en serio por las autoridades. Estos documentos están guardados en un pequeño legajo dedicado a este asesinato. El primero es un informe del sargento Stephen White, refrendado por Abberline y el superintendente Arnold:

> Tengo el honor de informarles de que, siguiendo instrucciones del inspector Abberline y en compañía del agente Dolden, del Departamento de Investigación Criminal, el 30 del mes pasado hice averiguaciones en todas las viviendas de Berner Street, Commercial Road, con el fin de obtener información sobre el asesinato. Anoté toda la información que pude obtener en un cuaderno que me dieron con este fin. Hacia las nueve de la mañana llegué al número 44 de la calle Berner y vi a Matthew Packer, un humilde frutero. Le pregunté a qué hora había cerrado su tienda la noche anterior. Me contestó: "A las 12.30, a causa de la lluvia. No me interesaba permanecer abierto". Le pregunté si había visto a algún hombre o mujer caminando hacia Dutfield's Yard, o a alguien en la calle mientras él cerraba su tienda. Me contestó: 'No, no vi a nadie allí, ni hacia el patio. No vi nada fuera de lugar ni oí ningún ruido, y no supe nada del asesinato hasta que me lo contaron esta mañana".
>
> También vi al Sr. Packer, a Sarah Harrison y a Harry Douglas, que vivían en el mismo edificio, pero ninguno de ellos pudo darme información sobre el caso.
>
> El 4 de este mes, el inspector Moore me ordenó que hiciera más averiguaciones y, si era necesario, que volviera a ver a Packer y lo llevara al depósito de cadáveres. Fui al número 44 de Berner Street y vi a Mrs Packer, quien me informó de que dos detectives habían venido y acompañado a su marido al depósito de cadáveres. Entonces fui allí y encontré a Packer con otro individuo. Le pregunté adónde había ido. Me dijo: "Este detective me pidió que fuera a ver si podía identificar a la mujer". Le pregunté: "¿Lo hiciste?". Me contestó: "Sí, creo que compró

unas uvas en mi tienda el sábado hacia medianoche". Justo después se les unió un tercer hombre. Pregunté a estos desconocidos qué hacían con Packer y ambos afirmaron ser detectives. Exigí ver sus referencias. Uno de ellos sacó una tarjeta de un libro de bolsillo, pero no me dejó tocarla. Entonces dijeron que eran detectives privados. Entonces convencieron a Packer para que fuera con ellos. Hacia las cuatro de la tarde volví a ver a Packer en su tienda. Mientras hablaba con él, nuestros dos hombres llegaron en un carruaje y, después de entrar en la tienda, indujeron a Packer a subir a su coche, diciendo que querían llevarlo a ver a Sir Charles Warren en Scotland Yard.

De mis investigaciones no cabe duda de que estos dos hombres mencionados en el artículo de periódico adjunto participaron en el registro de la alcantarilla de Dutfield's Yard el día 2 de este mes. Uno de los individuos llevaba en la mano una carta dirigida a Le Grand & Co. Strand.

Aparte de demostrar que la policía pensaba que Packer era un testigo importante (¿por qué, si no, habrían ido a verle tres veces y le habrían llevado al tanatorio?), este informe también indica que estaba ocurriendo algo inusual. Obviamente, White se sorprendió al descubrir que Packer ya estaba en el depósito de cadáveres y que se encontraba allí con dos "detectives" cuando se presentó en su tienda el 4 de octubre. Presumiblemente sin saber nada de las actividades de los supuestos detectives, White se dirigió al tanatorio. Por el camino se encontró con Packer y dos hombres que decían ser detectives privados. *Entonces convencieron a Packer para que les acompañara.* Por las palabras que utilizó White para describir su salida, está claro que tenía sus dudas sobre estos dos bichos raros y sus métodos heterodoxos. Sus sospechas eran legítimas. ¿Qué detectives privados se llevarían a un testigo antes de que la policía de investigación le hubiera interrogado? La segunda vez que White se encontró con estos hombres, volvieron a decir que eran detectives privados, pero se negaron a entregarle sus papeles. Luego hicieron lo que parecía ser la afirmación más escandalosa: llevar a Packer hasta Sir Charles Warren. ¿Quiénes eran estos individuos? ¿Qué autoridad podían tener para investigar a Packer independientemente del CID y de los agentes uniformados? ¿Cómo esperaban conseguir una audiencia con Warren? ¿Qué interés podía tener el Comisario General de la Policía Metropolitana en el testimonio de un humilde vendedor de fruta?

Todas estas preguntas podrían tener como respuesta la posibilidad de que esos supuestos detectives fueran en realidad periodistas que engañaban al sargento White para conseguir un buen reportaje y publicar una noticia exclusiva. Tales maniobras no eran inauditas. Sólo hay una cosa que demuestra la falsedad de esta hipótesis: nuestro segundo documento importante de los archivos de Scotland Yard. Se trata de una declaración oficial de Packer, escrita de puño y letra por *Sir Charles Warren*. Esto es muy extraño... Significa que Packer *fue realmente llevado* a Scotland Yard para ver a Warren con nuestros dos detectives. También debe significar que no eran detectives, sino investigadores especiales que trabajaban independientemente del CID y de la policía regular. Y lo que es más importante, habrían estado actuando directamente bajo las órdenes de Warren. Por alguna razón, Warren quiso pasar por encima de sus propios agentes para encontrar a Packer y obtener su testimonio exacto antes de que los policías del caso tuvieran la oportunidad de interrogarle. No hay otras declaraciones o informes de Warren en el expediente. No había desempeñado ningún otro papel directo en la investigación, salvo el de hacer borrar las pintadas del muro masónico la mañana del 30 de septiembre. Es importante señalar que sus secuaces fueron discretos y no participaron en el resto del caso. Sólo tenían dos funciones. La primera era adelantarse a la obtención de pruebas por parte de Packer sobre la venta de uvas al Destripador; la segunda, eliminar todo rastro de uvas de la cuneta de Dutfield's Yard.

Si Warren hubiera empleado a estas personas para servir mejor a la justicia, se habría asegurado de que el testimonio de Packer pudiera ser escuchado. Pero, al igual que Schwartz, el único otro testigo verdaderamente importante, no fue llamado a declarar y lo que sabía se mantuvo en silencio.

¿Por qué querría Warren ocultar hechos sobre las uvas? Hemos demostrado que cualquier prueba que pudiera identificar a los asesinos fue cuidadosa y deliberadamente ocultada durante las investigaciones. ¿Pero qué utilidad podrían haber tenido las uvas para identificar a Jack el Destripador? Aunque nunca se admitió, las uvas eran una fuerte pista de la verdad. Extraño en muchos sentidos, Sir William Gull nunca iba a ninguna parte sin unas cuantas uvas. En una carta escrita 11 años antes de los asesinatos, y nunca antes publicada, Gull se incriminó a sí mismo. Su carta, ahora en poder de la Biblioteca del Real Colegio de Medicina, dice:

> Estimado Dr Duckworth,
>
> Cuando leí sus comentarios sobre mi declaración [ante el Comité de la Cámara de los Lores sobre la intemperancia] pensé que se había

equivocado. No tengo copia de mi declaración, pero lo que quería decir es que cuando estoy cansado me reanimo comiendo uvas.

Llevo muchos años haciéndolo. Nunca viajo ni voy a ningún sitio sin uvas. Siempre tengo algunas en mis maletas de viaje y cuando estoy en Escocia o en el campo forman mi almuerzo con una galleta y agua. No como azúcar de caña, pero el azúcar de las uvas parece proporcionarme las sustancias vigorizantes que necesito, como demuestra mi propia experiencia. Bebo poco vino, pero no soy abstemio. Creo en el buen uso del vino, como dije en mi testimonio, pero repito que cuando estoy cansado en mi vida profesional, prefiero beber uvas y agua.

Muy sinceramente,
William W. Gull, 16 de diciembre de 1877

Parte de la carta de Gull

Declaración de Packer

CAPÍTULO XVI

El tercer hombre

Ahora estamos muy lejos de aquella singular mañana en el salón de Sickert Jr., cuando reveló por primera vez la sustancia de la farragosa saga de su padre. Un año y medio de investigación había llevado a la demostración de que la historia más inverosímil jamás contada sobre los asesinatos de Whitechapel era en realidad la solución largamente buscada. Walter Sickert parecía haberse transformado de un dudoso contador de historias en un multitalento de 87 años que había dicho la verdad, toda la verdad y nada más que la verdad. Todo lo que quedaba por hacer era examinar su última alegación, la cautelosa -pero, a estas alturas, ya no muy sorprendente- designación de Sir Robert Anderson como tercer hombre.

Anderson era un masón de alto rango y fue nombrado subcomisario de la Policía Metropolitana el mismo día en que Mary Nichols fue asesinada. Como se explica en el capítulo X, su predecesor (no masón), James Monro, un detective competente y dinámico, había sido el blanco de los ataques sin cuartel de Warren durante meses. Warren estaba decidido a deshacerse de Monro, y el mismo día que consiguió destituirlo, Mary Nichols fue asesinada.

No hay pruebas *concretas* que impliquen a Anderson en los asesinatos. Lo peor que se puede decir de él es que era un mentiroso y que su actitud en el momento de los asesinatos era muy sospechosa. Quizá sea el menos probable de los tres individuos mencionados que haya estado directamente relacionado con los crímenes del Destripador.

Su extraño comportamiento comenzó casi inmediatamente después de ocupar su puesto en el CID. Estuvo en el lugar de los hechos a las pocas horas de la muerte de Nichols, hizo su trabajo notablemente bien durante una semana y, al día siguiente del asesinato de Annie Chapman, se fue de vacaciones a Suiza, una decisión que no era necesariamente la más responsable... La policía metropolitana era un hervidero de vicio y delincuencia. En toda Inglaterra, la violencia estaba alcanzando cotas inquietantes y sin precedentes, y la situación en Londres era crítica. Además de esta agitación constante, un asesino a sangre fría, que a esas alturas ya se consideraba demente, andaba suelto por el este de Londres y ya había atentado en dos ocasiones anteriores. Pero Sir Robert Anderson abandonó sus nuevas responsabilidades *para irse de vacaciones*. En su autobiografía *The Lighter Side of My Official Life*, Anderson aduce su mala salud como motivo de su inoportuna marcha. Si estaba demasiado enfermo para hacer frente a sus obligaciones en un momento en que eran más que necesarias, resulta sorprendente que fuera nombrado comisario adjunto. Y es extraño que con semejante enfermedad fuera capaz de afrontar un largo viaje a Suiza...

Otra observación arroja luz sobre el carácter de Anderson, pero -hay que reconocerlo- no le incrimina. Al referirse directamente al caso de Jack el Destripador, mintió descaradamente. En sus memorias, afirmó claramente conocer la identidad del asesino:

> No hace falta ser un Sherlock Holmes para saber que el criminal era un maníaco sexual de tipo virulento [...] y la conclusión a la que llegamos fue que él y sus parientes eran judíos polacos de clase trabajadora. [...] Y el futuro demostró que nuestro diagnóstico era correcto en todos los aspectos. Porque puedo decir con este paso que los "asesinatos sin resolver" son raros en Londres, y los crímenes de Jack el Destripador no entran en esa categoría.

Continuó diciendo que la postal del "doble asesinato" era "obra de un audaz periodista londinense". Y continuó:

> Dado el interés que suscita este caso, estoy casi tentado de revelar la identidad del asesino y del periodista que escribió la carta. Pero no habría ningún beneficio público en hacerlo, y las tradiciones de mi antigua institución se resentirían. Simplemente añadiré que la única persona que tuvo una visión clara del asesino identificó sin vacilar al sospechoso en el momento en que fue llevado a su presencia; pero se negó a declarar contra él. Si digo que el criminal era un judío polaco, sólo estoy mencionando un hecho probado.

Aquí no sólo se supone que debemos creer que el Destripador debía de ser algún inmigrante, sino también que estaba bajo custodia policial y había sido identificado por un testigo que lo vio en la escena de un crimen. Hasta el lector más crédulo encontraría esto difícil de tragar, por no mencionar la absurda afirmación de que el único testigo policial se negó a declarar contra el asesino... ¡Fue sin duda con un encogimiento de hombros filosófico como el inspector vio a Jack el Destripador salir libre de la comisaría!

Tres años antes de escribir esto, Anderson contó otra historia, recogida en su libro *Criminals and Crime*, según la cual el Destripador estaba "encerrado a salvo en un manicomio". Nadie en el cuerpo de policía de la época estaba de acuerdo con las opiniones de Anderson, como demuestra la abundancia de trabajos sobre el caso realizados por agentes de policía de todos los rangos; no hay ni una sola palabra en los archivos de Scotland Yard y del Ministerio del Interior que apoye sus acusaciones; ninguno de los supuestos "hechos" que afirmaba que eran "absolutamente ciertos" existía más allá de sus descabelladas suposiciones. O Anderson se inventaba sus historias para desviar a los investigadores de la pista masónica, o fantaseaba para acariciar su *ego*. El alarde infantil: "¡Sé quién era Jack el Destripador, pero no lo diré!" era sorprendentemente común entre hombres supuestamente maduros. En cualquier caso, Sir Robert Anderson, masón, uno de los policías más destacados relacionados con el caso, se entregaba a la ficción.

Sir Robert Anderson

No importaba cuál fuera la verdad sobre Anderson y su relación con los asesinatos, pues un hecho quedaba claro: Sickert había dicho la verdad, pero no toda la verdad. Todo lo que había dicho sobre el príncipe Eddy, Annie Elizabeth Crook, Sir William Gull y los propios asesinatos era cierto. Habían salido a la luz demasiadas pruebas independientes y corroboraciones no mencionadas por Sickert como para que no fuera así. Pero sabía demasiado como para dejar que su historia terminara en Cleveland Street, como le dijo repetidamente a su hijo. Es obvio, por la extensión y precisión de sus conocimientos, que Walter Sickert sabía más de lo que estaba dispuesto a decir. Para descubrir exactamente *cuánto* sabía, es útil examinar algunos de los aspectos menos tangibles de su historia.

Uno de los misterios del arte se encuentra en los cuadros de Walter Sickert. Maestro indiscutible, considerado por muchos el mejor de un pequeño grupo de pintores ingleses de este siglo, Sickert firmó un inmenso número de obras. Se dice que su producción fue "mayor que la de Constable y Corot juntos". Se desconoce el número exacto, ya que tenía cuatro lugares favoritos: Dieppe, Camden Town, Venecia y Bath, y nunca fue preciso en cuanto al flujo de su obra. El enigma de sus cuadros incluye varios detalles inexplicables y sorprendentes e incoherencias deliberadas, así como los títulos aparentemente irrelevantes de muchos de sus cuadros. Nunca se han explicado. Walter confesó a su hijo que había evocado medio inconscientemente los principales acontecimientos de los asesinatos en algunos de sus cuadros, y que había dejado pistas en sus títulos. Un ejemplo, dijo, fue su cuadro *Lázaro rompe el ayuno*[18], un retrato impresionista de un hombre comiendo uvas negras con una cuchara. El pintor dijo que el cuadro era una acusación velada de que Gull había dejado inconscientes a sus víctimas dándoles de comer uvas envenenadas. Se trataba de una verdadera información privilegiada, ya que no hay forma realista de descubrir que las víctimas eran envenenadas antes de ser mutiladas. Esta tesis está respaldada en parte por Dr Llewellyn, que examinó el cadáver de Nichols. Un informe de Abberline en los archivos de Scotland Yard explica:

> El inspector informó a Dr Llewellyn, quien a continuación llevó a cabo un examen que duró más de un minuto y estableció que las heridas en el abdomen eran en sí mismas suficientes para causar la muerte instantánea, y expresó la opinión de que fueron infligidas *antes de que se cortara la garganta*.

Sickert es, pues, uno de los pocos que afirmaron que el degüello no fue la causa de la muerte, afirmación confirmada por los informes

---

18 "Lázaro rompe su ayuno" (N.D.T.).

oficiales de la autopsia. Teniendo en cuenta la exactitud del artista en todos los demás aspectos, y teniendo en cuenta que los archivos secretos (de los que no podía saber nada) incluían un dictamen médico según el cual al menos una de las víctimas había muerto antes de ser degollada, parece probable que Sickert sea exacto en su descripción del método de ejecución de Gull. Aún queda una pequeña posibilidad de que se pueda establecer la verdad, incluso en esta fecha tan tardía. Si se exhumaran los cuerpos de las víctimas, los análisis de la médula ósea podrían revelar restos de veneno. La referencia específica de Sickert a las uvas también concuerda con la afición admitida por el propio Gull por esta fruta; con las uvas encontradas aferradas a la mano muerta de Stride, cuya existencia fue cuidadosamente silenciada; y con la historia del frutero Packer, que Sir Charles Warren estaba desesperado por encubrir.

Lázaro rompe el ayuno

Si las ideas de Sickert sobre el método de los asesinos son tan precisas, su implicación en el caso debió de ser mucho mayor de lo que él afirmaba. Walter Sickert, y no Sir Robert Anderson, fue el tercer miembro del trío del Destripador. Psicológicamente, esta explicación es muy coherente con la necesidad de Sickert de contar esta historia antes de morir, y con las pistas sobre el caso que dejaron sus cuadros. Su relato

Jack el Destripador, la solución definitiva

sobre el motivo de los asesinatos, su significado masónico y el papel de Gull o Netley es totalmente cierto, como hemos demostrado. Pero un hombre cuya historia se detuviera realmente en Cleveland Street no podría haber tenido a su alcance tal abundancia de detalles sobre los crímenes en sí. Y no habría estado tan obsesionado con el caso. Si Sickert hubiera estado directamente implicado, si hubiera tomado parte en este crimen perfecto, esto podría explicar su fijación por el caso. Porque, en realidad, no existe el crimen perfecto: si nunca se detiene a nadie, sólo el criminal conoce su perfección. La presión sobre un charlatán empedernido como Sickert para que revelara su propio crimen "perfecto" debió de ser inmensa. Pero sabía que si contaba *toda la* verdad, la perfección se vería arruinada por su propia implicación. Astutamente, sustituyó su papel en las operaciones por el de un hombre que sabía que supuestamente había estado fuera de Inglaterra durante gran parte del reinado del Destripador, un individuo que no tenía coartada local. La acusación de Sickert contra Anderson, y los extraños acontecimientos que rodearon el nombramiento de Anderson como Comisario Adjunto, indican que Anderson estaba implicado en el complot. El hecho de que, como masón, fuera el hombre que Warren quería como segundo al mando mientras duraron los crímenes del Destripador sugiere que ayudó activamente a su superior en el encubrimiento, que probablemente era el único propósito de Warren al ocupar su puesto.

Por una coincidencia como hay muchas en la investigación del Destripador, dos horas después de estar de acuerdo en que Sickert estuvo muy implicado en los asesinatos en sí, leí este pasaje de *La identidad de Jack el Destripador,* de McCormick:

> Pero otra propuesta es que Walter Sickert, el pintor, era Jack el Destripador. La razón por la que se sospechaba de Sickert era que supuestamente había hecho bocetos y pinturas de los crímenes del Destripador.

Alguien ya había señalado con el dedo acusador a Sickert. ¿Pero quién? En los 15 años que pasaron después de que McCormick escribiera este libro, sus notas sobre Sickert se perdieron. Pero el hecho permaneció: Sickert había sido acusado por razones totalmente ajenas a las pistas dejadas involuntariamente en la historia que contó a su hijo.

En la época de los asesinatos, Sickert vivía en varios pisos y apartamentos del East End. Era la época en que pintaba sus famosos cuadros de music-hall, todos ellos con localizaciones en el East End o cerca de él. Salía todas las noches y tomaba mujeres de la calle como modelos para sus cuadros de interiores miserables y personajes sumidos en la pobreza. En aquella época, era imposible permitirse modelos profesionales que no tuvieran los rostros cansados y a menudo tensos que eran tan esenciales para las duras verdades que se esforzaba por retratar. En *The Life and Opinions of Walter Richard Sickert*, Dr Robert Emmons escribió:

> Solía ir a los cabarets todas las noches y volvía a casa andando desde Hoxton, Shoreditch, Canning Town o Islington, pasando por Primrose Hill, y así hasta Hampstead. Llevaba un abrigo hasta los tobillos de cuadros brillantes y una pequeña bolsa para sus dibujos. Una noche, en Copenhagen Street, un grupo de chicas salió corriendo delante de él gritando: "¡Jack el Destripador, Jack el Destripador!".

Es fácil comprender cómo se produjo tal incidente: Sickert tenía un parecido asombroso con Jack el Destripador en la imaginación popular. En retrospectiva, ahora podemos ver que la imagen universal del Destripador se basa en las descripciones dadas por testigos que vieron a Sickert en la escena de al menos dos o tres asesinatos. Una de las descripciones más fiables de un hombre visto con una víctima poco antes de su muerte, la del agente Smith en Berner Street, afirmaba que el sospechoso tenía unos 28 años. Esto fue advertido por el ojo entrenado de un policía, que fue bastante preciso en su estimación. En 1888, Sickert tenía exactamente 28 años.

A finales de la década de 1880, a pesar de su creciente reputación como pintor y de su amplio círculo de amigos en las altas esferas, Sickert vivía con un presupuesto reducido. Aunque su ropa siempre estaba bien cortada, no disponía de los recursos necesarios para reemplazarla con la frecuencia que le hubiera gustado. Medía alrededor de un metro ochenta y, en este momento de su vida, según su amigo, el escritor irlandés George Moore, tenía unos pequeños bigotes rubios, "mechones dorados". Compárese el aspecto de Sickert en esta época con la descripción de un hombre visto con Catherine Eddowes en Duke Street (la calle que lleva a Mitre Square) poco antes de su asesinato. Generalmente se considera una de las descripciones más precisas del Destripador. The *Times* especificó:

> Tiene aspecto desaliñado, unos 30 años, 1,70 de estatura, piel clara, con pequeños bigotes rubios, lleva un pañuelo rojo y un tocado puntiagudo.

En todos sus detalles esenciales, esta descripción se ajusta a Sickert. ¿Podría ser una coincidencia que otro testigo fiable, George Hutchinson, que vio a un hombre acompañando a Mary Kelly a su habitación, también lo describiera como llevando un pañuelo rojo? Teniendo en cuenta que el rojo es un color inusual para un accesorio de este tipo, y más aún en la época conservadora de la reina Victoria, una última observación sobre este punto es crucial. Sickert tenía un pañuelo rojo que, en palabras de su amiga Marjorie Lilly, parecía tener "algún extraño poder". Lilly recordaba en su libro sobre Sickert que su pañuelo rojo

> fue un elemento importante en la génesis y creación de sus cuadros, un hilo conductor de sus pensamientos, tan necesario como la servilleta con la que Mozart jugueteaba cuando componía.

Lilly nunca conoció el misterio que rodeaba al pañuelo rojo de Sickert. En su mente, estaba íntimamente asociado con dos ideas aparentemente contradictorias: vagamente con la Iglesia, y más claramente con el asesinato. Según Lilly, para Sickert el *asesinato* significaba "Jack el Destripador". Mientras pintaba su serie *Camden Town Murder*, el asesinato no se le iba de la cabeza ni un momento. Lilly le recordaba pintando estos lienzos:

> Reviviendo la escena, se puso en la piel de un matón, se ató bruscamente el pañuelo al cuello, se tapó los ojos con el casco y encendió el farol. Inmóvil, hundido en su asiento, perdido en las sombras que se proyectaban sobre la habitación, meditó sobre el problema durante horas. Cuando su pañuelo había cumplido su función inmediata, colgaba del pomo de alguna puerta o de alguna clavija, quedando accesible para estimular aún más su imaginación, para hacer hervir su cerebro. Desempeñó un papel importante en la realización de los cuadros, estimulándole en los momentos críticos, entrelazándose tan estrechamente con el desarrollo real de su proyecto que lo tenía constantemente a la vista.

Era importante para él porque era la bufanda que había llevado las noches en que fue Jack el Destripador. A menos que Sickert no fuera el hombre de la bufanda roja visto por dos testigos independientes en las noches de dos asesinatos de Jack, ¿qué explicación podía haber para el vínculo obsesivo que estableció entre este accesorio *y el asesinato*? La confirmación esperada vino de él mismo, al explicar a su hijo que El *asesinato de Camden Town se* inspiró en el asesinato de Mary Kelly.

Los elementos de la personalidad de Sickert no pueden equipararse a la idea de un hombre que conoce la verdad sobre los asesinatos del Destripador pero no está personalmente implicado. Una cosa es incoherente, incluso para el individuo cuyo interés por el caso es del orden de la pasión, a menos que se basara en la complicidad. Pues, tras un ataque al final de su vida, Walter Sickert llegó a creer que él era Jack el Destripador. Antes de que tuviera idea de mis suposiciones sobre su viejo amigo, Marjorie Lilly me hizo una confidencia:

> Tras el ataque, Sickert tuvo "periodos de Jack el Destripador" durante los cuales se vestía como el asesino y paseaba durante semanas. Atenuaba las luces de su estudio y se convertía literalmente en Jack el Destripador en ese escenario y esa atmósfera. Salía toda la vida en mitad de la noche y, como Dickens, se limitaba a vagar por las calles de Londres hasta el amanecer. Descubrió que la inspiración, tan necesaria para un pintor, le llegaba mejor vagando completamente solo por las oscuras calles de Kentish Town o del East End.

Se dice, y no sin razón, que un criminal siempre vuelve al lugar de su crimen. ¿Eran las excursiones nocturnas de Sickert una especie de regreso psicológico a la atmósfera que tan poderosamente contribuyó a crear? Y, después de su apoplejía, cuando ya no tenía suficiente presencia de ánimo ni control inconsciente para ocultar la verdad, ¿no se habría vuelto predominante el carácter de hace 50 años en un cerebro bien conocido por su tortuosa complejidad? Lilly se refiere una y otra vez en su libro a la compulsión de Sickert, siempre que paseaba por Londres, a tomar callejones oscuros y explorar todo tipo de pasadizos desconocidos. Este hábito le proporcionó precisamente el tipo de conocimiento preciso de la geografía londinense que a menudo se atribuye a Jack el Destripador.

Estudiados a la luz de su afirmación de que contienen alusiones ocultas a los crímenes del Destripador, los cuadros de Sickert son un buen testimonio de su cordura. Solía dar a sus cuadros nombres que parecían no tener relación con su contenido, como varios cuadros bastante diferentes titulados *Jack y Jill*. Joseph Sickert dijo que su padre había tomado este título de una estrofa de poesía cómica compuesta por un habitual de Cleveland Street, que ya hemos citado:

> Jack y Jill salieron a matar
> Por razones que no pudieron superar
> Jack se cayó y perdió su corona
> Y dejó a una niña pequeña.

Que su memoria estaba constantemente abierta a la saga del Destripador y a sus orígenes en Cleveland Street queda patente en un cuadro en particular. Es la mejor prueba de que Sickert sembró pistas sobre el caso en su arte. Es un cuadro inquietante sobre el que no hizo ningún comentario a su hijo. Representa una lúgubre habitación victoriana de techos altos. En la pared, en el centro de la alcoba de una chimenea, hay un adorno de contorno poco claro, pero que no puede ser otra cosa que una calavera con huesos cruzados. Este antiguo presagio de peligro inminente mira a una mujer mal vestida con blusa y falda larga. Ella aparta el rostro de esta ominosa mirada, se lleva la mano a la mejilla con desesperación y una expresión de angustia cruza sus rasgos. Suponiendo que esta mujer sea Mary Kelly con la Muerte mirándola fijamente a la cara, se me podría acusar con razón de dejarme llevar demasiado por mi imaginación, pero hay algo más: el enigmático título de este cuadro. Como muchos de los títulos de Sickert, éste nunca ha sido explicado. Le dio dos nombres: *Orden de Afiliación X*[19] y *Amphitryon*. Si imaginamos que una solicitud de reconocimiento determina la filiación paterna de un hijo ilegítimo, ¿podemos evitar la conclusión de que Sickert se refería a los sucesos de Cleveland Street? ¿Y quién es X? Con la historia de Sickert sobre un grande del mundo que se hace pasar por un ser inferior, seduce a una chica corriente y la deja embarazada en el proceso, podemos reflexionar sobre el otro título de este cuadro: *Anfitrión*. La leyenda de Anfitrión cuenta cómo Júpiter, rey de los dioses, el hombre *más poderoso* del Olimpo, se disfrazó de un ser inferior para *seducir a una mujer corriente, que quedó embarazada de él*.

Amphitryon, o la Orden de Afiliación de X

---

19 Traducible como "Reconocimiento de filiación".

El viejo Walter hablaba de otro cuadro, al que había dado dos nombres. Era el retrato de una mujer de barbilla angulosa que llevaba un gran sombrero. Se llamaba *Chantaje*[20] o *Sra. Barrett*. Nadie ha podido explicar por qué eligió cada uno de estos títulos. Sickert confió a su hijo que se trataba de una representación de Mary Kelly, y efectivamente Kelly tenía la barbilla cuadrada: el retrato se parece mucho a los dibujos de Kelly que aparecieron en los periódicos después de su asesinato. La llamó *Sra. Barrett* como variante porque, cuando se mudó a Dorset Street, Kelly se encaprichó de un hombre llamado Barnett y fue confundida con su esposa. Aquí Sickert se equivocó, pues la concubina de Kelly se llamaba Joseph *Barnett*, no Barrett. No obstante, la intención del pintor era la que había mencionado. Lo llamó *Chantaje* porque Kelly estaba en el centro de un plan de chantaje relacionado con el hijo natural del príncipe.

Pintó un cuadro de un coro de chicas de music-hall, cada una con un vestido rojo sangre y una especie de pañuelo. Representaban, explicó, a las víctimas del Destripador. Los bordes arremolinados y coloridos de sus vestidos simbolizaban sus mutilaciones, y los pañuelos, sus heridas en la garganta.

La serie *Camden Town Murder* se titula a veces *What Shall We Do For The Rent?* Una vez más, dijo Sickert, estas pinturas fueron inspiradas por Kelly. Muestran a una mujer desnuda tumbada en una cama. En algunos, ella está sentada en el borde de la cama, retorciéndose las manos; en otros, un hombre está de pie sobre el cuerpo de la mujer. Sickert dijo que eligió el segundo título *"¿Qué haremos con el alquiler?"* porque Kelly se retrasaba en el pago del alquiler. De hecho, su cuerpo fue descubierto por un hombre enviado a cobrar unos atrasos en el alquiler. El otro título, El *asesinato de Camden Town*, es más fácil de entender. Trata de un asesinato real ocurrido en 1907, en el que una mujer fue degollada mientras yacía en su propia cama. Al mencionar que el asesino nunca fue capturado, puede ser interesante recordar la afirmación de Sickert de que un pintor no puede pintar algo que no ha experimentado. El vínculo entre El *asesinato de Camden Town* y Mary Kelly no termina ahí. Según Robert Emmons, Sickert dijo a todo el mundo que la modelo de este decorado se llamaba... Mary.

---

20 Esto significa "chantaje" (N.D.T.).

El asesinato de Camden Town

Es interesante que Robert Wood, el hombre que fue procesado y absuelto por el asesinato de Camden Town, era amigo de Sickert, e incluso sirvió de modelo para esta serie. Fueron los amigos de Wood, sin duda animados por Sickert, quienes pagaron a un abogado para que le defendiera. La suerte quiso que ese abogado fuera Arthur Newton, el mismo que había conspirado con el gobierno para encubrir los vínculos de Eddy con Cleveland Street en 1889.

Otro cuadro titulado *Chantaje*, éste en pastel, representa a una joven sentada tranquilamente en un sillón de respaldo alto. Tiene los ojos vidriosos, parece que le falta la punta de la nariz y la falta de detalles en el interior de la cara hace que su boca sea casi inexistente. En gran medida, esto es lo que Jack el Destripador hizo con Mary Kelly.

Chantaje, o la Sra. Barrett

Pero quizá una pista más evidente de la psique de Sickert se encuentra en *El pintor en su estudio*, un autorretrato. Una escultura de mujer sin cabeza ocupa el primer plano, con los miembros sin sus extremidades. Sin embargo, a diferencia de una estatua real, esta obra no se ha desmoronado por los estragos del tiempo. Sus miembros parecen rotos o dañados desde el busto hacia arriba, como si la mujer hubiera sido víctima de una carnicería.

El pintor en su estudio (autorretrato)

Su preocupación por la muerte es evidente en varias obras. *El Diario* es un buen ejemplo: parece un simple retrato de una mujer tumbada leyendo un diario que sostiene en alto por encima de la cabeza. "Esta mujer está muerta", confía Sickert a su hijo, y señala un detalle que la mayoría de la gente pasa por alto: la parte inferior del diario está parcialmente oculta por el pelo de la mujer. Esto significa que no está leyendo nada. El diario está apoyado contra la pared detrás de ella. Y, sin duda, está muerta.

En *Ennui*, un cuadro dentro de otro cuadro representa a la reina Victoria. Lo que parece un pájaro revoloteando cerca de su cabeza es en realidad una "*gaviota*", explicó Sickert a su hijo.

Aburrimiento

Incluso en sus últimos cuadros, Sickert no pudo olvidar a Eddy y los acontecimientos que había puesto en marcha. En 1935 pintó *El rey Jorge V y la reina María*, un retrato de la pareja real en un coche. La mitad delantera de la Reina está oculta por el marco de la ventanilla del coche. Según Sickert, esto era en recuerdo del hecho de que la mitad de Mary pertenecía a Eddy (se suponía que se casarían cuando él muriera).

El pintor muestra su permanente interés por las prostitutas en varios cuadros, pintados en todas las etapas de su carrera. *Cocotte de Soho* y *The Belgian Cocotte* son los dos mejores.

La holandesa

Por último, su *holandesa* pintada en 1905 y otra versión de *la Sra. Barrett* nos devuelven a Miller's Court y a la pesadilla del 9 de noviembre de 1888. Esta Sra. *Barrett* se inspiró de nuevo en Kelly, según Sickert. Es más inquietante que las versiones mencionadas hasta ahora. Esta vez el sujeto aparece de perfil. Sus ojos desaparecen en una profunda opacidad, como una calavera, y su rostro está mortalmente pálido. La *holandesa es* una abominación. Representa a una mujer desnuda con muslos gordos, apoyada en una cama en una habitación siniestra. Su rostro es completamente invisible, y la dificultad de intentar discernir sus rasgos es similar a la experimentada al estudiar la fotografía de Scotland Yard del rostro mutilado de Kelly. La nariz de la *holandesa* parece haber sido cortada, como la de Kelly, sus ojos están borrosos, y el efecto general es el de una cabeza animal más que humana. La misma sensación nauseabunda emana de la foto de Kelly.

El psicólogo Anthony Storr, antiguo médico de Harley Street, coincidió en que el patrón de Sickert de dejar pistas en sus cuadros podría indicar su implicación en los asesinatos del Destripador. "Es cierto", dijo, "que las personas que guardan secretos culpables sufren la compulsión de dejar pistas, como Sickert afirmaba haber hecho con su obra".

Los dos principales autores que trabajaron con Sickert, Robert Emmons y Marjorie Lilly, que se contaban entre sus íntimos, observaron un lado misterioso y oscuro en su carácter que, en su mayor parte, permanecía oculto bajo su chispeante ingenio y encanto, pero que se manifestaba -en palabras del propio Emmons- en arrebatos de frialdad. Refiriéndose a una de esas manifestaciones del lado más oscuro de su naturaleza, Lilly recordó "cómo el Dr Jekyll había asumido el papel de Mr Hyde". Emmons comentó: "La serpiente puede dormir mucho tiempo en una cesta de higos". Y continuó:

> A veces, cuando estaba deprimido o misántropo, permanecía invisible durante semanas y reaparecía de repente, más alegre y gallardo que nunca.

Si nos fijamos en las pruebas documentales contra Sickert, dos de las mejores descripciones del Destripador (las del agente Smith y Hutchinson) dicen que llevaba un paquete. Smith lo describió como "un paquete envuelto en papel de periódico, de unas 18 pulgadas de largo y de seis a ocho pulgadas de ancho. Sus dimensiones excluyen que fuera un cuchillo, como han sugerido algunos autores. Las observaciones de Smith concuerdan con la afirmación de Sickert de que los asesinos siguieron a Kelly hasta un retrato. Parece improbable que se tratara de una fotografía de Kelly, por lo que debió de ser un cuadro o un boceto; esta última opción es la más probable. Sickert queda mejor retratado cuando nos damos cuenta de que fue capaz de producir una representación de Kelly, probablemente un boceto hecho de memoria. Ya sabemos que Sickert tenía pisos por todo el East End en esa época y que utilizaba prostitutas como modelos todas las noches. El hecho de que tuviera no uno, sino varios refugios en el corazón del territorio de Jack el Destripador, y de que fuera una figura bien conocida por las prostitutas del East End, dio a Sickert el mejor lugar posible para seguir la pista de Kelly y sus cómplices en nombre de los conspiradores.

Hutchinson vio el paquete por segunda vez la noche del 9 de noviembre. Lo describió como "de unos veinte centímetros de largo, con una correa alrededor, cubierto de tela americana oscura". Como esta descripción creaba naturalmente la ilusión de que podía tratarse de un cuchillo, se supuso que el paquete visto por Hutchinson era *estrecho*. Pero Hutchinson no dio ninguna información sobre la anchura del paquete, por lo que bien podría haber tenido 15 cm de profundidad. Esto es mucho más probable, ya que un paquete pequeño apenas habría necesitado una correa de transporte. De nuevo, existe una conexión con la descripción de Hutchinson, ya que se utilizó un paquete similar para cubrir sus cuadros. Es cierto que, mientras que la descripción del agente Smith coincide con la de Sickert, la de Hutchinson no. Se llegó a la conclusión unánime de que estos dos testigos habían visto a hombres diferentes. Pero la colorida descripción de Hutchinson, considerada auténtica por la policía, presentaba a un canalla más grande que la vida. El rubor corría por las venas de Sickert con tanta seguridad como la sangre y la pintura al óleo. Le gustaba el teatro, era un hábil actor *y le gustaba llevar disfraces excéntricos.*

El relato de Sickert sobre el asesinato de Stride por Netley (con Anderson vigilando en el lado opuesto de la carretera) es coherente con hechos inéditos revelados por los registros del Ministerio del Interior, excepto por una cosa. La descripción del hombre que vigilaba la escena no coincide con la de Anderson. Israel Schwartz, que vio morir a Stride, describió así al vigía:

> 35 años [Sickert tenía 28], 1,70 m [Sickert medía algo menos de 1,70 m], tez fresca [Sickert era de piel clara], pelo castaño [como Sickert], bigotes castaños [Sickert tenía bigotes claros]; vestimenta: abrigo oscuro, viejo sombrero negro de fieltro duro, de ala ancha, tenía una pipa de espuma de mar en la mano [según Marjorie Lilly, Sickert sólo fumaba puros en la época en que estuvo con él: es imposible descubrir sus hábitos de fumador cuando era más joven].

Estas descripciones no encajan del todo. La edad, por ejemplo, difiere en siete años. En su apresuramiento y nerviosismo, Schwartz no parece haber conservado una imagen exacta del hombre que vio, pero pudo ser categórico sobre una cosa, incluso en ausencia de luz: la estatura del individuo. Afirmó con gran precisión que el hombre que había visto medía aproximadamente 1,80 metros, una estatura menos común en la época victoriana que en la actualidad. Sickert medía algo menos de un metro ochenta.

La sustitución de Anderson por Sickert como tercer hombre resuelve varias incoherencias en el relato del pintor. El hecho de que Lord Salisbury entrara en su estudio de Dieppe y le diera 500 libras por un cuadro del que, de otro modo, probablemente sólo habría sacado 3 libras, tiene sentido. El incidente bien pudo haber ocurrido. Salisbury veraneaba con frecuencia en Dieppe en la década de 1880, y Osbert Sitwell se refirió a esta anécdota en su introducción a *¡A Free House!* Pero cuando Sickert le contó su historia a Sitwell, no se implicó en la trama. Dijo que el objeto de la generosidad de Salisbury era el artista Vollon. Sólo cuando fue a contarle a su hijo el verdadero trasfondo del caso de Jack el Destripador le explicó también la realidad del episodio con Salisbury. Hasta entonces había utilizado una versión modificada de la misma manera que había tomado prestada la historia del estudiante de veterinaria. Satisfacía su necesidad de hablar del caso, pero no arrojaba luz sobre los verdaderos hechos, que consideraba, hasta pocos años antes de su muerte, demasiado peligrosos. Es inconcebible que Salisbury comprara el silencio de Sickert. Es mucho más plausible que el dinero fuera el *pago* por su papel en la historia, y por su ayuda en la realización de los asesinatos. Para ser justos, es probable que Sickert se viera obligado a ayudar a los masones y que fuera terrible para él haber participado en la ejecución de Kelly, a quien había sacado personalmente del East End para ayudar a Annie Elizabeth. Pero, en palabras de su hijo, "el viejo habría hecho cualquier cosa para sobrevivir". Ciertamente, habría hecho cualquier cosa para ahorrarse el tipo de destino que le esperaba a Annie Elizabeth. Al fin y al cabo, fue el principal impulsor del episodio de Cleveland Street y sabía demasiado como para que lo dejaran solo. En sus acciones, quizás había incluso una especie de intento de reparación: el deseo de salvar a Kelly. Una operación como la que dirigía Gull nunca debería haber dado lugar a un error tan básico como una confusión de identidades, como Sickert afirmó que había ocurrido la noche en que murió Eddowes. Si los conspiradores creyeron que Eddowes era Kelly, no es que estuvieran equivocados, sino que fueron deliberadamente engañados. Sickert debió ser el responsable, y un intento tardío de salvar a Kelly parece ser la única explicación posible[21].

---

21 Al mismo tiempo, está la cuestión del alquiler de Kelly. El alquiler semanal medio para un hombre y su familia era de unos 2 chelines y 10 peniques, pero el piso de Kelly costaba 4 chelines y 6 peniques a la semana, una suma que, sin duda, nunca podría permitirse. Entonces, ¿quién pagaba para mantenerla a salvo?

*El grafiti en la pared de Goulston Street
y un ejemplo de la escritura de Sickert*

Tres episodios en particular llevan la marca específica de Sickert y muestran la misma mentalidad de añadir pistas de un asesinato en obras de arte. Estos elementos son las joyas y monedas cuidadosamente colocadas a los pies de Chapman, las pintadas con tiza en la pared y la caída de uvas en la mano de Stride. Estas acciones debieron ser llevadas a cabo por uno de los tres miembros del trío; el primero, al parecer, fue asesinado por Dr Phillips y los dos últimos fueron suprimidos por Warren porque señalaban con el dedo a los masones en general y, en el caso de las uvas, a Gull en particular.

Para que uno de los asesinos hubiera escrito las pintadas en la pared, habría tenido que *ir hacia el este* desde Mitre Square, porque Goulston Street está en el corazón de Whitechapel. Esto no encaja con la versión de Sickert de que Gull seguramente habría vuelto directamente al West End. Pero Sickert tenía varios pisos en el East End en aquella época. Tras el asesinato de Mitre Square, es posible que se separara de sus cómplices y corriera a uno de sus escondites. ¿Tenía algo en las viviendas Wentworth de Goulston Street, donde se descubrieron las pintadas? Es imposible saberlo. Pero en su mensaje mural, "Los Juwes son hombres que no serán acusados por nada", el Destripador hizo exactamente lo que Sickert hizo más tarde en sus pinturas. Y la copia aplicada del escrito dejado en la pared tiene un parecido definitivo con la letra de Sickert.

Sickert fue casi con toda seguridad quien colocó los anillos y las monedas a los pies de Chapman y quien compró uvas a Packer para ponerlas en la mano de Stride y señalar discretamente con el dedo a Gull. Como era de esperar, sus pistas fueron cada vez malinterpretadas o suprimidas. Así que empezó a pintar pistas ocultas similares en sus cuadros.

Obviamente, a Joseph Sickert le resultaba imposible aceptar que su padre no era el caballero de brillante armadura que transmitía en solitario la antorcha de la verdad a las generaciones futuras. Habría sido difícil esperar que creyera inmediatamente que la historia que había estado rumiando en secreto durante la mayor parte de su vida pasaba por alto un elemento importante: Sickert no era un espectador indefenso, sino un cómplice de los crímenes más atroces de su época.

Fue con toda inocencia, por no decir *ingenuidad*, que sólo un día después de haber considerado yo mismo la implicación del viejo en los asesinatos Joseph Sickert me mostró algunas pertenencias de su padre. Había un maletín marrón oscuro de médico que le había servido bien al viejo Sickert y en el que solía llevar su trabajo. Debía de ser la "abultada bolsa de viaje a la que estaba muy apegado" que recordaba Marjorie Lilly. Fue la misma bolsa que contribuyó a crear la leyenda del Destripador. Muchas personas que llevaban ese tipo de bolsas en aquella época se arriesgaban a ser linchadas porque la turba estaba convencida, según varias descripciones de los sospechosos, de que ese accesorio era la marca del Destripador. No sé adónde fue Sickert con su bolsa. En realidad era un maletín de médico, dividido en varios compartimentos para guardar medicinas e instrumental quirúrgico. El segundo objeto que observé en el montón de cosas era una pequeña caja de metal de unos 15 cm de largo y 4 cm de ancho. Tenía una pequeña mancha parecida a la sangre. Pedí cogerla y Joseph me la entregó. La caja contenía tres cuchillos de cirujano, con hojas afiladas.

"No sé de dónde las sacó el viejo, ni siquiera qué hizo con ellas", dice ingenuamente. "Creo que se las dieron cuando era bastante joven.

Puede que estos objetos no tengan ningún significado. Los menciono sólo como detalles adicionales en nuestro más que pintoresco retrato de un asesinato casi perfecto, que dejaré en este punto, tras repetir un comentario final del propio hijo de Walter: "Era un hombre extraño. A veces podía echarse a llorar sin motivo, terriblemente conmovido por algo viejo".

Un cariñoso retrato de Walter Sickert, pintado por su hijo en 1975

EPÍLOGO DE JOSEPH SICKERT

Cuando murió mi madre, estaba sorda, casi ciega y paralítica. Heredó esta sordera de su padre, el duque de Clarence, cuya sangre creo que la transmitió a nuestra familia. Algunos descendientes de cabezas coronadas se enorgullecen de su ascendencia; a mí me repugna. Si yo hubiera sido un fontanero descendiente de una larga línea de fontaneros, habría sido un hombre mucho más feliz; ninguna de las cosas tan meticulosamente descritas por Stephen Knight habría sucedido. Si la sordera de mi madre fue consecuencia directa de la intrusión de Clarence en nuestra familia, su ceguera e impotencia pueden atribuirse indirectamente a la misma causa: fueron secuelas de sus escarceos con John Netley. Aparte de las secuelas físicas de las heridas que sufrió en las dos ocasiones en que Netley intentó matarla, también padeció una terrible tensión y nerviosismo durante el resto de su vida. En la adolescencia esta tensión remitió un poco, pero después de cumplir 20 años se volvió más callada, más introvertida, más intimidada por los extraños y más preocupada por si su vida corría peligro. Vi cómo mi madre se destruía poco a poco, no sólo físicamente, sino también mentalmente. Créanme, no hay alegría ni orgullo en ser descendiente ilegítimo del duque de Clarence.

Por fin me han quitado la carga de conocimiento que he llevado durante tanto tiempo. En cierto modo, mi madre y mi abuela han sido vengadas. Los causantes de su sufrimiento han quedado al descubierto. Ya no pueden ocultar sus rostros culpables. Aunque me llevó mucho tiempo aceptarlo, es cierto que una verdad como ésta debe darse a conocer a todo el mundo.

Walter Sickert y su tercera esposa Thérèse Lessore en 1939, tres años antes de su muerte

Además, las familias de los individuos sospechosos de ser los asesinos de Whitechapel por diversos autores han quedado ahora libres de sospecha: hombres como Montague Druitt, J. K. Stephen, Frank Miles y, por supuesto, el duque de Clarence. Las familias de todas estas personas tienen una deuda de gratitud con Stephen Knight por sacar a la luz los verdaderos hechos.

Cuando el autor me contó sus conclusiones sobre la implicación de mi padre en el caso, me sentí perturbado. Sería inútil negar que también estaba enfadada. Pensé que me estaba tratando con desprecio y traicionando mi confianza. Pero entonces tuve que admitir que mi padre podía saber más de lo que me había contado. Es un hecho del que sólo había sido consciente a medias durante todo este tiempo. Quizá una de las razones por las que permití que se investigara mi historia en primer lugar fue que esperaba que salieran a la luz nuevos hechos que disiparan de algún modo mis peores temores sobre mi padre. De hecho, la investigación tuvo el efecto contrario y mis temores se confirmaron.

Me gustaría decir que mi consideración ha estado con mi madre y mi abuela todo este tiempo. El viejo siempre había cuidado de sí mismo y yo siempre pensé que era, en cierto modo, un intruso de la misma calaña que Clarence. De niño no veía todo esto en él, porque nos queríamos y confiaba en él. Si Stephen Knight tiene razón en su conclusión y me veo obligado a admitir, a regañadientes, que su razonamiento es correcto, no pretendo hacer daño a mi padre. Como se afirma en el último capítulo de este libro: "Es probable que Sickert se viera obligado a ayudar a los masones y que le resultara terrible haber participado en la ejecución de Kelly. Aparte del temor por su propia vida, que estoy de acuerdo en que *pudo haberle* impulsado a participar en la eliminación de las cinco mujeres del East End, creo que es probable que se viera sometido a amenazas aún más apremiantes que ésta. No sé cómo habrán formulado sus locas amenazas los monstruos que urdieron este repulsivo asunto, pero si la ayuda de mi padre era tan crucial para ellos, me inclino a creer que la idea central de su mensaje era: *Ayúdanos, Sickert, o no nos contentaremos con tu muerte... Mataremos también al niño.*

Nada de esto puede justificar un crimen, pero es un comienzo para explicar cómo un hombre esencialmente bueno pudo ser llevado a hacer lo que mi padre parece haber hecho.

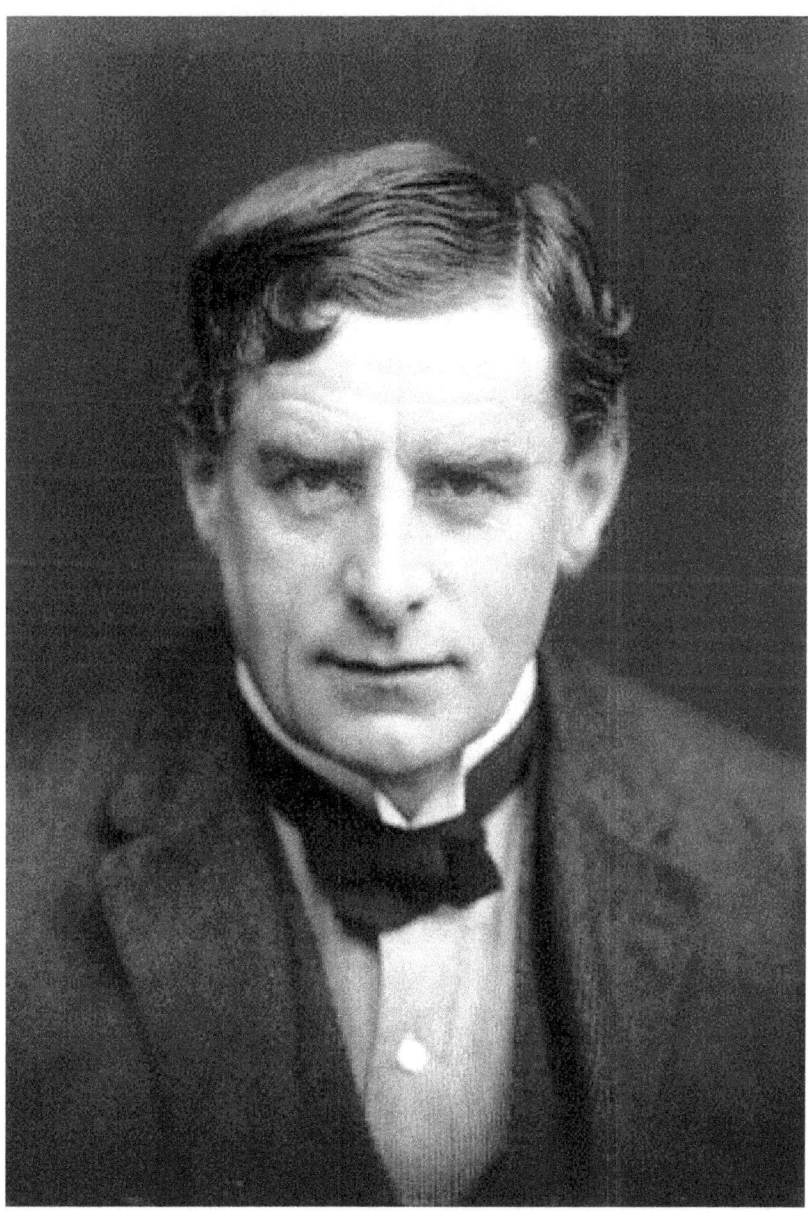
Walter Sickert en 1911

Stephen Knight

POSDATA

Los hechos que rodearon la muerte del príncipe Eddy en 1892 provocaron el envío de un gran número de cartas tras la publicación de la primera edición de este libro. En el momento de su muerte, corrió el rumor de que Eddy había sido víctima de un asesinato, perpetrado para que alguien más adecuado ocupara el trono. Incluso se dice que sus uñas se ennegrecieron en sus últimas horas, posiblemente debido a un envenenamiento.

Un antiguo empleado de Osborne House, el refugio de la reina Victoria en la isla de Wight, se puso en contacto conmigo y se enteró de que durante varios años corrió el rumor entre el personal de Osborne de que Eddy no murió en 1892 sino que, loco de remate, fue relegado a Osborne y murió allí en 1930. Se supone que una sencilla placa de mármol en el sótano es su único monumento conmemorativo. Pero aquí entramos en el fascinante, pero poco fiable, mundo de los rumores. Nada de esto puede tomarse como prueba, pero la leyenda -como sugerí en el capítulo IV- gana en interés cuando se sitúa en un contexto y merece ser mencionada. A menudo se basa en una oscura realidad.

Es por esta razón que vale la pena mencionar la historia que me pasó el Sr. Anita Adams de Wanstead en Essex. No la presento como una prueba, sino como una interesante anécdota mucho más antigua que el relato de Sickert y bastante independiente, que puede -insisto mucho en ello- tener alguna base verídica.

Adams explica que su bisabuelo Charles Wingrove dirigía un negocio en el East End en los años 1880-1890. Su empresa alquilaba cuadrillas, vagones, cabriolés y carruajes de todo tipo. El Príncipe de Gales era uno de sus fieles clientes, hecho del que alardeaba en un anuncio de la época.

Durante muchos años fue tradición en la familia Wingrove creer que uno de los asesinatos del Destripador se había cometido en un vehículo alquilado por la empresa. El carruaje, se decía, fue posteriormente quemado por este motivo.

También han aparecido otros elementos que requieren más investigación para ir más allá de las leyendas inverificables citadas anteriormente. Actualmente los estoy examinando y espero llegar a nuevas conclusiones que se harán públicas en una próxima edición.

BIBLIOGRAFÍA

Libros

ACLAND (Theodore Dyke), *William Withey Gull. A Biographical Sketch*, Allard and Son, 1896.

ANDERSON (Sir Robert), *Criminals and Crime*, J. Nisbet, 1907; *The Lighter Side of My Official Life*, Hodder and Stoughton, 1910.

ARCHER (Fred), *Ghost Detectives. El crimen y el mundo psíquico*, W. H. Allen, 1970.

BARKER (Richard H.) (ed.), *The Fatal Caress and Other Accounts of English Murders from 1551 to 1881*, Duell, Sloan and Pearce, 1947.

BARNARD (Allan) (ed.), *The Harlot Killer. The Story of Jack the Ripper in Fact and Fiction*, Dodd Mead, 1953.

BARON (Wendy), *Sickert*, Phaidon, 1973.

BATTISCOMBE (Georgina), *Reina Alexandra*, Constable, 1969.

BESANT (Sir Walter), *East London*, Chatto and Windus, 1901.

BLAKE (Robert), *The Conservative Party from Peel to Churchill*, Eyre and Spottiswoode, 1970.

BREWER (John Francis), *The Curse Upon Mitre Square A.D. 1530-1888*, Simpkin Marshall, 1888.

BRIDGES (Yseult), *How Charles Bravo Died*, Jarrolds, 1956.

BROWNE (Douglas Gordon), *The Rise of Scotland Yard. A History of the Metropolitan Police*, Harrap, 1956.

BROWSE (Lillian), *Sickert*, Hart-Davis, 1960.

BUCKLE (George Earle) (ed.), *The Letters of Queen Victoria. Third Series*, vol. I. I, Murray, 1930.

CARTER (Dr Alan Barham), *All About Strokes*, Nelson, 1968.

CROWLEY (Aleister), *La tragedia del mundo*, París, 1910.

CULLEN (Tom), *Autumn of Terror*, Bodley Head, 1965.

EMMONS (Dr Robert), *The Life and Opinions of Walter Richard Sickert*, Faber and Faber, 1941.

FARSON (Daniel), *Jack el Destripador*, Michael Joseph, 1972.

GAUNT (William), *The Pre-Raphaelite Tragedy*, Cape, 1965.

GRIFFITHS (Mayor Arthur), *Mysteries of Police and Crime*, Cassell, 1898.

HALSTED (Dennis), *Doctor en los noventa*, Johnson, 1959.

HANNAH (Walton), *Oscuridad visible. A Revelation and Interpretation of* Freemasonry, Augustine Press -ahora Britons Publishing Co. -, 1952.

HARRISON (Michael), *Clarence*, W. H. Allen, 1972.

HIRSCHFELD (Magnus), *Sexual Anomalies and Perversions*, Encyclopaedic Press, 1938.

HYDE (H. Montgomery), *Sus buenos nombres*, Hamish Hamilton, 1970.

JONES (Elwyn) y LLOYD (John), *The Ripper File*, Weidenfeld and Nicolson, 1975.

LILLY (Marjorie), *Sickert. El pintor y su círculo*, Elek, 1971.

LONGFORD (Elizabeth), *Victoria R. I.*, Weidenfeld y Nicolson, 1964.

MACKENZIE (Norman) (ed.), *Secret Societies*, Aldus, 1967.

MACNAGHTEN (Sir Melville), *Days of My Years*, Edward Arnold, 1915.

MCCORMICK (Donald), *The Identity of Jack the Ripper*, Jarrolds, 1959; Pan, 1962; Arrow y J. Long, 1970.

MAGNUS (Sir Philip), *King Edward the Seventh*, John Murray, 1964.

MATTERS (Leonard), *The Mystery of Jack the Ripper*, Hutchinson, 1929; W. H. Allen, 1949.

MORGAN (William), *Freemasonry Exposed*, Glasgow, 1836.

NEWTON (Joseph Fort), *Los constructores. A Story and Study of Masonry*, Hogg, 1917; Allen and Unwin, 1918.

ODELL (Robin), *Jack the Ripper In Fact and Fiction*, Harrap, 1965; Mayflower, 1966.

RUMBELOW (Donald), *The Complete Jack the Ripper*, W. H. Allen, 1975.

SITWELL (Sir Osbert), *Noble Essences or Courteous Revelations*, Macmillan, 1950; *A Free House! or The Artist as Craftsman, being the Writings of Walter Richard Sickert*, Macmillan, 1947.

SPARROW (Gerald), *Vintage Edwardian Murder*, Arthur Barker, 1971.

STEWART (William), *Jack el Destripador. A New Theory*, Quality Press, 1939.

STOW (John), *Estudio de Londres*, 1598.

VAN THAL (Herbert) (ed.), *The Prime Ministers. Volume Two*, Allen and Unwin, 1975.

WHITTINGTON-EGAN (Richard), *A Casebook on Jack the Ripper*, Wildy, 1976.

WILKS (Samuel) y BETTANY (George Thomas), *Biographical History of Guy's Hospital*, Ward Lock, 1892.

WILSON (Collin), *A Casebook of Murder*, Leslie Frewin, 1969.

Directorios y guías

Diccionario de apellidos británicos

Diccionario de Biografía Nacional

Registros masónicos 1717-1894

Directorio médico

El Registro Médico

Directorio de oficinas de correos de Londres

Periódicos

El criminólogo

Daily Express

Noticias diarias

Daily Telegraph

East London Advertiser

Noticias Vespertinas

Revista de los Francmasones y Espejo Masónico

Recordatorio mensual de los masones

Revista trimestral de la masonería

Noticias policiales ilustradas

The Lancet

Marylebone Mercury y West London Gazette

Marylebone Times

El siglo XIX

Prensa del Norte de Londres

El Observador

Gaceta de Pall Mall

El pueblo

Noticias de Reynolds

La Estrella

El Sol

Sunday Times-Herald, Chicago

El Times

La verdad

Folletos

El próximo K...

¿Qué hace con él?

Documentos

Expediente DPP/1/95 del Public Record Office relativo al escándalo de Cleveland Street de 1889.

Expedientes MEPOL 3/140, MEPOL 3/141 y MEPOL 3/142 de los archivos de Scotland Yard relativos a los asesinatos de Whitechapel.

Expedientes A49301, 144/220 A49301A, B, C, D, E, F, G, H, J y K de los registros del Ministerio del Interior sobre los asesinatos de Whitechapel.

Protocolos de los sabios de Sion, Eyre y Spottiswoode, 1920.

Stephen Knight

YA PUBLICADO

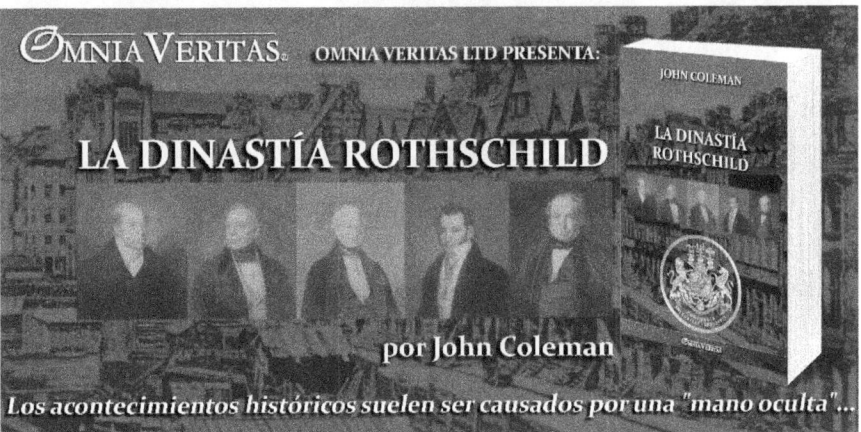

OMNIA VERITAS

Omnia Veritas Ltd presenta:

LOS SECRETOS DE LA RESERVA FEDERAL
LA CONEXIÓN LONDRES

POR

EUSTACE MULLINS

La historia americana del vigésimo siglo ha grabado los logros asombrosos de los banqueros de la Reserva Federal

AQUÍ ESTÁN LOS HECHOS SIMPLES DE LA GRAN TRAICIÓN

OMNIA VERITAS — Omnia Veritas Ltd presenta:

EUSTACE MULLINS

MUERTE POR INYECCIÓN

SE REVELA LA RED SECRETA DEL CÁRTEL MÉDICO

OMNIA VERITAS — OMNIA VERITAS LTD PRESENTA:

NUEVA HISTORIA DE LOS JUDÍOS

por

EUSTACE MULLINS

A lo largo de la historia de la civilización, un problema específico ha permanecido constante para la humanidad...

Un pueblo irritó a las naciones que lo habían acogido en todas las partes del mundo civilizado

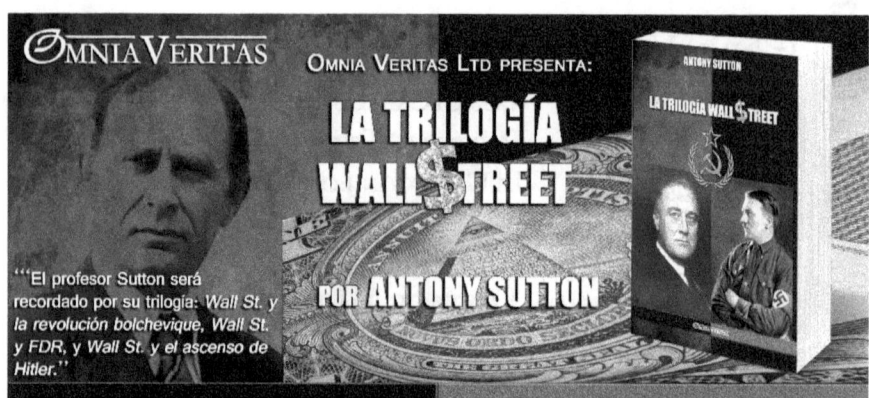

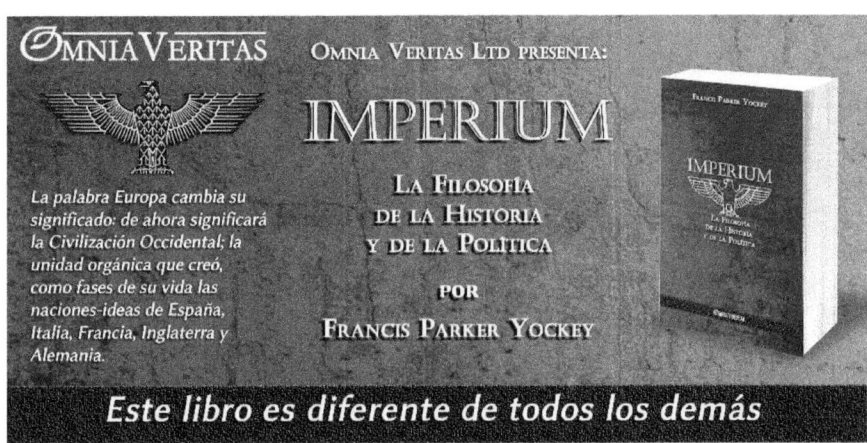

www.ingramcontent.com/pod-product-compliance
Lightning Source LLC
Chambersburg PA
CBHW061954180426
43198CB00036B/850